NOUVELLE BIBLIOTHÈQUE LITTÉRAIRE

JULES LEMAITRE
DE L'ACADÉMIE FRANÇAISE

IMPRESSIONS
DE THÉATRE

SEPTIÈME SÉRIE

Aristophane — Racine — Alfred de Musset
Ernest Renan — Ibsen
J.-J. Weiss — Sarcey — Louis Bouilhet
Meilhac et Halévy — E. Zola — Henri Lavedan
Pouvillon — Gandillot — de Curel
Paul Hervieu — M. Bouchor

Sixième édition

PARIS
SOCIÉTÉ FRANÇAISE D'IMPRIMERIE ET DE LIBRAIRIE
ANCIENNE LIBRAIRIE LECÈNE, OUDIN ET Cⁱᵉ
15, RUE DE CLUNY, 15

1901

Tout droit de traduction et de reproduction réservé.

IMPRESSIONS DE THÉATRE

SEPTIÈME SÉRIE

DU MÊME AUTEUR

EN VENTE

Les Médaillons, poésies, 1 vol. in-12 br. (Lemerre).   3 »
Petites Orientales, poésies, 1 vol. in-12 br. (Lemerre).   3 »
La Comédie après Molière et le Théâtre de Dancourt,
    1 vol. in-12 br. (Hachette et C¹ᵉ). 3 50
Les Contemporains : *Etudes et portraits littéraires.*
Sᴇᴘᴛ sᴇ́ʀɪᴇs. Chaque série forme un vol. in-18 jésus, br. 3 50
    Ouvrage couronné par l'Académie française.
    Chaque volume se vend séparément (Lecène, Oudin et Cⁱᵉ)
Impressions de théâtre.
Dɪx sᴇ́ʀɪᴇs. Chaque série forme un vol. in-18 jésus, br. 3 50
    Chaque volume se vend séparément (Lecène, Oudin et Cie).
Corneille et la Poétique d'Aristote.
    Une brochure in-18 jésus (Lecène, Oudin et Cⁱᵉ). **1 50**
Sérénus, *Histoire d'un martyr*, 1 vol. in-12 (Lemerre). **3 50**
Myrrha, *vierge et martyre*, 1 vol. in-18 jésus, br. (Lecène,
    Oudin et Cⁱᵉ). 3 50
Opinions à répandre, 1 vol. in-18 jésus, broché (Lecène,
    Oudin et Cⁱᵉ). 3 50
Dix Contes, 1 superbe volume grand in-8° jésus, illustré par
    Luc-Olivier Merson, Georges Clairin, Lucas, Cornillier
    Loévy, couverture artistique dessinée par Grasset, édition
    de grand luxe sur vélin, broché. . . . . . . 8 »
    Reliure percaline, plaque spéciale, tranches dorées (Lecène,
    Oudin et Cⁱᵉ). . . . . 12 »
Les Rois, roman (Calmann-Lévy). 3 50
Révoltée, comédie en quatre actes (Calmann-Lévy.) 2 »
Le député Leveau, comédie en quatre actes (Calmann-
    Lévy). . . . . 2 »
Mariage blanc, drame en trois actes (Calmann-Lévy). 2 »
Flipote, comédie en trois actes (Calmann-Lévy). . 2 »
Les Rois, drame en cinq actes (Calmann-Lévy). . 2 »
L'Age difficile, comédie en trois actes (Calmann-
    Lévy). . . . . 2 »
Le Pardon, comédie en trois actes (Calmann-Lévy.) 2 »
La bonne Hélène, comédie en deux actes, en vers
    (Calmann-Lévy). . . . . 2 »
L'Aînée, comédie en quatre actes, cinq tableaux (Cal-
    mann-Lévy). . . . . 2 »

IMPRESSIONS DE THÉATRE

ARISTOPHANE

GRAND-THÉATRE : *Lysistrata*, comédie en quatre actes, de M. Maurice Donnay, musique de M. Dutacq.

3 Janvier 1893.

Aujourd'hui encore, à chaque comédie satirique, ou même à chaque revue de fin d'année qu'on nous donne, il se trouve des gens pour regretter Aristophane, les uns sérieusement, les autres pour rire et par allusion à un « cliché » déjà très vieux. Aristophane est resté un grand nom ; et c'est justice, puisqu'il fut un excellent poète. Mais, autant que j'en puis juger, il ne fut ni un très bon homme, ni un très grand esprit.

Ses comédies sont des pamphlets violemment antidémocratiques... Il est aristocrate et conservateur, avec entêtement, avec aveuglement, avec la plus étrange fureur d'injustice et de haine. Presque tous ceux de ses aînés ou de ses contemporains que nous aimons le plus ont été l'objet de ses venimeuses et inintelligentes attaques. Quand je songe que ses têtes-de-Turc s'appelaient Périclès, Phidias, Anaxagore, Socrate, Euripide, je dis que c'est mauvais signe pour cet insulteur. Si nous n'avions le témoignage du grave, du judicieux, du vertueux Thucydide, nous pourrions croire que Périclès, ce Gambetta plus fin d'une démocratie de vingt mille citoyens, et son ministre des beaux-arts, Phidias, ne furent que de méprisables concussionnaires, et que Périclès jeta Athènes dans une guerre interminable pour ne pas rendre ses comptes. L'étincelant Aristophane a la plus dure, la plus étroite caboche de réactionnaire à outrance. Tout ce qui est nouveau lui est suspect et ennemi. Suspecte, la dialectique, qui doit tant à Socrate ! Suspecte, la libre recherche philosophique ! Suspecte, la tragédie d'Euripide, si libre, si tendre, si humaine ! Suspecte, la musique nouvelle (car tout se tient) ! Suspect, le nouveau calendrier du grand astronome Méton ! Le général Lamachos, que d'autres témoignages nous présentent heureusement comme un des meilleurs et des plus honnêtes officiers de la République, et à qui l'on ne pouvait reprocher que l'humble condition de ses parents, n'est pour Aristophane qu'un burlesque imbécile... N'alléguez pas qu'Aristophane a prêché la paix dans trois de ses comédies. Car d'abord nous voyons par ce qui se passe chez nous qu'il est fatal que l'aboyeur le plus emporté et le plus dénué de raison se trouve avoir raison quelquefois : mais, au surplus, il suffit de lire Thucydide pour se convaincre que la guerre du Péléponèse était peut-être inévitable et qu'en tout cas, une fois engagée, la sagesse même et le patriotisme conseillaient de la pousser avec suite et avec vigueur. Et n'alléguez pas non plus qu'Aristophane a eu le mérite de donner à la démocratie les meilleurs avis, de lui recommander les vertus dont elle a le plus besoin, la simplicité et la sévérité des mœurs. Sans doute, il lui arriva d'être austère en paroles pour ennuyer ses adversaires politiques ; mais que dites-vous de cet abominable discours au peuple dans *les Guêpes* : « Considère comme tu es tenu à l'étroit par ces hommes qui font toujours semblant d'aimer le peuple, lorsqu'il serait si facile de l'enrichir. Toi qui commandes à tant de villes, depuis le Pont jusqu'à la Sardaigne, tu n'as que tout juste de quoi ne pas mourir de faim. Et ce peu, ils te le versent goutte à goutte, comme de l'huile qui tombe d'un morceau de laine. Et pourquoi? Pour que tu connaisses ceux qui te nourrissent et qu'alors tu sautes comme un chien sur ceux qu'ils te montreront du doigt. Mais si ces amis du peuple voulaient lui assurer une honnête aisance, rien ne serait plus facile. Il y a mille villes qui nous payent aujourd'hui tribut. Qu'on ordonne à chacune d'elles de nourrir vingt hommes, et vingt mille citoyens vivront dans l'abondance, couronnés de fleurs, et mangeront tous les jours les meilleurs fricots. » C'est bien là, si je ne me trompe, « l'appel aux plus mauvaises passions », et j'imagine que Lysiclès ou Cléon lui-même eussent rougi de parler ainsi à la multitude.

En somme, Aristophane est un pamphlétaire conservateur à tempérament révolutionnaire, ce qui se rencontre souvent. Figurez-vous, — oh ! seulement un peu, car il y a vingt-deux siècles entre les Athéniens et nous ; et nous sommes dix millions d'électeurs, et ils n'ont jamais été plus de trente mille citoyens, — figurez vous un publiciste de l'espèce de M. Henri Rochefort, engagé par sa naissance, ou par ses goûts, ou par ses intérêts, dans le parti de la réaction. Mieux encore, rappelez-vous les minuscules « némésis » conservatrices d'un Albert Millaud au *Figaro*, de 1870 à 1880 ; enflez prodigieusement le mince fantaisiste ; prêtez-lui le génie et la beauté de la forme, mais respectez la foncière mesquinerie de ses idées, et vous aurez, ma foi, quelque chose d'assez approchant de l'illustre pamphlétaire athénien. Comme nos plaisantins des journaux « bien pensants », Aristophane a le commode mépris de la « canaille ». Comme eux, il insiste sur les « mains sales » des démocrates et sur leur « manque d'éducation ». Comme eux, il reproche aux chefs de la démocratie la modestie de leur origine et trouve extrêmement plaisant que Lysiclès ait vendu des moutons et que Hyperbolos ait fabriqué des lampes. Comme eux, il raille la musique wagnérienne et la littérature réaliste. Comme eux contre Renan, il s'indigne contre Socrate. Et, comme eux, il « a de la religion », bien que, pour son compte, il ne croie aucunement aux dieux et qu'il ne se gêne point, à l'occasion, pour taper sur le ventre d'Héraclès ou de Dionysos.

... Je me suis beaucoup servi, dans tout ce qui précède, d'un très bon livre : *la Comédie grecque*, par M. Jacques Denis, professeur à la Faculté des Lettres de Caen. « L'opposition à outrance, sans autres principes que le mépris de la démocratie et du présent, voilà l'inspiration de la comédie aristophanesque. » Ainsi conclut M. Jacques Denis. Vous verrez le reste dans son livre, notamment avec quelle excellence d'arguments il redresse, touchant Aristophane, les théories de l'allemand Schlegel, qui fut bien le plus sot des hommes à idées générales ; et comment les comédies d'Aristophane ne sont bien, au fond, que des pamphlets, d'une composition secrètement assez serrée, et qui courent à un but déterminé malgré les écarts apparents ; mais, au reste, pamphlets de poète, tout débordants d'imagination, féconds en hyperboles et en métaphores réalisées et développées, c'est-à-dire en symboles...

Oui, l'aristocrate à tête étroite, l'ennemi de

Périclès, de Phidias, de Socrate et d'Euripide, est un poète considérable et, très souvent, un délicieux écrivain. Et cette *Lysistrata*, dont le Grand-Théâtre nous a rendu quelque ombre, est une de ses œuvres les plus accomplies. C'est peut-être celle qui s'éloigne le moins de ce que nous entendons aujourd'hui par comédie. Là, point de machinerie, comme dans *les Nuées* ou *les Oiseaux*; pas d'hommes affublés en animaux, comme dans *les Oiseaux* ou dans *les Guêpes*; pas de personnages symboliques, comme dans *les Chevaliers* ou dans *Plutus*. La donnée est prise dans la réalité quotidienne. Ce que font souvent les femmes dans leur particulier pour imposer un caprice, pour obtenir de leur mari un colifichet qu'il leur refuse, le poète suppose que toutes les femmes le font à la fois dans un intérêt public. Endoctrinées par Lysistrata, une verte commère, d'ailleurs fort honnête épouse, les femmes d'Athènes et les déléguées de Thèbes, de Corinthe et de Sparte, jurent solennellement de se refuser à leurs maris pour les contraindre à faire la paix. Et tout le reste découle naturellement de cette donnée première : occupation par les femmes de la citadelle où elles s'enferment et peuvent se surveiller mutuellement, et qui contient d'ailleurs le trésor public, nerf de la guerre ; assauts des vieillards indignés, les seuls mâles restés dans la ville ; tentatives d'évasion de quelques conjurées qui trouvent leur serment trop difficile à garder ; vigilance et efforts de leur capitaine Lysistrata pour les maintenir strictement dans la discipline ; succès de sa prudence et de sa résolution ; état désespéré des hommes qui, n'en pouvant plus d'abstinence et de désir, s'avouent vaincus et prêts enfin, malgré leur folie belliqueuse, à passer par toutes les conditions que l'on voudra.

L'exécution est vive, brillante, spirituelle. L'inspiration semble d'ailleurs des plus louables, et c'est dans cette priapée qu'on lit ces belles paroles : « Je vous ferai un reproche que vous méritez tous également. A Olympie, aux Thermopyles, à Delphes, dans vingt autres lieux qu'il serait trop long d'énumérer, vous célébrez devant le même autel, comme des frères, des cérémonies communes, et cependant vous vous entr'égorgez et vous saccagez les villes grecques, quand le barbare est là qui vous menace. »

Mais, avec tout cela, c'est bien une priapée. *Lysistrata* est d'une constante et entière obscénité dans les mots et dans les gestes. Et il est étrange de penser que des milliers d'hommes assistaient publiquement à ce spectacle que les plus dépravés d'entre nous auraient peut-être quelque peine à supporter aujourd'hui en comité très intime et dans quelque coin d'atelier.

On a abondamment disserté, à ce propos, sur l'histoire et les évolutions de la pudeur. Deux faits me paraissent hors de doute. Si assurément la pudeur est vieille comme les sexes, et si elle fut connue et pratiquée du monde antique (rappelez-vous l'Hippolyte porte-couronne voué à Diane, comme un jeune moine à la Vierge Marie, et les couvents de filles grecques sous l'invocation de la vierge Cassandre, et la décence d'Homère et des tragiques, et la chasteté des matrones romaines, etc.), toutefois, il est clair que le christianisme renouvela et paracheva cette délicate vertu, fit, par la doctrine du péché inhérent à la chair, une obligation étroite de ce qui était presque un luxe moral, et, par là même, transforma et enrichit l'amour. Et l'autre fait, c'est que ce raffinement de la pudeur amena, à ce qu'il me semble, le raffinement de l'impureté, tout au moins dans les choses écrites.

Je ne dis pas que l'obscénité toute nue, telle qu'on la trouve dans Aristophane, dans Catulle, Martial ou Pétrone (pour nous en tenir aux anciens), soit inoffensive. Mais je crois que ce n'est pas elle qui trouble et sollicite le plus les sens du lecteur. Il y a quelque chose de pire que de mettre brutalement sous les yeux l'objet et l'appareil des sensations damnables : c'est de suggérer ces sensations. Il y a quelque chose de pire, en ces matières, que le « mot propre », qui est ici le mot honteux : c'est la périphrase, car la périphrase décrit par ses effets ce que le mot propre se contente de nommer ; et le mot propre, c'est toujours très sommaire et très court ; mais la périphrase se peut prolonger et diversifier à l'infini ; elle insiste, caresse, pénètre et se colle, elle nous *donne le temps* d'être émus. Or, il n'y a pas à dire, la périphrase impure est comme qui dirait la fille bâtarde, — et ironique, — de la pudeur. Entre les écrits obscènes des anciens et toute une portion de notre littérature des vingt dernières années, ou, si vous voulez, entre certaines épigrammes des Catulles romains et certains contes de nos Catulles à nous, il n'y a aucune comparaison à faire, au point de vue spécial qui nous occupe. Les sollicitations des nôtres l'emportent de beaucoup en efficacité ; et le mot éhonté, rapide et dur, demeure presque innocent auprès de la périphrase complaisante, patiente et enveloppée de langueur. Nous avons des livres infiniment plus abominables que les livres les plus « joyeux » des païens; et ceci, je le répète, est bien un fruit indirect de la religion qui, il y a dix-neuf siècles, maudit la chair, et, créant une loi nouvelle, créa des péchés nouveaux et, par suite, de nouveaux et coupables artifices littéraires...

Je n'ai pas besoin de vous dire maintenant pourquoi M. Maurice Donnay ne pouvait nous donner une simple imitation ou adaptation de la *Lysistrata* d'Aristophane. Il en a usé avec beaucoup de grâce et d'esprit. Il n'a emprunté au poète grec que son exposition qu'il a su garder charmante. Puis il a, sur cette donnée première, imaginé un vaudeville, tantôt très gai et tantôt presque attendri, qui est bien près d'être une opérette (il ne s'en faut que de quelques couplets) ; qui est en somme de la même famille que la *Belle Hélène* ; qui s'en rapproche très souvent par la qualité de la parodie ; qui s'en distingue par un style plus « écrit » et par ceci, que la poésie de la *Belle Hélène* est surtout dans la musique d'Offenbach, et que la poésie de *Lysistrata* est quelquefois dans le texte même.

Je ne reprocherai pas, comme on l'a fait, à M. Maurice Donnay d'avoir altéré le caractère de l'héroïne d'Aristophane. Cela m'est tout à fait égal. Il donne un amant à cette Athénienne. Pourquoi non ? Elle a ainsi deux raisons pour une de se refuser à son mari, le lourd capitaine Cinésias, et de l'envoyer rejoindre sur la place publique, au clair de lune qui argente délicieusement l'Acropole, les autres maris repoussés par leurs femmes.

Or, voici que le beau général Agathos (c'est lui l'amant de la dame) rencontre la bande inquiète des maris insatisfaits. Charitable, il leur conseille d'aller finir leur nuit chez Salabacca, la bonne hétaïre, puis il frappe à la porte de Lysistrata.

Mais Lysistrata, qui est consciencieuse, oppose à son ami les mêmes refus que tout à l'heure à son époux. Les mêmes ? Pas tout à fait : les premiers étaient plus énergiques. Elle mollit peu à peu aux supplications du beau militaire. Et le dialogue, comique et un peu libertin d'abord, devient peu à peu très tendrement amoureux, et, par une transition de prose curieusement rythmée, s'épanouit enfin en belles et voluptueuses strophes lyriques...

Cependant, il y a presse dans la maison hospitalière

de la bonne Salabacca. Nous y voyons quelques viveurs athéniens, entre autres le vieux philosophe Eironès, par lequel M. Donnay a cru représenter M. Renan, et qui tient sur Socrate des propos par lesquels M. Donnay a cru définir le maître de Platon... Mais passons... Arrivent les maris, très allumés : mais les compagnes de Salabacca, qui ont prêté le même serment que les honnêtes femmes, se dérobent comme elles.

Au cours de la conversation, Salabacca apprend, par le bavardage du lourd Cinésias, que c'est le bel Agathos qui a envoyé les maris chez elle. Il faut vous dire que Salabacca est, elle aussi, la maîtresse d'Agathos. Elle devine tout à coup que l'irrésistible général a voulu assurer la tranquillité de son tête-à-tête avec Lysistrata. Et Salabacca, suivie de ses pensionnaires et de ses clients, se précipite vers la maison de Cinésias pour y surprendre les deux coupables en flagrant délit.

Ils n'y trouvent personne ; car Agathos et Lysistrata, pour n'être pas dérangés, se sont réfugiés dans le temple d'Artémis. C'est dans ce même temple qu'on avait mis en pénitence une certaine jeune mariée du nom de Myrrhina, une petite coquine qui n'avait pas voulu prêter le serment avec les autres femmes... Mais je m'égare, et ne sais plus par quel chemin revenir au dénouement, qui est le même que dans Aristophane.

En somme, un vaudeville grec accommodé à la

parisienne. Notez que quelques-uns des traits qui ont fait le plus rire ne sont que des façons très exactes et très vivantes de traduire le texte, des transpositions et non des parodies. Ainsi, quand Agathos parle d'un collègue qui a « tripoté dans l'affaire des boucliers », ou quand il se prépare aux « interpellations » des démagogues, ou quand l'une des pensionnaires de Salabacca commence en ces termes le récit de ses infortunes : « Fille d'un officier supérieur, etc. ». ce n'est autre chose que le procédé de Jules Janin traduisant Horace. — Quant aux traits proprement parodiques, à la manière de Scarron, et quant aux pures plaisanteries de collège et facéties de Saint-Charlemagne, il y en a, mais moins qu'on a dit, car on n'a guère trouvé à citer que « monter une trirème » et « filer à la Perse ». Mais y en eût-il davantage, où serait le mal? Pourquoi ces innocences ne nous feraient-elles pas encore rire? Si cela ne vaut pas le reste, cela, du moins, n'y fait pas tort. J'ai goûté, je l'avoue, tout ce qui, dans *Lysistrata*, « sentait le vers latin ». Mais surtout j'y ai goûté (en dépit de quelques longueurs au 3e tableau) l'agilité et la malice d'un esprit charmant, un mélange d'ironie, — de « blague » même et de chatnoirisme, — et de poésie très sincère et très spontanément jaillissante, et le don de passer naturellement et sans effort de cette blague à cette poésie. Enfin, le spectacle, d'un goût parfait, d'une richesse très harmonieuse, est un charme pour les yeux.

RACINE

Comédie Française : *Britannicus*, pour la rentrée
de Mme Emilie Lerou.

Mme Emilie Lerou a joué, cette semaine, le rôle
d'Agrippine. Elle s'y est montrée intéressante, originale par endroits, zélée chercheuse de naturel et
de vérité. Je ne lui reprocherai qu'une chose : c'est
d'avoir fait d'Agrippine un homme.

Agrippine ne fut pas un homme. Nous nous représentons volontiers les grandes ambitieuses de l'histoire et de la légende comme des créatures désexuées. C'est une erreur. Si Elisabeth, la reine vierge,
fut une virago, l'impératrice Catherine, lady Macbeth
et, selon toute apparence, la reine Sémiramis, sur qui
j'ai peu de lumières, furent très profondément femmes. Agrippine pareillement.

Je sais bien ce que dit Tacite de ce qui suivit le
mariage d'Agrippine avec l'empereur Claude : « Tout
obéissait à une femme ; mais cette femme n'était

plus Messaline, faisant de la chose publique le jouet de ses caprices : on crut sentir la main d'un homme qui ramenait à soi les rênes de l'autorité. Agrippine portait au dehors un visage sévère et plus souvent hautain. Au dedans, ses mœurs n'outrageaient point la pudeur, à moins que ce ne fût au profit de l'ambition...»

Oui, c'est vrai, elle eut souci de sa tenue extérieure, et elle ne se prostitua jamais qu'à bon escient. Mais nous voyons que, dans presque toutes ses entreprises, son sexe fut son principal instrument d'action. Encore enfant, elle se donne au vieux Lépide parce qu'il était riche. Cette orgueilleuse, qui se vantait « d'être la seule qui eût été jusque-là fille d'un César, sœur, épouse et mère de Césars », se donne à l'affranchi Pallas, parce que Pallas a l'oreille de Claude. Pendant des années, avant d'être la femme du vieil empereur, elle est sa maîtresse patiente et soumise. Et, plus tard, quand elle sent que Néron lui échappe, vous savez par quels moyens elle essaye de le reprendre. « Elle en vint à ce point, dit Tacite, qu'au milieu du jour, quand le vin et la bonne chère allumaient les sens de Néron, elle s'offrit plusieurs fois au jeune homme ivre, voluptueusement parée et prête à l'inceste... » Il fallut que Sénèque dépêchât à Néron, pour sauver sa vertu, la courtisane Acté. Suétone ajoute, sur l'intimité de la mère et du fils, des détails que je ne puis reproduire. Et ne dites point que le livre de Tacite est un pamphlet d'opposant, ni que Suétone est le Tallemant des Réaux des douze Césars. Tacite, scrupuleux, cite ses autorités : « Selon Fabius Rusticus, ce ne fut point Agrippine, mais Néron, qui conçut un criminel désir... Mais Cluvius est ici d'accord avec les autres écrivains, et l'opinion générale penche pour son récit.»

L'ambition même de cette femme fut d'espèce bien féminine. Elle paraît avoir tenu beaucoup plus aux titres, aux honneurs, — et à l'argent (elle était fort avare), — qu'à la réalité même du pouvoir. On ne voit pas qu'elle se soit jamais occupée sérieusement des affaires. Il est arrivé aux Césars les plus méchants ou les plus fous d'opérer d'excellentes réformes dans l'ordre administratif. Le souvenir d'Agrippine ne reste attaché à aucune mesure de cette sorte. Elle « régna » pendant quelque temps, mais je crois bien que ce fut Pallas qui « gouverna », et qu'il se servit d'elle plus qu'elle ne se servit de lui. Ce Pallas, bon ministre des finances, moins vil, à ce qu'il semble, que ses collègues Narcisse et Calliste, me fait un peu, — un tout petit peu, — l'effet d'un Mazarin dont Agrippine aurait été l'Anne d'Autriche.

Quant à Agrippine, après des années d'intrigues ténébreuses et de crimes secrets, où elle fit preuve d'une obstination, d'un entêtement et aussi d'une souplesse, d'une science des voies obliques et d'un art de séduction dont je ne dis point qu'un homme ne se soit jamais montré capable, mais qui cependant me paraissent excellemment féminins, — tout à coup, femme encore en cela, aussi insolente et intempérante dans le triomphe qu'elle avait été patiente et tenace dans la lutte, elle n'a rien de plus pressé que de compromettre son ouvrage par la façon inconsidérée dont elle en jouit. Elle éclate d'orgueil et d'arrogance. Elle a la niaiserie d'exiger, avant tout, des égards. Ce qu'il lui faut, c'est que Néron donne pour mot d'ordre aux prétoriens : « la meilleure des mères » ; c'est de s'asseoir à côté de lui sur le trône et de recevoir avec lui les ambassadeurs. Elle pousse des cris d'aigle quand Néron lui enlève sa garde germanique. Le jour où Néron, croyant lui faire plaisir, lui envoie une robe et des bijoux choisis par lui dans le « musée des empereurs », elle reçoit ce présent comme un outrage : « Elle s'écria que c'était moins l'enrichir d'une parure nouvelle que la priver de toutes les autres, et que son fils lui faisait sa part dans un héritage qu'il tenait d'elle tout entier. » Peut-être, en s'effaçant, eût-elle continué à gouverner son fils. Mais sa rage de présider et de paraître l'emportait. Elle n'avait rien du tout de l'ambition proprement virile, de celle qui s'attache aux choses et non aux apparences. Le pouvoir, pour elle, c'était le diadème, et des licteurs, et des statues dans les temples.

A mesure que son influence décroît, elle perd la tête. Elle qui fut si constante et si suivie dans ses desseins, elle s'abandonne à de turbulentes contradictions. Lorsque Néron prend pour maîtresse la bonne Acté (je dis la bonne Acté parce que des historiens la soupçonnent d'avoir été quelque peu chrétienne), Agrippine jette d'abord les hauts cris. Mais, peu après, elle lui offre son propre appartement « pour cacher des plaisirs dont un si jeune âge et une si haute fortune ne sauraient se passer », et elle lui donne de l'argent tant qu'il en veut. Une autre fois, la complaisance ne lui ayant pas mieux réussi que la rigueur, elle éclate en colères de femme, en folles et stupides bravades. Elle hurle « avec des gestes de forcenée » que Britannicus n'est plus un enfant, que c'est lui le légitime héritier du trône, que Néron n'est qu'un intrus. «... Je dirai tout, tout, tout ! à commencer par l'inceste et le poison. J'irai au camp, je présenterai Britannicus aux soldats. Ils entendront, d'un côté, la fille de Germanicus, et, de l'autre, ce manchot de Burrhus, avec son moignon, et ce cuistre de Sénèque, avec ses grâces d'avocassier. On verra, on verra !... » Bref, elle « mange le morceau », elle prononce des mots irréparables — et inutiles. Visiblement, elle ne sait plus bien ce qu'elle dit.

Superstitieuse d'ailleurs, comme Catherine de Médicis avec qui elle a tant de ressemblance. Toujours en consultation chez les astrologues. On connaît sa réponse à celui qui lui prédisait que Néron régnerait et qu'il tuerait sa mère : « Qu'il me tue, pourvu qu'il règne. » Après la mort de Claude, elle joue une étonnante comédie. Tandis qu'on fait semblant de « prodiguer les soins » au cadavre et que, d'heure en heure, on annonce au peuple que le mort va mieux, elle court auprès de Britannicus, le serre dans ses bras, l'appelle la vivante image de son père, l'empêche par tous les moyens de sortir de son appartement. Elle « chambre » également les deux sœurs du jeune prince, Antonie et Octavie. Et pourquoi ? Sans doute pour avoir le temps de tâter l'armée, mais surtout « pour attendre le moment favorable marqué par les astrologues » !

En somme, où elle est admirable c'est dans la lutte, c'est durant la période antérieure à l'avènement de Néron. La belle partie de l'histoire d'Agrippine est toute dans le merveilleux récit qu'elle fait à Néron au quatrième acte de *Britannicus*. Ce récit est en lui-même un pur chef-d'œuvre par la teneur, la contexture, la progression, par la concision éclatante du style, par la hardiesse de ce qui s'y trouve exprimé et par la hardiesse plus grande des sinistres sous-entendus. Que si on le considère maintenant en son lieu, il apparaît comme un moyen dramatique singulièrement puissant : Néron, en l'écoutant, doit se sentir lié par la complicité du crime, par une reconnaissance affreuse, et par la terreur de ce que pourrait faire contre lui une femme qui a fait pour lui tout cela. Mais, en outre, que ce récit nous donne bien la morale du drame ! et comme on sent, par cette revue du passé d'Agrippine, que les crimes de la mère expliquent, appellent, nécessitent les crimes du fils, et qu'ils auront dans ceux-ci leur fructification naturelle et à la fois leur inévitable châtiment ! Et, enfin, quelle perspective cela nous ouvre sur cette extraordinaire famille des Césars, sur cette famille de déments de la toute-puissance ! Quelle superbe toile de fond, si je puis dire, à la tragédie de Racine !

A PROPOS
DE SOPHIE ARNOULD.

Je dîne chez ma mère est un vaudeville sentimental, d'un agrément suranné, mais sensible encore. La chose se passe un 1ᵉʳ janvier ; une femme galante essaye vainement de retenir à dîner un de ses amants, puis un autre : « ils dînent chez leur mère ». Elle invite sa femme de chambre ; mais sa femme de chambre, elle aussi, dîne chez sa mère. La dame reçoit alors la visite d'un petit ami d'enfance, un brave garçon qui, voyant sa peine, lui propose de venir sans façon dîner avec lui chez ses bons parents. Elle accepte, joyeuse, passe une robe d'indienne, puis se ravise, car elle a l'âme délicate : « Non, dit-elle, tes parents sont d'honnêtes gens ; je ne dois pas dîner chez eux. Je ne t'en suis pas moins reconnaissante, tu m'as prouvé que je n'étais pas complètement abandonnée. Au reste, sois tranquille, je ne dînerai pas seule. » Et la bonne courtisane place sur la nappe, en face de son couvert, le portrait de sa mère.

La forme, comme j'ai dit, n'est pas toute fraîche. J'ai retenu des phrases au passage : « Toute la noblesse, toutes les gloires de la France sont venues s'inscrire à ma porte ; mais personne n'a voulu dîner avec moi. » Et encore : « Oui, on a raison, cent fois raison, d'être avide des joies de la famille, etc. » Puis, il n'est guère conforme à la vérité qu'une femme galante s'étonne si fort de voir les gens dîner en famille ce jour-là, ni qu'elle soit si empêchée de se procurer des convives. Elle devait prendre ses précautions, s'arranger pour dîner avec des camarades, ou inviter un ami de cœur. « Ah ! çà, disait quelqu'un à côté de moi, il n'y avait donc pas d'Alphonses dans ce temps-là ? »

Toutefois, j'admets le cas ; j'admets l'imprévoyance et la surprise de l'héroïne de la pièce, et son désespoir de romance, et le portrait de sa mère. Ce qui m'étonne profondément, c'est que cette personne s'appelle Sophie Arnould. D'après ce que je sais de l'aimable fille, je me la figurais mal prenant la chose de cette façon, ni surtout faisant ces phrases. Je feuillette le volume que les Goncourt lui ont consacré. Sans doute Sophie était fille d'honnêtes petits bourgeois, et il se peut bien qu'elle ait aimé ses parents. Cette vicieuse effrénée était capable de sensibilité, de tendresse, de bons mouvements ; mais jusqu'à la fin, et même dans sa vieillesse misérable et délaissée, l'esprit d'ironie et de blague fut en elle. Je jure qu'elle ne parla jamais la langue de Decourcelle et Thiboust et qu'elle n'eut oncques le genre de sentimentalité qu'ils lui prêtent. Ces vaudevillistes sont terribles quand ils cessent de rire.

Puisque nous sommes sur le chapitre de Sophie Arnould, glanons dans le livre des Goncourt. Il faut bien que Sophie ait été charmante. Le pastel de La Tour en témoigne. Mais, d'autre part, on lit dans l'*Espion anglais* : « Elle n'a rien de merveilleux : une figure longue et maigre, une vilaine bouche, des dents larges et déchaussées, une peau noire et huileuse. Je ne lui vois que deux beaux yeux. » Et, dans le *Journal de Sartines :* « Je l'ai vue au sortir du lit, dit un inspecteur de police. Elle a la peau extrêmement noire et sèche, et a toujours la bouche pleine de salive, ce qui fait qu'en vous parlant elle vous envoie la crème de son discours au visage. » Mais que cela ne vous trouble point. Sur presque toutes les beautés célèbres, nous avons des « chroniques secrètes » qui les débinent. Cela prouve à quel point le charme des femmes est chose subjective, dirait un métaphysicien. Et il est vrai aussi qu'il n'y a pas que la figure...

Elle avait de l'esprit, « un esprit impromptu, courant, volant ; l'esprit de Paris, de la Comédie, d'une femme et d'une *fille* », disent très bien les Goncourt. Ses mots ? On cite toujours les mêmes, et ça fait toujours plaisir. Il y en a qu'on cite de vive voix, mais qu'on n'écrit pas, et ce sont peut-être les meilleurs. Je vous rappelle quelques-uns des autres. C'est elle qui, la première, au dicton : « L'esprit court les rues », trouva la réplique : « C'est un bruit que les sots font courir. » Vous connaissez aussi le mot sur la tabatière qui portait, d'un côté, Sully, et, de l'autre, Choiseul : « Oui, c'est la Recette et la Dépense » ; ou bien le mot sur la lèpre de La Harpe : « C'est tout ce qu'il a des anciens » ; ou cette réponse à Gentil-Bernard qui lui disait : « Je m'entretiens avec moi-même. — Prenez garde, vous causez avec un flatteur » ; ou le reproche à Helvétius qui lui avait envoyé un cadeau et qui ne lui en parlait pas : « Est ce que vous voulez perdre ce que vous m'avez donné ? » ; ou cette saillie bonne enfant, à un camarade qui, la voyant cuisiner, s'étonnait qu'elle sût faire un roux : « Tu crois que je ne pouvais faire qu'une rousse ! » (allusion à sa fille Alexandrine, qui était « rousse comme une vache », est-il dit dans l'*Arnoldiana*); ou enfin cette déclaration aux agents du comité révolutionnaire de Luzarches qui étaient venus faire une perquisition chez elle : « Mes amis, j'ai toujours été une citoyenne très active, et je connais par cœur les droits de l'homme ! »

(On ne manquait pas non plus d'esprit autour d'elle, ni contre elle, témoin ce mot du marquis de Louvois. Quelqu'un lui demandait pourquoi Sophie puait tant de la bouche : « Parce qu'elle a le cœur sur les lèvres ! » répondit-il.)

Peu de temps après sa retraite du théâtre (elle perdit sa voix de bonne heure) et quand elle avait encore de l'argent, Sophie s'était installée dans une maisonnette de campagne, à Clichy-la-Garenne. Deux notes d'un habitué de la maison, l'antiquaire Millin, nous donnent une idée de la vie qu'on y menait.

« J'allais quelquefois voir Mlle Arnould à Clichy. Un jour je la trouvai au milieu d'un grand cercle. Il y avait vingt personnes à table. Je me sauvai. Elle me rappelle et me dit : « — Entre, je marie le fils de ma cuisinière avec la fille de mon jardinier. Toute la famille et mes gens sont à ma table. Nous célébrons *les Plaisirs de l'Amour et de l'Egalité.* »

« Le soir, ses deux fils vinrent. Ils avaient besoin d'argent Elle n'en avait point à leur donner : « — Eh bien ! dit-elle, prenez chacun un cheval ! » Et ils s'en allèrent avec les deux chevaux. »

Sa fille, Alexandrine, épousa un petit poète, Murville, dont Sophie disait : « C'est un ennuyeux qui ressemble à ces vieux laquais qu'on appelle *La Jeunesse.* » Millin nous fait ce récit : « J'assistai aux fiançailles. Alexandrine avait pour amant le chevalier Dolomieu. A dîner, il sortit un binocle, que Murville (le fiancé) trouva excellent pour sa vue. « — Eh bien ! dit Sophie en l'ouvrant comme deux « cornes », garde-le. Dolomieu te le donne, c'est son présent de noce. »

Cette cynique resta gaie jusqu'à la fin. Et certes, dans les quinze ou vingt dernières années de sa vie, cette gaieté fut courageuse et méritoire. Il faut lire ses lettres à son ancien amant Belanger et à François de Neufchâteau. C'est le plus savoureux pêle-mêle de gaminerie, de gauloiserie, de plaintes se terminant en pirouettes, de câlinerie, de coquetterie mélancolique d'ancienne jolie fille, de philosophie de bonne catin, et de je ne sais quoi encore : le bavardage libre et pimenté d'une vieille Lisette qui aurait l'esprit de Chamfort. Notez que tout cet esprit de Sophie n'a pas une ride. Sa franchise et son cynisme même l'ont gardé de vieillir et lui donnent, quelquefois, l'air d'une profonde sagesse. C'est la plus éclatante justification de la remarque de M. Renan constatant avec trouble que la blague de Gavroche et de Niniche arrive du premier coup, sans effort ni réflexion, aux mêmes conclusions sur le monde et à la même philosophie où l'homme sérieux et scrupuleux ne parvient qu'après une vie d'étude et de méditation.

ERNEST RENAN

Je pense n'avoir pas besoin, pour parler à cette place de mon vénéré maître, d'alléguer qu'Ernest Renan appartient à la littérature dramatique par *l'Eau de Jouvence*, le *Prêtre de Némi*, l'*Abbesse de Jouarre*, ni que ses obsèques ont été cette semaine un des « spectacles » de Paris.

J'y fus comme c'était mon devoir. Et j'aurais bien voulu, je le confesse avec simplicité, entendre les discours de MM. Bourgeois, Boissier, Bertrand et Gaston Pâris. Mais les porteurs de « cartes violettes », c'est-à-dire les amis les plus humbles du cher mort, ceux que ne décorait aucun caractère officiel, étaient relégués dans un vestibule d'où l'on ne pouvait rien entendre, cependant que dans la petite cour du Collège de France, transformée en chapelle ardente, abondaient les gardes municipaux et que, autour du catafalque, de vieux généraux devisaient avec ennui. Assurément, du fond de son immortalité, le vieux maître a dû approuver ces obsèques, car il a toujours jugé excellent que la science fût publiquement honorée ; mais il n'a pas dû les aimer.

Qu'importe, d'ailleurs ? S'il ne nous a pas été permis d'assister commodément aux pompes trop réglées de ses funérailles, nous devons nous en féliciter plutôt. Cet appareil signifie que cet illustre mort appartient à tout le monde ; que le renanisme est décidément tout autre chose qu'une philosophie de dilettantes et une forme d'ironie chère à quelques centaines de lettrés ; que l'œuvre de Renan, qui fut exquise, a été en même temps grande et féconde, et qu'elle marque sans doute une révolution capitale dans l'histoire de la pensée humaine.

Renan, qui aimait le poète de *la Légende des siècles* pour ce qu'il sentait, dans son génie, d'inconscient et de divin, a dit un jour que Victor Hugo avait été mis au monde « par un décret spécial et nominatif de l'Eternel ». Combien plus justement le pourrait-on dire de l'auteur des *Etudes d'histoire religieuse* et de *l'Histoire des origines du christianisme!*

Ne croirait-on pas, en effet, qu'une Providence ingénieuse et bienveillante a combiné les origines, dirigé l'éducation, gouverné la vie et, par des retouches successives, façonné le cerveau d'Ernest Renan, de sorte qu'il fût l'homme qui, pour la paix de nos âmes, réconcilierait — *res olim dissociabiles*, — l'esprit scientifique et le sentiment chrétien ?

Son cas est unique. Remarquez que presque tous les autres hommes de génie de ce siècle, dans les divers ordres de la production écrite, ont été élevés en dehors ou à côté du catholicisme, et que, si quelques-uns ont essayé de le connaître et de le comprendre, ils n'en ont pas senti la douceur secrète ni subi le sortilège intérieur ; ils n'ont jamais été dans l'état d'esprit d'un « croyant » proprement dit, et d'un croyant pieux. Renan est le seul, parmi ces très grands, qui ait commencé par quelque chose de plus profond que cette religiosité où se complaisaient les hommes de 1830 ; le seul qui soit né et qui ait été formé dans l'ombre même du sanctuaire, qui ait cru d'abord avec tendresse et larmes, qui ait été clerc tonsuré et qui ait porté la robe du prêtre. Evidemment, l'esprit scientifique, rencontrant dans cette âme sérieuse de jeune lévite les traces indélébiles de la foi perdue, mais non point haïe ni méprisée, et défendue contre le blasphème par la douceur et la sainteté du souvenir spirituel, devait y produire des combinaisons de sentiments jusqu'alors inouïes.

Si, comme Michelet, Renan n'avait pas été baptisé; s'il avait passé, comme M. Taine, par la discipline universitaire et normalienne, ou même si, comme tant d'autres, il avait reçu cette éducation superficiellement religieuse qui gêne si peu, et si la foi l'avait quitté d'elle-même et sans secousse au tournant de l'adolescence ; s'il n'avait pas été élevé dans un petit séminaire expressément pour être prêtre ; s'il n'avait pas vécu à Saint-Sulpice ; s'il n'avait pas été lévite par l'habit et par le cœur ; s'il était monté de la rue dans la salle du cours d'hébreu, et s'il avait apporté à l'étude de la philologie des langues sémitiques un esprit libre d'avance et vide de croyances religieuses, il est clair qu'il eût été un grand érudit, un grand écrivain, et peut-être même un philosophe plus rigoureux et plus consistant qu'il ne s'est montré ; il eût pu, si l'idée lui en était venue, traiter des origines du christianisme dans le même esprit que l'éminent Havet, avec plus de grâce seulement et plus de finesse ; il eût donc été un homme considérable, et l'on pourrait faire de lui cet éloge que, comme Bossuet, Montesquieu et Buffon ont fait rentrer la controverse théologique, la philosophie du droit et les sciences naturelles dans le domaine de la littérature, Renan y a introduit l'exégèse religieuse. Mais les mots qu'il eût assemblés n'auraient point ce charme magique ; il ne serait pas le berceur et l'enchanteur de nos âmes ; et je ne serais pas ému jusqu'au fond du cœur en parlant si mal de lui, encore que j'en parle de mon mieux.

C'est le bienfaiteur de nos esprits. Il en est beaucoup parmi nous qu'il a sauvés de l'impiété. Il nous a enseigné qu'on pouvait cesser de croire aux dogmes des religions positives sans pour cela couper son âme du passé. Il nous a appris à chérir quand même les mythes qui ont consolé et soutenu les hommes dans le cours des siècles ; il nous les a montrés vénérables par là, et aussi parce qu'ils furent des productions mystérieuses et spontanées du sentiment moral et de cette inquiétude qui ne saurait consentir au monde inexpliqué, et qui, si elle fut l'inventrice des religions, est aussi l'instigatrice de la science ; il nous a appris à aimer les vertus et les rêves que la religion de nos pères a suscités dans des millions et des millions de têtes et de cœurs ; à aimer les innombrables inconnus qui, dans le passé profond, ont fait ces rêves et pratiqué ces vertus. Grâce à lui, nous pouvons, sans abdiquer la raison ni nous mettre en dehors des conditions de la recherche scientifique, rester unis de cœur à nos aïeux chrétiens, respecter en nous-mêmes le souvenir de nos croyances et la survivance de l'instinct religieux, et garder pour ainsi dire notre âme intacte avec toutes ses obscures puissances et tous ses besoins hérités.

Plusieurs n'ont pas vu cela. Renan a eu, certes, ce qu'on appelle une bonne presse. Pourtant, dans ce vaste concert de louanges, les unes subtiles et justes, les autres boursouflées et un peu niaises, mais dont la niaiserie était rachetée par la bonne volonté, quelques notes ont grincé. Je ne parle pas des insultes de certains journaux catholiques, inspirées par un sentiment respectable; ni des injures dont la mémoire de Renan a été déchirée par une feuille israélite et mondaine : injures fort inattendues, car Renan devrait être sacré aux Juifs, nul n'ayant mieux parlé, ni plus magnifiquement, du génie propre et du rôle historique de leur race. Tout cela compte peu. Mais je vois avec chagrin que certains philologues ou médecins échauffés lui ont reproché de n'être pas un savant sérieux, tandis que les néo-évangélistes, oubliant que Renan est leur vrai père et qu'ils ne seraient pas sans lui, l'accusaient, fils ingrats, d'être un pur « négatif ». Et les uns et les autres, — pour des raisons, il est vrai, toutes contraires, — l'accablaient des noms de dilettante et de joueur de flûte.

Sur la question de savoir si Renan fut un philologue, un épigraphiste et un historien sérieux, mon incompétence s'en rapporte aux professeurs du Collège de France, aux membres de la Société asiatique et de l'Académie des Inscriptions, et notamment à M. Gaston Pâris. Il serait bon aussi de se rappeler que les trente volumes qui composent l'œuvre de Renan représentent cinquante ans de travail, à raison de dix heures par jour. Il n'a jamais voulu être qu'un savant et n'a jamais aspiré qu'à la gloire un peu sévère qui récompense les beaux travaux d'érudition : le reste lui a été donné par surcroît. La grande originalité de sa destinée, c'est, étant né prêtre et devenu philologue, d'avoir élaboré, avec sa piété et sa philologie, de tels composés spirituels que le monde en a été surpris, que les frivoles mêmes et les simples en ont été confusément informés, et qu'ainsi, — chose inouïe, —

cet homme de cabinet, ce bénédictin, ce docteur
Faust a connu, outre la gloire, la popularité, je dis
la popularité la plus retentissante, quelque chose en
vérité comme celle des grandes étoiles de théâtre...

Je suis assuré, pour moi, qu'il fut un très bon
hébraïsant, un très bon exégète et un très bon
critique. Je l'ai entendu, au Collège de France, commenter les travaux de Reuss, de Graff, de Kuenen,
de Welhausen. Serait-il téméraire d'affirmer que
non seulement il avait l'air de les comprendre, mais
qu'il lui arrivait de les corriger et même d'y ajouter?
Dans les chapitres de ses *Origines du Christianisme*
qui se rapportent à des événements ou à des états
de civilisation que nous pouvons connaître par les
écrivains grecs et latins, il est facile de voir qu'il fut
un historien et un interprète des textes aussi exact
et aussi scrupuleux que s'il n'avait pas eu de génie.
Qu'il y ait dans ses livres d'histoire beaucoup de
conjectures, cela était inévitable, en raison de la
difficulté et de l'obscurité des sujets qu'il traitait;
qu'il s'y trouve des contradictions, — plus apparentes que réelles et qui se résolvent avec un peu
de réflexion, — j'en conviens; enfin qu'il ait mis
dans ses récits beaucoup d'imagination, je le reconnais, et j'en suis ravi. Car cela veut dire qu'il a fait,
dans d'autres conditions et avec des dons différents,
ce qu'a fait Jules Michelet. Sans l'imagination, il peut
y avoir d'utiles érudits, il n'y a pas de grand historien. Et la vie que l'historien communique au

passé, quand elle ne contredit ni les inscriptions ni les textes, est peut-être, d'ailleurs, un aussi bon témoignage de vérité que les textes et les inscriptions mêmes.

Comme philosophe aussi, Renan a été qualifié, par des esprits un peu stricts et maussades, de fantaisiste et de sceptique. Pourquoi? Parce que la conception étroitement matérialiste de l'univers ne lui a point suffi, parce qu'il s'est délassé à écrire ses rêves dans ses *Dialogues* et ses *Drames*. En somme, on l'a traité de philosophe frivole, parce qu'il a espéré, — sans trop s'en faire accroire, du reste, — en la bonté du monde. Chose singulière : s'il était resté un pur positiviste, c'est-à-dire au fond un pur négateur à la façon de son illustre ami M. Taine, c'est alors que M. Homais l'aurait appelé un homme de foi. C'est ainsi : il paraîtrait moins sceptique, s'il n'avait confessé quelquefois le désir de croire à quelque chose en dehors des données de la science.

Mais, d'autre part, des gens, qui pourtant n'acceptent eux-mêmes les dogmes d'aucune religion, lui imputent à crime de n'avoir eu que ce désir. Ces âmes suaves se plaignent qu'il nous ait desséchés par ses doutes. Je serais curieux de connaître le credo de ces apôtres pour qui Renan n'est qu'un damnable pyrrhonien. Je n'ai pas le temps ni la place de dresser ici la liste de ses constantes affirmations métaphysiques. Mais croire que l'univers a un but, qui est de devenir de plus en plus conscient ; croire au progrès indéfini par la science; affirmer — ou espérer avec ténacité (ce qui dans ces matières est tout un) — qu'une œuvre mystérieuse et bonne s'acomplit dans l'univers, que le juste et le bien seront un jour pleinement réalisés et, en attendant, y conformer notre vie, n'est-ce donc rien ? Et que pouvons-nous de plus ? Je ne rappellerai que ce cri du *Prêtre de Némi :* « Impossible de sortir de ce triple postulat de la vie morale : Dieu, justice, immortalité ! La vertu n'a pas besoin de la justice des hommes ; mais elle ne peut se passer d'un témoin céleste qui lui dise : « Courage ! « courage ! » Mort que je vois venir, que j'appelle et que j'embrasse, je voudrais au moins que tu fusses utile à quelqu'un, à quelque chose, fût-ce à la distance des confins de l'infini... » Si je ne m'abuse, voilà des sentiments qui, s'ils sont sincères et profonds, peuvent servir d'assises fort suffisantes à une vie morale ; voilà de quoi édifier une existence d'honnête homme.

Ce qui a trompé, d'une part, les bedeaux de la science et, de l'autre, les entrepreneurs de notre rénovation morale, et, par surcroît, les gens du monde, c'est l'ironie de Renan, — et c'est la richesse même de sa complexion intellectuelle.

Cette ironie n'a pourtant rien de diabolique, qu'elle soit volontaire ou involontaire, car les deux cas se présentent.

Parfois, — et alors elle est involontaire, c'est

nous qui la supposons et qui la saisissons dans des phrases où il ne l'avait point mise, — elle vient de ce que l'écrivain se trouve dans des conditions d'esprit et de sentiment auxquelles nous sommes peu accoutumés et que, par suite, nous sommes tentés de croire artificielles et feintes. Si Renan garde dans l'expression des idées les plus éloignées du christianisme l'onction chrétienne, le tour, le ton, le vocabulaire même, soit du mysticisme chrétien, soit de la politesse ecclésiastique, nous soupçonnons ces combinaisons d'être préméditées et nous y goûtons comme le ragoût d'un imperceptible et fuyant sacrilège. Point : c'est tout simplement l'ancien clerc de Saint-Sulpice qui a conservé l'imagination catholique. Ou bien s'il témoigne de son respect et de sa sympathie pour les choses religieuses, pour les mensonges sacrés qui aident les hommes à vivre, qui leur présentent un idéal accommodé à la faiblesse de leur esprit, nous voulons y voir une raillerie secrète. Mais c'est nous qui manquons de respect : pourquoi le sien ne serait-il pas sincère ? Bref, l'ironie de Renan me paraît être, pour une bonne moitié, une invention des humanistes et des boulevardiers.

Dans d'autres occasions, cette ironie est volontaire et réfléchie. C'est quand il craint d'avoir trop affirmé des choses dont après tout nous ne pouvons être certains et dont nous pouvons seulement désirer qu'elles soient, tout en vivant comme si elles étaient. C'est ce scrupule qu'il a un jour exprimé avec une vivacité un peu osée, — *cum grano salis*, — en disant que « nous devons la vertu à l'Eternel, mais que nous avons droit d'y joindre, comme reprise personnelle, l'ironie ». Cette ironie-là n'est donc qu'une forme de la probité philosophique. Ceux qui s'en scandalisent, ceux qui nous exhortent à croire, sans nous dire quoi, — sinon, précisément, ce que Renan a cru, — oublient trop que la foi du philosophe même spiritualiste et la foi du fidèle d'une religion révélée ne sont point de même nature, et que, si elle n'est une croyance imposée par une Eglise au nom d'un Dieu qui a été censé se manifester aux hommes, la foi ne saurait être autre chose qu'une aspiration passionnée et constante.

J'accorde que quelquefois, bien moins souvent qu'on ne se le figure, — car il faut considérer l'ensemble de son œuvre, — Renan a paru se plaire dans cette ironie, dans cette attitude en même temps espérante et railleuse devant le mystère du monde et que, s'il n'est peut-être pas le premier inventeur de cette attitude-là, il en a, mieux que personne, rendu les nuances et fait sentir la voluptueuse finesse. Mais que voulez-vous? Même chez les meilleurs, l'esprit ne peut être toujours tendu à croire. Le droit à l'ironie a-t-il donc besoin d'être défendu? Il est bien étrange que l'on conspue Renan pour avoir éprouvé et traduit çà et là un sentiment qui, continu chez certains autres grands écrivains, leur est devenu un titre de gloire.

IBSEN

Théatre-Moderne : *La Dame de la mer*, drame en cinq actes, de Henrik Ibsen (traduction Ad. Chénevière et H. Johansen).

Les « Escholiers » nous ont donné une très intéressante représentation de l'avant-dernière pièce d'Ibsen : *la Dame de la mer*.

En somme, et dénouement à part, *la Dame de la mer* n'est autre chose qu'un *Jacques* ultraseptentrional. C'est l'œuvre d'un génie très différent du nôtre, sérieux, naïf et grand, qui a le don de rafraîchir de vieilles choses, en les ressentant avec une extraordinaire intensité, et aussi en les enveloppant de poésie et de neige.

La Dame de la mer est un poème dramatique plutôt qu'un drame. La plupart des personnages y sont exhaussés jusqu'au symbole, et la Nature (qui est, ici, la mer) y est intimement mêlée au drame humain. Ellida, fille d'un inspecteur des phares, est bien, tout au fond, la « femme romantique incomprise » d'il y a cinquante ans, Indiana ou Valentine : mais on ne s'en aperçoit pas tout de suite, tant elle est gravement candide et chaste, et tant sa rêverie est naturellement religieuse. Elle a épousé le docteur Wangel, de vingt-cinq ou trente ans plus âgé qu'elle, et père de deux grandes filles. Elle ne l'a pas précisément épousé malgré elle : mais elle s'est laissé faire, et ce n'a été pour elle qu'un « mariage de raison ». Elle a pour son mari de l'estime et de l'amitié, mais c'est tout. C'est qu'elle a aimé autrefois, et qu'elle a donné son cœur. Celui qu'elle a aimé est un marin, un pilote, un personnage mystérieux et vague, en fuite à travers les vastes flots. Oh ! combien vague et mystérieux ! Si vous voulez savoir à quel point il est mystérieux et vague, écoutez ce fragment d'entretien d'Ellida avec Wangel. Car cette âme, sincère et translucide comme la glace à travers laquelle flambe la froide pourpre du couchant, n'a rien de caché pour son mari. Et, quant à lui, il est prêt à supporter toutes les confidences. Et l'on dirait que tous deux ont les sens gelés ; et leur conversation ressemble à celle d'une stalactite et d'une stalagmite dans la blanche crevasse d'un fjord :

ELLIDA : Te rappelles-tu qu'un soir, vers la fin de l'automne, arriva un grand navire américain qui fit relâche à Skjoldviker pour réparer une avarie ?

WANGEL : Oui, je me rappelle bien que c'était à bord de ce navire qu'on trouva, un beau matin, le capitaine assassiné dans sa cabine. Je fus appelé à bord pour faire l'autopsie du corps... On soupçonnait le second pilote d'être le meurtrier.

ELLIDA : Personne ne pourra jamais le dire, puisque l'on n'a eu aucune preuve.

WANGEL : Cependant, il paraît que le doute n'était pas possible. Pourquoi le pilote se serait-il noyé, comme il l'a fait, s'il n'était pas coupable ?

ELLIDA : Il ne s'est pas noyé. Il est parti à bord d'un baleinier.

WANGEL, *étonné* : Comment le sais-tu ?

ELLIDA : Je le sais, Wangel, parce que ce pilote, c'était lui, mon fiancé...

WANGEL : Et d'où venait-il ?

ELLIDA : De la Finlande, disait-il. Il paraît, d'ailleurs, qu'il était né là-bas et qu'il avait émigré plus tard avec son père.

WANGEL : Et as-tu d'autres renseignements sur lui ?

ELLIDA : Je sais seulement qu'il s'était engagé très jeune comme mousse à bord d'un navire et qu'il avait fait de très longs voyages.

WANGEL : Et tu ne sais rien de plus ?

ELLIDA : Non, nous ne causions jamais de cela.

WANGEL : De quoi parliez-vous ?

ELLIDA : De la mer surtout.

Etrange ! étrange ! Et cela continue. Ellida raconte ceci :

— Au moment de me quitter, il tira de sa poche un anneau et ôta de son doigt une bague qu'il portait toujours. Puis il retira également de mon doigt une petite bague que j'avais et enfila ces deux bagues, la sienne et la mienne, dans l'anneau, en disant que nous devions maintenant nous marier tous deux avec la mer.

WANGEL : Vous marier ?

ELLIDA : Oui, ce furent ses propres paroles. Il prit alors l'anneau avec les deux bagues et les lança au loin dans la mer...

« Et le capitaine assassiné ? Qu'est-ce qu'il en est au juste ? » demanderez-vous. Il n'en est plus question. Ce trait signifie sans doute que « l'étranger » aimé d'Ellida est supérieur aux codes et aux lois humaines. Ce pilote est le Manfred, le Lara et le Bénédict des régions hyperboréennes... Nous apprenons aussi qu'il portait une épingle de cravate avec une grosse perle bleuâtre, que cette perle ressemblait à un œil de poisson mort et avait l'air de regarder Ellida fixement, et qu'Ellida a eu, dans la première année de son mariage avec Wangel, un enfant qui est mort, et que les yeux de l'enfant changeaient de couleur comme la mer, suivant qu'il faisait beau ou mauvais temps, et que ces yeux étaient ceux de « l'étranger »... Ellida adore la mer ; elle y baigne tous les jours son corps froid de sirène, et son rêve habite l'immensité des flots. Et l'amour de la mer, c'est « le désir de l'infini, de l'idéal irréalisable ». Ellida, si je puis dire, a « des vagues » à l'âme (« Ellida, dit Wangel, ton âme est comme la mer ;

elle a des flux et des reflux »). Et la mer symbolise
« ce qui tente, ce qui attire, ce qui entraîne vers
l'inconnu », et « l'étranger » symbolise la mer. Et
c'est pourquoi Ellida se dit fiancée à « l'étranger ».

... Il apparaît un jour, « l'étranger », semblable à
un fantôme très noble chaussé de grandes bottes et
coiffé de loutre. Sa voix est grave, lente et lointaine,
et ses yeux couleur de mer fascinent Ellida. Il lui
reproche son mariage et lui rappelle leurs fiançailles.
Et le beau spectre conclut ainsi « en regardant sa
montre » :

— Il est bientôt l'heure de m'embarquer... Tu es
à moi, Ellida... Tu réfléchiras jusqu'à demain soir...
Je vais remonter le fjord sur le bateau anglais et
demain soir je reviendrai. Tu m'attendras ici, dans
le jardin... Et alors, si tu es disposée à venir avec
moi sur la mer, tiens-toi prête à partir.

Et le plus extraordinaire, c'est que le mari a assisté
à l'entretien, et qu'il a fait à l' « étranger » des
observations pleines de sens et de douceur.

Quand l'étranger a disparu, Ellida se jette dans
les bras de son mari : « Ah ! Wangel, sauve-moi de
moi-même !... Ce qui attire est là. — Ce qui attire ?
— Oui... cet homme est comme la mer. »

Le rendez-vous suprême est pour minuit, le minuit
d'été de là-bas, l'heure du crépuscule. Ellida s'y
trouve, suivie de son mari qui, après quelques
menaces, finit par renoncer à la lutte, car il comprend qu'Ellida ne peut rester avec lui, ne l'ayant

pas choisi volontairement. « Ah ! Wangel, laisse-moi, dit-elle, te parler devant lui. Tu veux et tu peux me retenir ici, puisque tu en as la force et les moyens. Mais mon âme, ma pensée, toutes mes inclinations, tous mes ardents désirs, tu ne les enchaîneras pas. Ils chercheront et poursuivront ce mystère, ce grand inconnu, pour lequel je suis faite, et dont tu m'as fermé l'accès. »

Ces propos vagues, mais sincères, achèvent d'ébranler Wangel. Il répond à Ellida qu'il la dégage, qu'il lui rend sa liberté, qu'elle peut maintenant faire son choix librement, et qu'elle en est « responsable ».

Instantanément, Ellida est retournée. Du moment qu'elle est libre, le charme est rompu. « Jamais, dit-elle à l'étranger, je ne vous suivrai après ce qui vient de se passer. » Et à son mari : « Jamais je ne te quitterai après ce que tu m'as dit. » Wangel s'étonne : « Mais cet idéal, cet inconnu mystérieux qui t'attirait ? » Elle répond : « Il ne m'attire ni ne m'effraye plus. J'ai eu la possibilité de le contempler, la liberté d'y pénétrer. C'est pourquoi j'ai pu y renoncer. »

Et la morale de l'histoire est celle de beaucoup d'autres pièces d'Ibsen. C'est que rien n'est plus sacré que la liberté d'une âme, et c'est, plus particulièrement, que les conventions humaines, lois, mariage, famille, etc., ne nous obligent que lorsque nous avons pu les accepter librement. Et ce drame, — plus abstrait peut-être qu'aucun de ses autres drames si l'on en considère les protagonistes, — se déroule dans un décor précis, de cordialité et de bonhomie scandinaves. Et, autour d'Ellida, de Wangel et de « l'étranger », se meuvent des figures plus familières et concrètes : Ballested, ancien comédien, peintre, cicerone et maître à danser, un bohème mélancolique ; Lyngstrand, un malade, un mourant comme il y en a tant dans ce théâtre, sculpteur de son état, et qui, secoué d'une toux mortelle, rêve de gloire et d'avenir ; et la petite Hilda que Wangel a eue de son premier mariage, et qui souffre de ne pas être aimée de sa jeune belle-mère (rassurez-vous ; Ellida, son équilibre retrouvé par sa responsabilité reconquise, se met tout de suite à aimer les enfants de son vieux mari) ; et la sœur de Hilda, la charmante et raisonnable Bolette, qui, elle aussi, a ses chimères, mais qui y renonce *librement* en mettant sa main dans celle du sérieux et dévoué Arnholm, son ancien professeur, et dont le cas (par un parallélisme familier à Ibsen) nous présente, en regard de l'union irréfléchie et non entièrement volontaire de Wangel et d'Ellida, les vraies conditions d'un mariage rationnel... Le tout est d'un charme bizarre et comme lointain, et qui cependant pénètre peu à peu, avec peut-être des lenteurs et des langueurs qui n'ennuient pas, mais qui bercent...

J.-J. WEISS

Bibliographie dramatique : *Autour de la Comédie française*, par J.-J. Weiss.

11 juillet 1892.

Le prince Georges Stirbey a commencé la publication des feuilletons dramatiques de J.-J. Weiss. Cette publication comportera quatre volumes. Le premier volume, qui vient de paraître, est intitulé : *Autour de la Comédie française*. Le second volume : *A propos de théâtre*, traitera du théâtre en général. *Le Drame historique et le Drame passionnel*, tel sera le titre du troisième volume. Et le quatrième passera en revue les *Théâtres parisiens*. Cette répartition de l'œuvre critique de mon illustre prédécesseur me semble assez raisonnable. Elle mettra dans notre plaisir un ordre non point rigoureux, mais suffisant et commode, qui nous rendra ce plaisir plus profitable et qui nous fera plus aisément repasser les aspects extrêmement divers de ce riche, mobile et capricieux génie que fut J.-J. Weiss.

J'ai dit « génie » ; et, comme le mot ramené à ses

origines, signifie avant tout la spontanéité, le jet naturel de l'esprit, ce que nous appelons aujourd'hui le tempérament, je crois qu'aucun autre mot ne conviendrait mieux ici. J.-J. Weiss nous offre ce phénomène presque unique d'un normalien, d'un professeur, d'un théoricien politique, d'un haut fonctionnaire (il l'a été à deux reprises), d'un homme rompu à toutes les disciplines intellectuelles, façonné et trituré par toutes les cultures, chargé d'une énorme quantité de notions précises, et dont le tempérament originel a résisté à tout, dont la libre fantaisie, l' « humeur » au sens où nos pères l'entendaient, la sensibilité propre, l'audacieuse « naïveté ». sont restées intactes et ont même paru grandissantes jusqu'à la fin, et chez qui l'imagination, sous l'appareil logique et serré du discours, est toujours demeurée souveraine maîtresse.

Critique, il fut plein d'imprévu ; savant comme un professeur, subtil comme un rhéteur, intuitif comme un poète. Son exemple nous montre bien la vanité des distinctions qu'on fait entre la critique personnelle et l'impersonnelle. Des principes, oh ! certes il en avait. Il était résolument, inexorablement idéaliste. D'autre part, il était plus strict, plus intransigeant dans l'idée qu'il se faisait du génie français que M. Nisard lui-même. Enfin, il ne séparait guère la littérature de la morale et de l'utilité publique. Il semblait donc admirablement muni pour faire de la critique « impersonnelle », et l'on eût juré qu'il portait en lui un mètre immuable pour mesurer et classer les œuvres, pour les juger en elles-mêmes ou dans leur rapport avec le reste de la littérature, et pour les juger indépendamment du plaisir qu'elles lui faisaient, puisqu'il paraît que c'est en cela que consiste l'impersonnalité de la critique. Certes, à ne considérer que les principes, si l'on relit l'étude fameuse sur la *Littérature brutale*, M. Brunetière, auprès de Weiss, ne paraîtra qu'un libertin.

Mais invinciblement, dès que Weiss prenait la plume, il sautait aux yeux que ses « principes » n'étaient que des préférences passionnées, érigées en maximes générales. Quelles préférences ? Celles de son tempérament ; au fond celles de son enfance ignorante et vagabonde ; celles de l'enfant de troupe qui s'instruisait tout seul et qui lisait au hasard Homère et Paul de Kock, celles aussi d'un homme qui s'était trouvé parfaitement heureux sous le roi Louis-Philippe. — Et ce n'est pas tout. Entre « ces principes » et les œuvres où il croyait en trouver l'application, sa vive et féconde imagination intervenait, qui transfigurait ces œuvres et les lui faisait voir autres qu'elles n'étaient. La « poésie » de Scribe était toute en J.-J. Weiss, et celle de Gresset ou même de Regnard y était presque toute. Et, ainsi, il jugeait des ouvrages dont son imagination créait la beauté, d'après des dogmes dont son tempérament créait l'autorité. Bref, il tirait à la fois de lui-même, en quelque sorte, les ouvrages à juger et les principes de son jugement ; et, dans la plupart des études qu'il consacrait aux inventions des autres, c'était lui le principal inventeur.

Et, sans doute, la double illusion que je viens d'indiquer est commune, même chez les critiques qui s'en défendent avec le plus d'assurance. Mais chez Weiss elle apparaît en plein, naïvement et d'une façon presque continue. Et c'est pour cela qu'il est si vivant.

D'autant plus vivant qu'il est multiple. (Et, en fait, si la réputation de Weiss n'a pas été égale à son talent, ou si même on peut dire que, tout compte fait, il n'a pas rempli tout son mérite, c'est, on l'a remarqué bien des fois, qu'il n'a pas su ou n'a pas voulu gouverner cette multiplicité de dons, les ramasser dans une occupation dominante, et qu'il a laissé insouciamment sa fertile nature se répandre dans les sens les plus divers.) Il y a, dans ce critique, un administrateur, une historien, un portraitiste, un moraliste, un homme d'Etat. Que n'y a-t-il point ? Il y a même une grisette, et c'est peut-être la grisette qui a dicté à l'ancien professeur de Faculté ses plus surprenants feuilletons.

Administrateur, il l'est avec passion. Ceux qui l'ont bien connu disent que les deux grandes joies de sa vie furent d'être conseiller d'Etat et directeur des affaires étrangères. Dans le volume qui nous occupe, il consacre vingt-huit pages au cas de Mme Emilie Broisat, laquelle, ayant accompli ses dix premières années de sociétariat, fut sur le point d'être réengagée pour cinq ans seulement, et ce, contre la lettre et pareillement contre l'esprit de l'acte consécutif du 27 germinal an XII, et des articles 12 et 16 du décret de Moscou, et de l'article 13 du décret du 30 avril 1850. Ce cas, Weiss le discute non seulement avec subtilité, non seulement avec force, mais avec une visible allégresse. Ah! ce décret de Moscou, comme il le tient et comme il en tient! Comme il en démonte, en remonte et en démontre le mécanisme délicat, chef-d'œuvre d'horlogerie administrative ! Quelle sûreté! Quelle adresse! Quelle possession de son objet! Et quel beau dédain dans cette remarque sur ce pauvre décret complémentaire du 30 avril 1850, qui n'est pas, lui, de la bonne époque. « Je conviens que cet article 13 n'est pas un modèle de clarté. En 1849 et en 1850, la décadence de l'esprit législatif et de l'esprit politique s'accusait déjà fortement chez nous : l'art de rédiger des décrets s'en ressentait. » Et quel bon sens vigoureux et ragaillardissant parmi ces aridités de discussion ! Quel art de démonstration par l'absurde, — et quels effets du plus excellent comique ! Cela est d'une éloquence très particulière qui rappelle vraiment, en dépit de la petitesse du cas en litige et de la médiocrité des intérêts engagés, l'éloquence de certaines *Provinciales* ou des *Mémoires* de Beaumarchais.

Quel moraliste fut ce critique qui était, d'autre part, un si éminent interprète des textes administratifs; quel analyste des sentiments et quel historien des mœurs et de l'esprit publics, les pages abondent, dans ce volume, qui pourraient vous en faire ressouvenir. Je n'en prends qu'une, la plus courte. C'est à propos des *Effrontés*. Weiss vient de nous faire observer que la comédie d'Augier « n'a jamais été, ni sous Louis-Philippe, où elle est censée se passer, ni sous Napoléon III, aussi concordante qu'aujourd'hui avec les mœurs du jour ». Et il ajoute :

« Plus que jamais le monde est aux Vernouillet, à leur *Banque territoriale* et à leur *Union universelle*. Plus que jamais, les Vernouillet fondent ou achètent des journaux. Plus que jamais, nous sommes les témoins du grand accueil qu'on leur fait partout, moins par une honteuse crainte du mal qu'ils peuvent faire que par considération pour les capitaux qu'ils ont l'air d'assembler et d'exploiter; moins par cupidité et avarice que par un fonds d'indulgence dont chacun de nous sent que tout le monde a besoin dans le relâchement général des mœurs publiques et des principes; moins par cette indulgence calculée et à certains égards philosophique que par un respect sincère, imbécile, souvent même désintéressé que nous inspire l'argent, quelle qu'en soit la source; le succès, quels qu'en soient les moyens; la position acquise, quels que soient les sales emplois par où l'on s'y est élevé. Le respect, qui a ses erreurs et ses excès, ne s'en va pas comme on le dit; ce qui s'en va, c'est tout ce qui est respectable ; le respect lui-même nous reste ; il n'a fait que se déplacer. Pour ce qu'il est maintenant, il vaudrait mieux qu'il s'en allât aussi. »

« Quelle page, mes enfants ! » dirait Sarcey.

Je ne puis me tenir de vous signaler, à propos de l'*Etrangère*, de M. Dumas, une autre merveilleuse page sur les phénomènes sociaux qui ont marqué la seconde moitié du règne de Napoléon III et plus encore ces vingt dernières années : « La prise de possession de Paris par l'étranger ; l'avènement de la race juive qui peut devenir bientôt prépondérante ; l'émancipation de la courtisane, qui était autrefois une espèce d'excommuniée civile, et qui forme de plus en plus maintenant une classe régulière, admise, consacrée, considérée ; la concentration progressive des capitaux et du commerce, par le jeu du crédit, entre les mains de Compagnies peu nombreuses qui, avant un demi-siècle, seront devenues pour la France ce que furent pour Rome ces *latifundia*, d'où sortit la guerre sociale en permanence. » Vient alors la description la plus brillante, — et la plus inquiétante, — du cosmopolitisme parisien, et de « cette légion d'étrangers multicolores, depuis le Mexicain et le Yankee jusqu'au Mongolien et au Sarmate, qui occupent, de la gare des Batignolles à la Muette, le splendide *Parisian-West* », et des mœurs de cette société nouvelle, et des travers, des ridicules, des influences pernicieuses, des vices nouveaux introduits par elle dans notre vie habituelle et notre état public.

Et J.-J. Weiss n'est pas un moindre historien du passé. Voyez, au sujet du petit drame de Mlle Arnauld, *Mademoiselle du Vigean*, le crayon du double profil de Condé, du Condé héroïque et de l'autre ; voyez, à l'occasion de *Polyeucte*, la vive indication de ce qui est une des marques du dix-septième siècle tout entier : l'énergie héroïque ; une certaine dureté et grossièreté étant l'autre marque. Et la peinture du lendemain de la révolution de 1830, et des lendemains de révolution en général, à propos de *Bertrand et Raton!* Ce sont là des morceaux accomplis, éclatants à la fois et profonds, à mettre à côté des plus belles pages de philosophie de l'histoire, fussent-elles signées de Thierry ou de Michelet.

Or, cet historien, ce philosophe, cet observateur des mœurs trouve encore le temps d'être un critique. Sur la filiation de *Denise* dans l'esprit de M. Dumas ; sur ce qui fait les pièces de M. Dumas émouvantes et fortes si la « thèse » en est retirée ; caduques, si elle y est réintroduite ; sur le point précis où *l'Etrangère*, par exemple, et *les Effrontés* dévient de leur donnée première, J.-J. Weiss n'est que netteté, clarté, pénétration. Sur le théâtre classique, sa critique est étonnamment révélatrice. Et ici mieux qu'ailleurs son invention pouvait se donner carrière sans scandale, ces vieilles œuvres consacrées par les âges étant devenues une sorte de matière plastique au gré de nos esprits, et valant plus encore peut-être par ce qu'elles suggèrent que par ce qu'elles sont en elles-mêmes. Relisez, je vous prie, le feuilleton de Weiss sur *Polyeucte* ; relisez surtout ce commentaire d'une brève réplique de Pauline à Polyeucte, qui peut-être avait passé pour vous presque inaperçue dans le mouvement du dialogue :

« ... Elle a, à la fin, un cri de nature d'une brutalité admirable... Dans la scène fameuse où Polyeucte, d'un côté, jette Dieu et l'ordre de son Dieu dans la balance, Pauline, de l'autre, son amour, qu'elle se désole de voir se heurter et se briser impuissant contre des « imaginations » où elle ne conçoit rien, Pauline jette à Polyeucte cette dernière supplication :

Quittez cette chimère, et m'aimez !

« Je ne sais si je m'abuse. Mais je vois dans ce mot tout le combat du Christ et du paganisme, « de l'éternel paganisme », comme disait Sainte-Beuve. Un jour, viendra Gœthe qui écrira *la Fiancée de Corinthe* et dramatisera à son tour, mais d'une façon systématique, et en développant toute la portée païenne de l'antithèse, le conflit de la nature et du christianisme, la révolte des sens, du cœur et de la vie contre les immolations qu'impose la loi du Christ. » Et j'ignore, à la vérité, si Corneille a entendu tout cela sous ces cinq mots et s'il a voulu y mettre toute *la Fiancée de Corinthe* ; mais Corneille nous permet, il nous suggère de l'y mettre, cela est évident. Reprenez ce fragment de vers : vous le trouvez maintenant prodigieux de sentiment et de signification.

Tant Weiss est un critique créateur et tant il souffle de pensée aux œuvres qu'il aime!

Ce qu'il souffle de pensée à Scribe, et surtout de poésie, est étourdissant. Car, sans doute, il adore Bouchardy, il adore même Dinaux, Gustave Lemoinne et Victor Séjour ; mais pour Scribe (et aussi pour Dumas le père), c'est de la folie.

C'est que, comme j'ai dit, ce grand écrivain, ce professeur, cet historien, ce politique est resté, dans son tréfonds, une grisette, un tapin, une âme enfantine, d'une sensibilité toute naïve et populaire. Ses préférences dans le théâtre contemporain ont été exactement, jusqu'au bout, celles de Mimi Pinson, ou même de Dumanet. Seulement, cette émotion candide qu'il partage avec Mimi Pinson et que la grisette n'a point souci d'étudier dans sa nature et dans ses causes, le puissant critique éprouve naturellement le besoin de la définir et de la justifier. Il ne s'aperçoit pas que c'est tout simplement son âme fraîche, son âme aisément impressionnable et illusionniste d'enfant qui survit en lui, et que cette émotion est aussi irraisonnée et, en un sens, aussi déraisonnable chez lui que chez la fille du peuple. Et, donc, il y cherche des causes ; et, comme il lui semble qu'il ne peut les découvrir que dans les œuvres dont il est si puissamment affecté, et que, au surplus, ces causes doivent être dignes d'un lettré, d'un professeur, d'un philosophe, il finit nécessairement par exalter outre mesure les écrivains dramatiques qui le mettent ainsi sens dessus dessous ; il les transfigure, il les illumine, il voit dans leurs ouvrages ce qui n'y est pas, ou du moins il les complète, il suppose achevé ce qui tout au plus y est en germe. Il absout les mouvements de son âme populaire par des considérations de professeur qui a conservé, dans le domaine de la haute critique, le don de l'illusion. Et ainsi il nous fait assister au spectacle infiniment curieux du rêve de Margot devant *Lazare le Pâtre*, *le Verre d'eau* ou *la Tour de Nesle*, commenté et fortement motivé par le plus raffiné des littérateurs, la sensibilité de la brunisseuse coexistant en lui avec les lumières de l'habile homme.

Vous comprenez maintenant que, après avoir cité les phrases célèbres de *la Tour de Nesle* : « C'était une noble tête de vieillard... La Bourgogne était heureuse... La belle nuit pour une orgie à la tour !... » J.-J. Weiss conclue avec sérénité : « Ce style est lapidaire et théâtral au plus haut degré ; il s'inscrit dans les fibres et dans les nerfs du spectateur. » Vous comprenez cette effusion sur Bouchardy, cette vision d'un Bouchardy à demi-nu, dansant et couronné de roses : « Qui sait ce qu'il eût été si, en ses jeunes ans, il avait grandi comme Sophocle sous l'aile de la Muse, et remporté comme lui à toutes les joûtes le prix de la danse et de la musique ! » Et vous comprenez ces phrases sur Eugène Scribe, qui renferment, d'ailleurs, je le confesse, une part de vérité : « C'est bien un dieu du théâtre... Personne, aussi bien que lui, n'a pratiqué l'art de rendre vraisemblable à la scène ce qui est plus romanesque que vrai... Aucun de ses contemporains n'a rendu avec autant de vivacité et dans une aussi juste mesure la manière d'être du pays de France entre 1820 et 1850, la manière française de faire le bien et le mal, d'être faible, intrigant, égoïste, avide, honnête, vertueux, désintéressé et dévoué. Parmi les genres nombreux qu'il a traités, il en est un qui est tout entier de sa création, l'opéra comique élégant et mondain, qui n'était pas avant lui et qui n'est plus depuis qu'il est mort. Scribe a connu et perçu le merveilleux de la vie, le charme profond de la bonne honnêteté quotidienne, la sorcellerie qu'exercent les circonstances fortuites les plus minces sur le déroulement des destinées. Tout cela lui marque dans l'histoire de notre théâtre une place élevée et en dehors. Tout cela fait qu'il nous offre le phénomène, non pas seulement du génie sans le talent, ce qui est assez commun et ce qui se conçoit, mais encore le phénomène presque inouï, et bien difficile à expliquer, de la poésie sans le style. »

(« Le génie sans le talent. » Ne démontrerait-on pas aussi bien que Scribe a eu dans son métier tout le talent qu'on voudra sans l'ombre de génie ? Oh ! qu'il est malaisé de s'entendre et qu'il serait nécessaire de définir les mots !)

18 Juillet 1892.

Non, je ne puis quitter encore J.-J. Weiss : il m'amuse trop. J'ai dit que son premier vice s'appelait Scribe et Dumas le père, et j'ai tâché de l'expliquer. Son second vice, sa seconde prédilection désordonnée, c'est le groupe des petits poètes comiques et érotiques du dix-huitième siècle. C'est — outre Regnard — Destouches, Marivaux, Gresset, Piron ; et c'est enfin Parny, que Weiss qualifie « l'un des poètes les plus absolument poètes de la littérature européenne..., Parny, ce délice ».

Je suis consciencieux. Il m'a paru que le meilleur moyen d'entrer, si je pouvais, dans les idées de J.-J. Weiss, et de comprendre ses admirations, c'était de lire ou de relire les ouvrages qui les lui avaient inspirées, ceux du moins que je ne connaissais qu'imparfaitement.

Je ne parle point de Marivaux, que j'ai très présent à la mémoire, qu'on ne saurait d'ailleurs trop aimer, et sur lequel je me sens tout à fait d'accord avec Weiss. Je laisse de côté Regnard, que je connais bien aussi, ayant écrit sur lui tout un chapitre dans ma thèse de doctorat. Regnard est un esprit fort court, mais un bon vaudevilliste en vers et un excellent écrivain, très naturel et très franc, encore qu'un peu négligent et lâché pour mon goût. Si je n'ai jamais éprouvé les transports où il jette J.-J. Weiss, et si j'ai quelque peine à entendre l'illustre critique quand il nous vante « la mollesse et la pureté délicieuse de sa versification », je conçois pourtant que l'on fasse grand cas de la gaieté et du style de l'auteur du *Légataire*. Je laisse aussi Destouches, sur lequel mon opinion est également faite, et que j'ai toujours considéré comme le plus niais des hommes et le plus plat des écrivains. Mais j'ai voulu, par un scrupule, relire *le Méchant*, de Gresset, et cette *Métromanie*, de Piron, que la Comédie française doit reprendre prochainement. Et, surtout, j'ai tenu à faire la connaissance de Parny.

De Parny, j'avais lu l'épitaphe d'une jeune fille :

> Ainsi le sourire s'efface ;
> Ainsi meurt sans laisser de trace
> Le chant d'un oiseau dans les bois,

et quelques autres morceaux d'anthologie. Il m'était arrivé, errant sur les quais, de feuilleter quelque volume dépareillé de ce poète des amours. Je savais qu'il avait été fort admiré de son temps, que l'on opposait son naturel à l'affectation de Dorat, et que Voltaire l'appelait son cher Tibulle. Enfin, je savais que Lamartine avait commencé par imiter Parny et que certaines pièces des *Premières Méditations* (*A Elvire*, *le Golfe de Baïa*) étaient encore assez proches, par le sentiment et la langue, des *Poésies érotiques* du chevalier créole.

Mais là s'arrêtait mon information. Mon devoir était de l'étendre. On n'a pas le droit d'ignorer à ce point « un des poètes les plus absolument poètes de la littérature européenne » !

Alors, j'ai cherché les œuvres de Parny, et j'ai trouvé ses *Poésies complètes*, pour un franc, chez Dentu, dans la Bibliothèque des chefs-d'œuvre français.

Cette « Bibliothèque choisie » est une drôle de collection. Par la modicité de son prix, elle s'adresse surtout au public populaire. Or, je parcours la liste des ouvrages déjà parus. Sur trente-trois volumes, il y en a dix-huit qui sont ou tout bonnement obscènes, ou fortement polissons et grivois. *Les Dames galantes*, de Brantôme, les *Mémoires* de Casanova, les saloperies de Grécourt (et presque tout le reste est à l'avenant), voilà la pâture que des entrepreneurs de librairie offrent aux ouvriers, aux jeunes modistes, aux petits commis et aux potaches. Ces éditions « populaires » fourmillent de fautes d'impression et d'ineptes coquilles. Et elles ne sont pas même loyales. Le volume que j'ai acheté porte, comme j'ai dit, ce titre : *Poésies complètes* de Parny. Il ne comprend pourtant que *la Guerre des dieux*, les *Galanteries de la Bible*, les *Déguisements de Vénus* et *les Poésies érotiques*, c'est-à-dire le tiers ou le quart des poésies complètes. Il y a là tromperie manifeste sur la quantité de la marchandise vendue. Je suis volé ; je n'ai pas eu mon compte de tableaux vivants ; j'ai envie de porter plainte contre les tenanciers de la maison...

Donc, j'ai lu Parny, « ce délice », ou du moins ce qu'on m'a donné de Parny pour dix-huit sous. Eh bien... qu'est-ce que vous voulez ? c'est sans doute que j'ai en ce moment l'esprit engourdi et paresseux, mais je n'ai pas grand'chose à vous en dire. Je ne vois pas en quoi *les Déguisements de Vénus* diffèrent des autres gentillesses analogues de Gentil-Bernard, de Malfilâtre, de Pezay, de Dorat et de Bertin. L'expression de la sensualité y est assez banale et toujours très grêle. « Désirs, soupirs, plaisirs, baisers, sein d'albâtre, roses, lis, fraises, charmes arrondis », et puis des périphrases trop spirituelles pour faire entendre ce qui ne peut être montré directement.... C'est coquin plutôt que voluptueux. Nous avons fait beaucoup mieux depuis. Comparez à cela, pour l'emportement, certaines pages de Maupassant, *Vénus rustique* ou *Marroca*, et, pour la science des choses et le raffinement pervers, pour la virtuosité du style, les audacieuses fantaisies de Catulle Mendès. Le pauvre Parny semble bien pâle. Et puis, c'est si cruellement toujours la même chose !

Les *Poésies érotiques* valent mieux. C'est encore très borné ; mais il y a de la grâce, de la souplesse, une agréable pureté de forme. Cela fait vraiment songer quelquefois à Ovide et à Tibulle. Voulez-vous un exemple? Il recommande à Eléonore d'être prudente quand elle le rencontre pendant la journée, car ils sont surveillés :

Durant le jour tu n'es plus mon amante.
Si je m'offre à tes yeux, garde-toi de rougir :
Défends à ton amour le plus léger soupir :
Affecte un air distrait ; que ta voix séduisante
Evite de frapper mon oreille et mon cœur :
Ne mets dans tes regards ni trouble ni langueur.
Hélas ! de mes conseils je me repens d'avance.
Ma chère Eléonore, au nom de nos amours,
N'imite pas trop bien cet air d'indifférence.
Je dirais : « C'est un jeu » ; mais je craindrais toujours.

Ce dernier vers est bien joli. En continuant à feuilleter, je note ce passage, d'un mouvement inusité chez l'indolent et horizontal poète :

Oui, j'en atteste la nuit sombre,
Confidente de nos plaisirs,
Et qui *verra* toujours son ombre
Disparaître avant mes désirs ;
J'atteste l'étoile amoureuse,
Qui, pour voler au rendez-vous,
Me prête sa clarté douteuse ;
Je prends à témoin ces verrous
Qui souvent réveillaient ta mère,
Et cette parure étrangère
Qui trompe les regards jaloux ;
Enfin, j'en jure par toi-même,
Je veux dire par tous mes dieux ;
T'aimer est le bonheur suprême... Etc.

Le fond des *Poésies érotiques* est peu de chose : billets d'amour, ressouvenirs voluptueux ; une brouille, un raccommodement, le bonheur ressaisi ; puis une infidélité plus sérieuse, le désespoir, l'adieu, l'apaisement. C'est dans quelques-unes de ces dernières pièces qu'on pourrait saisir le point de contact, ténu et fugitif, entre la poésie de Parny et les premiers essais de Lamartine. L'amant d'Eléonore, trompé et vieilli, exprime çà et là l'espèce de mélancolie dont il est capable : mélancolie légère et sans pensée, touchante pourtant, assez pareille à celle de Tibulle, avec peut-être je ne sais quelle langueur en plus :

> J'ai tout perdu : délire, jouissance,
> Transports brûlants, paisible volupté,
> Douces erreurs, consolante espérance,
> J'ai tout perdu ; l'amour seul est resté.

Et il s'en plaint, et, par conséquent, c'est tout le contraire du sentiment qui arrache à Musset ce cri :

Eh bien, ce fut sans doute une horrible misère
Que ce riant adieu d'un être inanimé.
Eh bien ! qu'importe encore ? O nature ! ô ma mère !
    En ai-je moins aimé ?

Et cependant l'un de ces passages m'a fait songer à l'autre. Et vaguement aussi les toutes premières tristesses de Lamartine seront peut-être évoquées dans votre mémoire par ces vers de Parny :

Le chagrin dévorant a flétri ma jeunesse :
Je suis mort au plaisir et mort à la tendresse.
Hélas ! j'ai trop aimé ; dans mon cœur épuisé
    Le sentiment ne peut renaître.
Non, non ; vous avez fui pour ne plus reparaître,
Première illusion de mes premiers beaux jours !
Céleste enchantement des premières amours !
O fraîcheur du plaisir ! ô volupté suprême !
Je vous connus jadis et, dans ma douce erreur,
    J'osai croire que le bonheur
    Durait autant que l'amour même...

Je crois bien maintenant avoir tiré de Parny ce qu'il a de meilleur. Car *les Galanteries de la Bible* ne sont que des facéties de Voltaire mises en vers. Et quant à *la Guerre des dieux*, ce n'est qu'un mélange de blasphèmes et d'obscénités, un amalgame désobligeant de *la Pucelle* et du *Dictionnaire philosophique*.

Non pas que ce poète des Grâces et des Ris soit un esprit très pervers. L'impiété de ce bon créole ressemble à une impiété zézayante, et riante à blanches dents, de nègre libre penseur, qui s'en donne en effet « jusque-là » de penser librement, mais qui n'en pense pourtant pas long. C'est d'un rationalisme candide, obtus, béat. Et cela me dégoûterait fort, si je ne me rappelais que ce genre d'impiété, ce tour d'esprit, cette façon de considérer les religions et d'expliquer l'histoire, toute cette épaisse philosophie a eu, dans son temps, ses raisons d'être et son utilité publique. Et je remarque aussi que cette irréligion simpliste a été souvent bienfaisante pour ses sectateurs, les a affranchis de toute inquiétude intellectuelle et morale, leur a donné la paix, la sérénité imperturbable, a eu chez eux tout justement les mêmes effets que la foi du charbonnier. C'est pendant la Terreur, dans sa maison de Feuillancour, entre Saint-Germain et Marly, que Parny écrivait ou préparait *la Guerre des dieux*. Dans l'épilogue du poème, il se montre enchanté des événements. Ce qu'il voit de plus clair et de plus considérable dans la Révolution, c'est qu'elle a « brisé les verrous des couvents » et permis aux religieuses et aux prêtres de se marier :

> On voit du Christ les amantes pudiques,
> De cet hymen rompant les nœuds mystiques,
> Leur préférer de palpables époux.

Et le prêtre défroqué,

> Laissant du deuil le vêtement sinistre,
> Ose former un profane lien :
> Il devient homme, et père, et citoyen.

Ainsi, avec une innocence qui a persisté jusque par delà l'âge mûr, le chevalier de Parny a fait l'amour, a fait de petits vers, a bu, chanté et effeuillé des roses, a lu Voltaire, y a cru, — et ne s'est pas douté du reste.

Et un jour, cherchant, selon la poétique du temps, une épithète qui pût relever en dignité le mot « melon », il a trouvé ceci :

Le doux figuier et le melon *timide* !
(*Guerre des dieux*, chant VII.)

Voilà tous les titres du chevalier à notre admiration... Eh bien ! non, je ne suis pas tout à fait juste. Tandis que je tourne du doigt les feuillets de son poème, çà et là des vers me raccrochent, qui sont décidément de bien jolis, jolis petits vers ; mieux que jolis, car ils ont la grâce. Et même, chemin faisant, voilà que je tombe sur une invocation que ni Dorat, ni Bertin n'auraient sans doute su écrire, et où palpite déjà quelque chose du néo-hellénisme d'un Henri Heine ou d'un Théophile Gautier :

> Belle Vénus, vous étiez plus que belle
> Après l'instant qui vit naître l'Amour.
> Avec douceur votre bouche immortelle
> Baisa ses yeux qui s'entr'ouvraient au jour :
> Dans tous ses traits vous retrouviez vos charmes
> Et vos genoux, de guirlandes couverts,
> Berçaient ce dieu, faible encore et sans armes,
> Mais qui, bientôt, maîtrisa l'univers.
> . . . .
> Les immortels, instruits de sa naissance,
> Pour l'admirer descendirent des cieux :
> Sur lui, sur vous, ils attachaient leurs yeux,
> Leurs yeux charmés ; et dans un doux silence,
> Ils souriaient au plus puissant des dieux.

Et voici la reprise en mineur, d'une charmante tristesse :

> Mais tout vieillit, ô reine d'Idalie !
> L'homme a brisé cet antique tableau... Etc.

Et alors, au groupe de Vénus, de l'Amour et des Immortels penchés, le chevalier oppose le groupe de Bethléem, la Vierge, Jésus, Joseph, le bœuf et les rois nègres dans l'étable ; et il nous peint cela en traits « badins », car, de très bonne foi, l'innocent trouve ce tableau ridicule. Et, — comme je le disais tout à l'heure à propos d'un autre passage, — bien que ce soit le contraire, le tout fait penser, je ne sais trop comment, à l'invocation qui ouvre le poème de *Rolla*... Et voici le pied de bouc. Le chevalier note une ressemblance entre les deux tableaux qu'il vient de tracer. Il rapproche Vulcain et Joseph, « inutiles témoins »... C'est là un trait que Henri Heine n'eût point dédaigné, j'imagine.

Mais où diable est dans tout cela le poète qui fascinait J.-J. Weiss, « l'un des poètes les plus absolument poètes de la littérature *européenne* » ? Il me paraît bien, cependant, qu'il est difficile d'être moins « européen » que Parny, d'être plus étroitement d'un pays, d'une société, d'une époque, d'une philosophie, d'une poétique et d'un genre. Ce par quoi il semblerait pouvoir franchir ces limites si resserrées, c'est ce fond d' « éternel paganisme » dont parle Sainte-Beuve ; mais, chez le chevalier, ce grand, ce profond paganisme n'apparaît dans toute sa franchise que rarement et brièvement, et au travers de gentillesses érotiques accumulées, qui sont bien exclusivement du dix-huitième siècle. — Je demeure donc stupide, provisoirement, quand je vois mon illustre maître appliquer à Parny des qualificatifs qui conviendraient tout au plus à Shakspeare, à Racine, à Gœthe ou à Hugo.

Quant à Gresset, il me semble avoir été un fort brave homme et un caractère assez intéressant. Il fut novice chez les jésuites, puis professeur de belles-lettres. Il écrivit *Vert-Vert*. Tel (sauf toutes les différences que vous voudrez) Edmond About, au sortir de l'Université, écrivait ces gamineries : *le Nez d'un notaire* et *le Cas de Monsieur Guérin*. A ce moment de sa vie, Gresset représente assez bien le type du professeur défroqué et fringant, émancipé par les succès littéraires et mondains. *Vert-Vert* est un badinage spirituel, mais tout de même un peu mince et un peu long, et qui reste « scolaire ». Cela sent à la fois le jeune clerc qui veut paraître détaché à l'égard des ridicules des personnes d'Eglise, et le régent de rhétorique qui affecte la légèreté, crainte de paraître pédant. Voltaire a dit le mot définitif :

> Gresset, doué du double privilège
> D'être au collège un bel esprit mondain
> Et dans le monde un homme de collège.

Et pourtant, le bon Gresset a peut-être été, au fond, quelque chose de mieux que cela. Il y a, dans *la Chartreuse*, une mélancolie, un goût de la solitude qui semblent sincères. Avant *le Méchant*, il fit un drame en vers, *Sidney*, assez ennuyeux d'ailleurs, dont le héros, bien qu'il ait tout, la naissance, la fortune, la faveur, et bien qu'il ne souffre ni des tourments de l'amour ni de ceux de l'ambition, est dégoûté de la vie et ne parle que de se donner la mort, et qui est donc — un peu — l'un des grands-pères de René et d'Obermann. Si je ne me trompe, Gresset avait l'âme à la fois enfantine et très sérieuse. En pleine célébrité, il fut s'ensevelir dans la retraite à Amiens, sa ville natale. Il abjura publiquement ses œuvres mondaines. On jugea que c'était leur attribuer bien de l'importance et qu'il se repentait un peu plus que la chose n'en valait la peine :

Gresset se trompe : il n'est pas si coupable..., etc.

Bref, on se moqua de sa conversion comme on a ri, chez nous, de celle du digne Paul Féval. Voltaire écrivait, avec son équité et sa douceur habituelles : « Et ce polisson de Gresset, qu'en dirons-nous ? Quel fat orgueilleux ! Quel plat fanatique ! » Pour moi, je n'ai nulle envie de railler ; je soupçonne ce pimpant professeur de rhétorique d'avoir eu une vie intérieure.

Le Méchant reste piquant à la lecture. Le sujet même de la comédie a encore son intérêt. Le travers ou le vice qui s'y trouve défini et mis en scène, c'est la sécheresse, la médisance, la dureté, l'ironie et le scepticisme mondains, ce qu'on appelait alors le persiflage et, en somme, ce qu'on appelle aujourd'hui la blague. Le mérite moral de Gresset, c'est d'avoir montré — pas assez fortement, à mon avis, — que ce vernis brillant et amusant peut recouvrir une méchanceté réelle. Et son mérite littéraire, c'est d'avoir très heureusement saisi et reproduit, dans ses vers secs, maigres et courts d'haleine, le ton de ce persiflage mondain. On pourrait dire que *le Méchant*, c'est déjà la comédie du parisianisme « fin de siècle », ce qui ferait d'ailleurs éclater la rare sottise de cette locution, puisque *le Méchant* est du beau *milieu* du siècle dernier (1747). Ecoutez Cléon parlant de Paris :

Tout ce qu'on est forcé d'y voir et d'endurer
Passe bien l'agrément qu'on y peut rencontrer ;
Trouver à chaque instant des gens insupportables,
Des flatteurs, des valets, des plaisants détestables,
Des jeunes gens d'un ton, d'une stupidité !
Des femmes d'un caprice et d'une fausseté !
Des prétendus esprits souffrir la suffisance
Et la grosse gaîté de l'épaisse opulence,
Tant de petits talents où je n'ai pas de foi ;
Des réputations on ne sait pas pourquoi ;
Des protégés si bas, des protecteurs si bêtes...
Des ouvrages vantés qui n'ont ni pieds ni têtes ;
Faire des soupers fins où l'on périt d'ennui ;
Veiller par air ; enfin se tuer pour autrui... Etc.

Et la réplique de Valère, l'élève de Cléon :

Tout est colifichet, pompon et parodie :
Le monde, comme il est, me plaît à la folie.
Les belles tous les jours vous trompent ; on leur rend :
On se prend, on se quitte assez publiquement ;

Les maris savent vivre et sur rien ne contestent ;
Les hommes s'aiment tous ; les femmes se détestent
Mieux que jamais ; enfin c'est un monde charmant
Et Paris s'embellit délicieusement.

Et surtout la profession de scepticisme et de détachement de Cléon :

Tout le monde est méchant et personne ne l'est ;
On reçoit et l'on rend ; on est à peu près quitte.
Parlez-vous des propos ? Comme il n'est ni mérite,
Ni goût, ni jugement qui ne soit contredit,
Que rien n'est vrai sur rien, qu'importe ce qu'on dit ?
. . . .
Si vous parlez des faits et des tracasseries,
Je n'y vois dans le fond que des plaisanteries.
. . . .
L'agrément couvre tout, il rend tout légitime ;
Aujourd'hui dans le monde on ne connaît qu'un crime :
L'ennui. . . . .
Au reste chacun parle et fait comme il l'entend.
Tout est mal, tout est bien, tout le monde est content.

Mais la pièce est toute en conversations et en dissertations ; mais l'action est faible et gauche ; mais l'intrigue est quelconque : c'est celle du *Tartufe* fort atténuée ; mais le caractère de Cléon reste obscur ; mais on ignore jusqu'au bout dans quelle mesure il est « méchant » ; mais cet homme d'un esprit si délié emploie pour arriver à ses fins des moyens bien lourds et bien gros ; mais il se laisse prendre bien sottement, pour aimer trop à faire des confidences aux soubrettes .. Et, sans doute, c'est une heureuse invention que celle de Valère, l'apprenti sceptique, qui se croit très fort, et qui est si vite dompté par la petite provinciale Chloé, — comme Valentin par Cécile dans *Il ne faut jurer de rien*. Mais cela n'est qu'indiqué, et le plus joli se passe pendant l'entr'acte. Et enfin, le tout demeure sec, sec, sec ; et tout de même il n'y a pas de quoi se pâmer ni béer, comme fait J -J. Weiss.

8 Août 1892.

Donc le second groupe favori de J.-J. Weiss, c'est celui des petits poètes comiques et érotiques du dix-huitième siècle. Notez qu'il ne s'agit point ici d'un caprice de bibliophile curieux, mais d'une prédilection de lettré, d'une prédilection arrêtée, raisonnée, passionnée, persistante et intransigeante. Ces petits poètes, non seulement Weiss les goûte, mais il les préfère. Il leur est bienveillant justement dans la mesure où il est sévère pour certains autres écrivains. Quels écrivains ? Nous le verrons tout à l'heure, et cela nous aidera à éclaircir le cas de l'audacieux critique.

Or, il n'y a pas à dire, Marivaux mis à part, les objets de cette furieuse tendresse sont tout de même un peu humbles. Quelques-uns de ces gentils poètes ont la grâce ; mais tous nous ont paru, — vous vous en souvenez ? — courts de pensée, courts d'invention, courts de poésie, courts de vérité, et la plupart courts de style. Comment donc ont-ils pu exercer, sur un esprit de la force de J.-J. Weiss, un si victorieux prestige ?

C'est d'abord, très probablement, que Weiss les a lus, pêle-mêle, avec *l'Odyssée et Monsieur Dupont*, à l'époque où il parcourait la France à la suite du régiment paternel, en qualité d'enfant de troupe. L'impression des premières lectures d'enfance est profonde et merveilleuse, surtout quand elles ne sont ni choisies ni imposées par un maître. Or, Weiss a commencé par être, comme on dit, un autodidacte. Il y a, d'ailleurs, chez ces petits poètes du siècle dernier, qui furent tous d'excellents humanistes, quelque chose de net et d'accompli dans la rhétorique, une perfection d'élégance scolaire, qui plaira toujours immanquablement à un petit enfant, même ignorant, de ce pays de France, classique dans les moelles, de cette Gaule latine où florirent les plus ingénieux rhéteurs. Quand j'avais dix ans et même douze (car je suis comme Thomas Diafoirus, je n'ai jamais été un enfant précoce), Boileau m'éblouissait, le mot n'est pas trop fort. Et, depuis, j'ai continué à aimer Boileau jusque dans ses gentillesses d'école, dans ses fameuses « transitions », dans ses « alliances de mots » selon la formule, dans ses « savantes » imitations du latin... Ces élégances surannées me sont restées fraîches, parce qu'elles m'ont été la première révélation de la littérature. Et je relis quelquefois Boileau, pour redevenir enfant.

Autre chose encore. Si Destouches, Gresset, Piron, etc., sont visiblement des esprits assez bornés, leurs œuvres donnent du moins l'impression d'une société extrêmement riante et polie. Et je crois bien que c'est surtout l'image de cette société que J.-J. Weiss aime en eux. On devine souvent chez lui cette arrière-pensée que, pour un homme de talent, il faisait bon vivre dans ce monde du dernier siècle, que le mérite personnel s'y imposait peut-être mieux, y était traité avec plus de justice que dans une société démocratique, bureaucratisée et enchinoisée à l'excès... Et puis, Weiss avait décidé en lui-même qu'il y avait dans notre histoire deux époques où l'esprit français s'était manifesté sous des formes particulièrement attrayantes : le dix-huitième siècle et le gouvernement de Juillet, et que c'était sous Louis XV que cet esprit avait montré le plus de finesse et de grâce, comme c'était sous Louis-Philippe qu'il avait montré le plus de générosité. Et naturellement les préférences du critique se conformaient aux décisions de l'historien, soit qu'elles les eussent provoquées, ou qu'elles ne fissent que les suivre.

Et, enfin, j'ose le dire une seconde fois, il y avait chez cet historien, chez ce moraliste, chez ce théoricien politique, une âme populaire et un peu, et même beaucoup, de l'âme d'une grisette. Ce qui le charme, et dans ce petit théâtre comique, et dans ces petites poésies érotiques, c'est que c'est aimable, c'est que ça n'est pas brutal, c'est que ça ne donne pas une mauvaise opinion de l'humanité. Mimi-Pinson ne veut pas que la littérature l'attriste. Ce qu'elle lui demande, c'est un arrangement charitable de la réalité, soit en vue de l'agrément sentimental, soit en vue de l'émotion et de la surprise amusante. Elle veut des sentiments doux ou des aventures extraordinaires, la comédie optimiste ou le mélodrame.

J.-J. Weiss de même. Et ses répugnances nous feront mieux comprendre ses prédilections. Il admire, mais il déteste Molière. Il ne goûte d'Emile Augier que ses comédies en vers, et de M. Dumas que *la Dame aux camélias.* Dans son ensemble, le théâtre d'Augier et de Dumas fils lui déplaît. Quand il fait effort pour l'aimer, il y aime surtout ce qui n'y est pas, ou ce qui n'y est que peu. C'est ainsi qu'il loue chez Augier « une imagination tournée vers la poésie, vers le pathétique ». C'est ainsi qu'il écrit sur Dumas fils cette appréciation stupéfiante : « ... Les passions poétiques comme les tableaux de genre sont le véritable domaine de M. Dumas... Il excellera dans cette sorte de comédie moyenne qui rit parmi les larmes, où un comique à teintes douces et familières sort de la combinaison des sentiments et des mœurs plutôt que du choc d'implacables passions... En vain, il se persuade que la comédie forte est sa vocation : qu'il se tourne vers les peintures sans âpreté... » Weiss est assurément le seul à avoir vu chez M. Dumas un Destouches ou un Sedaine qui n'a pas voulu sortir. Mais de ce qu'il loue uniquement, chez Dumas fils et Augier, ce qui ne s'y trouve pas, vous pouvez juger à quel point ce qui s'y trouve lui répugne. Dumas fils, et Augier, et Flaubert, et Taine, et enfin tous les artisans de ce qu'il a appelé la « littérature brutale » lui semblent éminemment « immoraux ».

Qu'est-ce à dire ? Car enfin les gentils poètes qui ravissent J.-J. Weiss n'ont pas été tous des fleurs de pureté. Regnard a vécu comme un pourceau d'Epicure et rimé maintes grivoiseries. Piron fut un brave homme très débraillé, qui avait débuté dans les lettres par l'*Ode à Priape*. Quant à Parny, ce « délice », il passa la plus grande part de sa vie à distiller d'affreuses obscénités. Et sans doute, ce que Weiss aime de Regnard, c'est *le Légataire* ou *les Folies amoureuses*; ce qu'il aime de Piron, c'est *la Métromanie*; et ce qu'il aime de Parny, ce sont les petites élégies à Eléonore. Mais, si ce n'est pas leur paillardise que Weiss goûte particulièrement dans ces trois bons compagnons, il est visible qu'il la leur passe, et qu'il ne chérit pas seulement les parties décentes de leur œuvre, mais leur personne même (voyez ses études sur Regnard et sur Piron), en dépit du laisser-aller de leurs mœurs et de la bassesse ou de la nullité de leur philosophie. Et alors on se demande comment Molière, Augier, Dumas fils et Flaubert peuvent bien le scandaliser, quand il a pour Regnard, Piron et Parny de si larges indulgences...

Ici encore l'âme de Mimi-Pinson nous servirait, si nous le voulions, à expliquer l'âme de J.-J. Weiss. Mimi-Pinson n'est point bégueule; elle ne reculera point devant un conte salé ni devant un couplet grivois ; les plus vifs tableaux des faits et gestes de l'amour libre, — pourvu qu'il s'y mêle un peu de romance, — ne seront pas pour l'effaroucher. Mais, qu'on lui montre sur le théâtre un père haï et bafoué par ses enfants, une fille galante qui, épousée par un honnête homme, siffle le champagne en compagnie de son entremetteuse de mère et d'un pâle cabotin, une femme mariée qui se fait entretenir par un amant, ou même un galant homme épousant une fille séduite par un autre que lui, — encore que ce dernier cas dût trouver grâce à ses yeux, — Mimi-Pinson sera gênée, souffrira, s'indignera, criera, elle aussi, à l'immoralité, — sans savoir pourquoi.

J.-J. Weiss, lui, sait pourquoi. Il absout les érotiques et les gaulois parce qu'ils sont sans malice, parce qu'ils n'ont point de prétention, parce qu'ils s'amusent et nous amusent sans songer à bien ni à mal, parce que, ce qu'ils nous présentent, ce n'est point un tableau des réalités sociales, mais un divertissement d'où il n'y a aucune conclusion à tirer. Au contraire, les « littérateurs brutaux ». Pour J.-J. Weiss, la peinture, même loyale, de certaines réalités tristes est immorale par elle-même, car elle peut être socialement dangereuse, soit parce qu'il ne saurait être bon de révéler publiquement ces réalités à ceux qui les ignoraient ou qui n'y pensaient point ; soit parce que les cas ainsi exposés peuvent prêter aux interprétations erronées des simples ; soit tout simplement parce que cela fait mal, parce que cela accable l'esprit de vilaines images, et le jette dans une méditation morose et énervante... Weiss, il ne faut pas l'oublier, n'est point un dilettante, un artiste pur : sa tournure d'esprit est celle d'un homme toujours préoccupé de l'intérêt public. Et, en outre, il déteste ces peintures comme antispiritualistes, comme empreintes d'un déterminisme impitoyable. Il y est offensé par une conception mécanique de l'âme humaine, qui exclut tout espoir. Il faut relire les deux études d'une injustice pleine de sagacité, qu'il a consacrées à Dumas fils et à Flaubert dans ses *Essais*. Ce dont il leur en veut le plus, c'est de ne pas assez plaindre Emma et Marguerite, et de les trop punir. Il s'insurge à la fois contre leur observation sans entrailles et contre l'immoralité de leur morale qui inflige au vice, froidement et sans un mot de compassion, un châtiment *fatal* comme lui. Bref, il réclame pour Mme Bovary et pour Marguerite Gautier. Et il est certain que ni Regnard ni Parny n'étaient aussi inexorables que Dumas fils ou Flaubert aux pauvres petites femmes folles de leur corps.

En somme, vous le voyez, ce qui, dans les œuvres de la « littérature brutale », semble surtout « immoral » à J.-J. Weiss, c'est l'absence de pitié. Ce qui le choque, ce qui l'irrite, ce qui lui paraît formellement coupable et condamnable, c'est l'état d'âme et de conscience que de telles œuvres supposent chez les auteurs : cette complaisance amère dans l'observation de la réalité odieuse, cette sorte de satisfaction, de fatuité cruelles de l'homme qui jouit de n'être pas dupe, ce pessimisme plein de superbe, cette attitude de dureté et d'orgueil, cette sérénité sèche de dieu misanthrope et pince-sans-rire. A cette attitude si distinguée, il préfère tout, même l'abandon vulgaire et la gaieté un peu trop innocente et vide de pensée du poète du Caveau qui chante sous la treille Bacchus et les amours. Mais ces messieurs de la littérature réaliste, avec leurs peintures qui serrent le cœur sans faire couler les larmes, ou qui excitent un rire ironique et âpre, et dont on se sait mauvais gré, pour un peu il trouverait, comme Mimi-Pinson, que ces messieurs-là sont des méchants.

Au surplus, Mimi-Pinson se rencontre, sur ce point, avec quelques très grands esprits. — L'idée que J.-J. Weiss se forme de la littérature n'est peut-être pas, au fond, celle qui a fini par prévaloir dans notre siècle. Là-dessus Weiss retarde, — ou avance. Assurément, de cette imitation et de cette transposition de la vie humaine qui est la littérature, il n'exclut point la vérité, car cela impliquerait contradiction : mais il n'y admet pas toute vérité. De déterminer avec précision quelles sortes de vérités il en bannit, cela serait long et difficile. Mais on peut dire qu'il proscrit, d'abord, les réalités laides et offensantes, celles dont la révélation publique ne saurait que troubler l'esprit, accabler le cœur et souiller l'imagination des foules. Et il proscrit aussi ce que j'appellerai les réalités trompeuses, celles que le théâtre fausse nécessairement du moment qu'il nous les expose, celles dont la transcription, concertée par quelque dramaturge moraliste en vue d'un axiome social à établir, risque d'induire le public dans les plus fâcheuses erreurs, quand, d'un cas forcément particulier et dont il a lui-même choisi et combiné les éléments, l'auteur prétend tirer des conclusions générales... Les pièces morosement réalistes, et les pièces à thèse, voilà ce que Weiss ne peut souffrir.

Pour lui, la littérature est un amusement divin, mais un amusement. Il en pense ce qu'en ont toujours pensé les hommes d'action, les politiques, les philosophes, — et le peuple. Et, de fait, peut-être que, dans cinquante ans, on s'étonnera que la seconde moitié du dix-neuvième siècle ait pu prendre tant de plaisir à des descriptions si déprimantes et si désobligeantes de la réalité ; et peut-être que tout le mouvement réaliste et naturaliste fera l'effet d'une singulière déviation de la littérature. Je crois du moins que c'était là la pensée de J.-J. Weiss. Tristes balivernes, selon lui, que le drame-thèse, le roman-clinique et le roman-enquête. Dénoncer les absurdités des Codes, les monstrueuses hypocrisies de la civilisation, et dévoiler les fonds immondes de la vie, cela ne peut se faire avec vérité et efficacité qu'à la condition de se faire directement, et non point par le moyen de fables et de fictions : c'est donc besogne d'économistes, de politiques, de critiques, de moralistes, de philosophes, non de romanciers et de poètes. Faire de la littérature « cruelle », cela paraît fort, et cela n'est que déplaisant et vain... Je me rappelle ici ce que j'ai entendu dire un soir à M. Renan. « Les anciens étaient de grands sages. A l'origine, les Grecs n'admettaient dans les fictions de leurs livres ou de leur théâtre que des dieux, des demi-dieux, des rois, ou des hommes supérieurs par quelque côté à l'humanité réelle. Ils avaient tout à fait raison. La représentation des réalités vilaines ou même des réalités vulgaires est profondément inutile. On ne peut s'y plaire que par une curiosité un peu sotte ou par un abaissement de l'esprit. »

Weiss eût presque été de cet avis-là. Il a été en littérature un grand idéaliste parce qu'il a été, du moins par le désir, un grand homme d'action. Pour lui, je l'ai dit ailleurs, le beau de la vie n'est point de subir ou de copier la réalité, mais de la dominer, de la pétrir, soit en des œuvres d'art, soit par l'action matérielle ; c'est de lui imposer, dans la mesure où on le peut, la forme de son rêve. Il n'y a que cela d'intéressant au monde, puisque la vérité nous échappe, et que ceux qui croient la tenir la voient si sombre. A l'action dans la vie correspond, dans l'art, le souci de l'idéal. Weiss aime le romanesque, l'héroïque, l'impossible. Il aime aussi la grâce et l'esprit, qui est, de toutes les façons de voir et d'exprimer les choses, celle dont on jouit le plus sûrement. Et c'est pourquoi, enfin, il aime les petits poètes si peu réalistes du siècle dernier : d'autant mieux que, de l'esprit et de la grâce, il leur en prête encore en les lisant.

Et je suis charmé, pour ma part, que l'auteur de *Au pays du Rhin* et de tant de beaux morceaux d'histoire et de philosophie politique, que ce penseur agile, ce grand humoriste et ce grand indépendant ait eu, en littérature, à côté de nobles et généreuses prédilections, des goûts si paradoxalement modestes et naïfs. On ne dira pas que c'est par timidité. Du moins a-t-il apporté l'audace la plus insolente dans l'aveu qu'il fait et dans les justifications qu'il présente de son goût. Et, alors, je me sens absous, par l'exemple d'un tel maître, de mes étroitesses à moi, de ce qui, dans mes impressions ou dans mes jugements, peut sentir la candeur de l'enfance ou les préventions du collège...

FRANCISQUE SARCEY

Bibliographie dramatique : *Souvenirs d'âge mûr*, de
M. Francisque Sarcey.

21 Mars 1892.

C'est rester au théâtre que de parcourir avec vous le volume où M. Francisque Sarcey nous raconte ses campagnes de conférencier. Car c'est surtout de conférences faites au théâtre et sur des pièces de théâtre qu'il s'agit, et, lorsque M. Francisque Sarcey essaie de définir les conditions du genre, il traite encore la conférence comme il ferait une œuvre dramatique : il en fait principalement consister l'excellence dans l'adaptation parfaite de la parole et des moyens du conférencier à l'état d'esprit, aux préjugés, à l'ignorance ou à la paresse du public ; et il nous laisse entendre qu'une conférence ne saurait être bonne ou mauvaise « en soi », mais seulement dans son rapport avec un auditoire. En quoi il a raison. Une conférence n'est pas plus une leçon de Sorbonne ou un chapitre de critique qu'un drame ou une comédie n'est un poème ou un roman.

M. Sarcey conte comme un ange, — un ange dru d'encolure et bien entripaillé, — avec un naturel, une verve, une bonhomie, un copieux qui sont une joie pour le lecteur. Il déborde de vie et de belle humeur. Il a des portraits d'une charmante vivacité de touche : celui de Lapommeraye, celui de Yung, celui de Paul Féval, celui de M. Legouvé, et, par-dessus tout, celui de Ballande, qui est impayable...

Ces « matinées Ballande » sont, je le confesse, un de mes bons souvenirs. «..... Comment Pantagruel trouva Panurge, lequel il aima toute sa vie », dit tendrement Rabelais. C'est chez Ballande que, pour la première fois, j'ai vu et entendu Sarcey, « lequel toute ma vie j'aimerai », pour sa gaieté bienfaisante, pour la simplicité de sa sagesse, pour l'originale intrépidité de son bon sens, pour son absence d'inquiétude et pour la clarté de sa parole et de ses écritures. J'étais à l'Ecole normale (on n'est pas parfait et c'est une tare qu'on m'a assez reprochée !). L'excellent Ballande, qui, se sentant une mission publique, voulait à la fois nous honorer et nous donner le moyen de nous instruire, nous envoyait chaque dimanche une vingtaine d'entrées de faveur pour ses matinées. On partait en bande. Que les rues de Paris étaient exquises ! Tous ceux qui approchent de la quarantaine vous diront qu'il faisait bien meilleur vivre il y a dix-huit ans qu'aujourd'hui. Comme la salle était presque toujours comble (et pourtant c'était d'abord l'immense salle de la Gaîté, et ce fut ensuite la Porte-Saint-Martin), le paternel Ballande nous plaçait dans les coulisses. On ne s'en plaignait pas. Songez donc ! On voyait les artistes de tout près. Quels artistes ? Il y en avait quelques-uns d'assez reluisants, par-ci, par-là ; mais il y en avait beaucoup de bizarres et de calamiteux. Les costumes étaient sans faste. Ainsi nous eûmes de bonne heure une vue juste des splendeurs et des misères mélangées de la vie de théâtre. Tout de même, nous avions beau faire les fiers, cela nous chatouillait secrètement d'être coudoyés par les bons cabotins et d'emporter à nos manches un peu du blanc gras laissé en passant par les bras nus des comédiennes. C'est de derrière les portants, en respirant une âcre poussière, que je vis jouer le *Martyre de Saint-Genest* et la *Phèdre* de Pradon par d'indescriptibles Delobelles. Souvenirs inoubliables ! Mais je m'égare...

Les règles posées par M. Sarcey pour faire une bonne conférence, — entendez une conférence qui réussisse, — me paraissent la vérité même :

1° Il faut avoir le don, — « oh ! un petit don, un tout petit don », — mais enfin le don. Il y a des écrivains très habiles, et même des causeurs étincelants, qui ne l'ont pas.

2° Il faut avoir quelque chose à dire. Oh ! pas des choses originales, non ! Les idées neuves, les

aperçus singuliers, les points de vue paradoxaux...
si vous en avez, gardez-les dans votre poche. « On
n'enseigne aux gens que ce qu'ils savent, on ne
leur persuade que les choses dont ils ont déjà un
penchant à être convaincus... Quand je parle d'avoir
quelque chose à dire, j'entends par là qu'il faut
avoir sur le sujet que l'on traite des idées que l'on
a trouvées soi-même, ces idées fussent-elles aussi
vieilles que le monde. Une idée personnelle n'est
pas une idée neuve... »

Et l'archevêque du bon sens continue avec une
grande succulence de langage : «.... Vous avez pensé
que Chimène sacrifie son amour à son devoir, que
Rodrigue est un héros bouillant d'amour et de
jeunesse, que Don Diègue est un Gascon épique..
N'allez pas vous embarrasser de scrupules et vous
répéter tout bas : Mais tout le monde a dit ça ! —
Tout le monde l'a dit ! Tant mieux d'abord, parce
qu'il y a des chances pour que votre public en soit
enchanté, *vous voyant ainsi dans le vrai jusqu'aux
oreilles*. Mais tout le monde ne l'a pas dit comme
vous le direz ; car vous le direz comme vous l'avez
pensé, et vous l'avez pensé vous-même. »

Et il insiste, et il redouble mirifiquement, dans
une de ces riches poussées de bonne humeur et
d'imagination joviale qui lui sont familières :

« ... Si vous reprenez, même sciemment, les idées
des autres, c'est que vous les avez faites votre chair
et votre sang. Vous les lancez du haut du Sinaï avec

la conviction du prophète qui vient de voir Dieu face à face. C'est Dieu qui vous a révélé lui-même ces vérités merveilleuses, que Chimène sacrifie son amour à son devoir, que Rodrigue est un héros et que *le Cid* est une œuvre qui pétille de jeunesse. Vous en êtes convaincu, imprégné, *flamboyant*, quand vous descendez de la montagne. Vous êtes heureux et fier de les apporter à votre public ; vous les lui imposez. »

3° Il faut mettre vos idées en ordre ; il faut composer. Ayez un premier point, un second point, un troisième point, comme dans les sermons. Votre conférence sera bonne si, en rentrant à la maison, chacun de vos auditeurs peut dire à sa femme qui lui demande des nouvelles : « Voici quelle était sa thèse, et, pour la soutenir, il a dit ça d'abord, puis ça, et enfin ça, pour conclure. »

Au reste, cet ordre des idées, il n'y a pas de recette pour le trouver. On le trouve en y songeant, voilà tout. A force de rouler dans sa tête les idées particulières qu'on a sur un sujet, une idée maîtresse finit par s'en dégager, à laquelle les autres se subordonnent alors d'elles-mêmes...

4° Il ne faut jamais lire une conférence écrite, et il ne faut jamais réciter une conférence apprise par cœur.

Oh ! que le vieux maître a raison ! Oh ! la peur de ne pas retrouver les phrases apprises ; l'écœurement qui vous prend, à sentir tout à coup l'artifice déplacé des élégances qu'on profère ; le labeur des yeux comme retournés en dedans pour y déchiffrer je ne sais quelle image d'un texte fuyant et brouillé ; l'impossibilité de *voir* le public, de distinguer un visage parmi la masse confuse et vaguement effrayante qu'on a devant soi ; et les mains dans les poches et les mains à la moustache, on ne sait pourquoi ; et votre voix qui sonne faux à vos propres oreilles ; et ce sentiment, qu'il n'y a aucune communication, aucune, entre l'auditoire et vous, et qu'il s'ennuie, et qu'il ne vous écoute pas, et qu'il ne reste que par politesse, et que vous êtes ridicule et pareil à un mauvais histrion qui ne sait ni son métier ni son rôle !...

Donc, improvisez. — Mais si on ne peut pas ? — On apprend. Il y a pour cela des moyens. M. Sarcey en indique quelques-uns. Il faut marcher, car le mouvement du corps aide aux mouvement de l'esprit, et, tout en marchant, prendre un thème de développement et se forcer à improviser sur ce thème. Ne pas s'inquiéter des phrases mal faites ni des mots impropres, aller toujours son train, pousser jusqu'au terme du développement, et, une fois au bout, recommencer le même exercice ; le recommencer trois fois, quatre fois, dix fois, sans se lasser. Se garder pourtant de fixer et de retenir dans sa mémoire quelqu'un de ces essais de développement. Car alors on retombe dans les inconvénients signalés ci-dessus. Il ne faut jamais savoir par cœur.

« A quoi sert donc l'exercice que je vous recommande ? — A vous préparer, dit excellemment M. Sarcey, un large et plantureux humus de tours et de mots sur le sujet que vous devez traiter. L'idée, vous l'avez ; c'est l'expression que vous cherchez. Vous craignez que les mots et les formes de phrases vous manquent. Il faut en accumuler par avance un nombre considérable ; c'est un amas de munitions dont vous vous précautionnez pour le grand jour... »

Et encore : « On n'improvise avec succès devant le public que ce qu'on a vingt fois improvisé en son particulier. »

5° Se moquer des transitions. Quand on a terminé un développement, en aborder tranquillement un autre, « comme à dîner, quand vous avez mangé le potage, vous passez à l'entrée et au rôti ».

6° Avoir dans sa poche un petit plan de sa conférence, en quelques lignes, pour le cas où l'on perdrait subitement la boule, ce qui arrive.

7° Etre soi. « Mais il est entendu, n'est-ce pas ? qu'il faut d'abord être quelqu'un. »

8° Ne jamais dîner avant l'heure de la conférence. Un potage, un biscuit trempé dans du bordeaux, rien de plus.

9° Aller seul, à pied, où l'on vous attend.

10° Parler debout.

Puis, quelques *et cætera*.

Et voici, par là-dessus, la grande règle des règles.

Il faut plaire. Quand un conférencier rate sa conférence, c'est toujours le public qui a raison contre lui. Si le public est bête, vous avez été plus bête que le public, car vous deviez prévoir sa bêtise et y accommoder votre discours. Et M. Sarcey arrive à cette magnifique formule : « Quand on a affaire à un public de crétins, il faut savoir qu'on va parler à des crétins et ne leur dire que ce qui peut persuader des crétins. »

Vous reconnaissez l'empirisme obstiné du maître critique. En somme, ce qu'il nous donne ici, c'est plutôt la théorie du succès que la théorie de l'art de la conférence. Je ne dirai pas qu'il diminue le genre ; mais, pour lui, la conférence est évidemment à la critique littéraire ce que le vaudeville ou le mélodrame, et le théâtre en général, est à la littérature. Il ne conçoit pas plus la conférence sans l'auditoire que la comédie sans les spectateurs. C'est donc, en dernière analyse, la foule qui fait la bonté de l'une et de l'autre. Cette théorie, poussée à l'extrême, interdirait toute espèce de progrès et de renouvellement ; car, pour plaire à la foule, il ne faut pas trop dépasser la foule, et les meilleures conférences resteraient donc celles du regretté Lapommeraye. Ce raisonnement ne serait pas pour effrayer M. Sarcey. Il sait que le monde marche en dépit de tout, que la « théorie du succès « a été celle de Molière parlant de son art, ce qui n'a pas empêché Molière d'être un novateur de quelque génie.

M. Sarcey serait à tout le moins excusable de songer beaucoup au public, quand il s'agit de jeux d'art, — pièces ou conférences, — qui sont *publics* par définition. Mais il est visible, en outre, que M. Sarcey ne fait, en tout ceci, qu'obéir à sa nature. Il porte en lui un instinct qui le fait se défier (en quoi il a raison quatre-vingt-dix-neuf fois sur cent) des nouveautés préméditées et annoncées, des raffinements de dilettantes, des « cénacles » et des « tours d'ivoire ». Il a lui-même, si je puis dire, une âme publique, une âme vraiment sociable et populaire ; il a l'impérieux besoin de se sentir en communication avec le grand nombre. Il est fort peu individualiste ; il est de ceux qui réduisent leur vie intime au *minimum*. Par beaucoup de points, M. Sarcey ressemble à ces hommes du dix-huitième siècle, qu'il aime tant.

C'est un des charmes de son livre. Sa sincérité en est un autre. Il nous conte avec une égale candeur ses échecs et le dépit qu'il en a éprouvé, ses triomphes et le plaisir qu'ils lui ont fait. Son « moi » est le « moi » d'un brave homme, et si vivant ! Puis, encore une fois, il est gai. Puis, quoi qu'en pensent beaucoup de jeunes gens qui n'ont aucune connaissance historique de la langue française, la langue de Sarcey, avec ses négligences et son sans-gêne, est certainement des meilleures, des plus franches, — et des plus pures, — qui s'écrivent à l'heure qu'il est. — Lisez les dernières pages du chapitre intitulé :

A l'étranger. Le beau récit de buverie flamande ! Je croyais y être encore. Car nous sommes beaucoup qui avons fait cette tournée de Belgique. On y rencontre de fort aimables gens, et l'on rapporte de ce rapide voyage des images amusantes par ce qu'elles ont de fragmentaire et d'incomplet. Savez-vous ce que j'ai retenu d'Anvers ? Une bande de neige à l'infini, de vastes ténèbres noires comme poix, vaguement remuées par le vent du large et piquées de points jaunes, verts et rouges : c'est le port. Puis une espèce d'énorme café-concert, une architecture des Mille et Une Nuits en carton-pierre, quelque chose de plus oriental encore et plus somptueusement peinturluré que l'Eden-Théâtre : c'est le « Palais Indien ». Enfin, dans un coin de vieille rue fantastique, une madone espagnole éclairée par un falot dont la lueur tremblote sur la neige... Voilà tout. C'est ça pour moi, Anvers. J'y étais arrivé à la tombée de la nuit, et j'en suis reparti avant le jour... Mais pardon : c'est des « *Souvenirs* » de Sarcey que j'avais à vous entretenir.

LOUIS BOUILHET

Odéon : Reprise de *la Conjuration d'Amboise*, drame en cinq actes, six tableaux, en vers, de Louis Bouilhet.

11 Avril 1892.

Ce Louis Bouilhet, c'était pourtant un très brave homme, et que Flaubert aimait de tout son cœur. Il fut un bon et honnête lettré ; il faisait très bien les vers ; même, il fut vraiment poète deux ou trois fois. Nous lui devons beaucoup de respect et de sympathie. Mais que sa *Conjuration d'Amboise* nous a donc paru cruelle l'autre soir !

Je l'ai écoutée avec toute l'attention dont je suis capable, et, à part l'histoire d'amour, assez banale, de je ne sais quel prince de Condé et de je ne sais quelle comtesse de Brisson, je n'y ai rien compris du tout. Je l'ai relue ; et je n'ai pas compris davantage.

Oh ! je ne dis pas qu'en piochant ferme, en se reportant continuellement de la scène qu'on lit à l'une des scènes précédentes... Vous connaissez ce supplice ? A chaque instant, on se demande : « — Voyons, qu'est-ce qu'il veut au juste, celui-là ? D'une part nous avons le parti des Guises ; de l'autre le parti des huguenots. Entre les deux, il y a la reine Catherine, qui subit les Guises en les haïssant, et qui, parfois, médite de contrebalancer leur tyrannie, en se rapprochant, — jusqu'à un certain point, — du parti protestant. Et ce n'est pas tout : en dehors de la reine-mère, — plus près des Guises, plus loin des huguenots (à moins que ce ne soit le contraire, car tout cela varie avec les circonstances), — il y a le roi. Cela fait bien des affaires. Ce personnage, qui nous débite ses alexandrins sonores et vagues, auquel de ces partis ou sous-partis se rattache-t-il ? Et ce qui complique encore la difficulté, c'est que peut-être il dissimule ; c'est que, tandis qu'il paraît marcher avec les Guises, il est peut-être avec les Condés, qui eux-mêmes ne sont qu'à moitié avec les huguenots... » On prend sa tête dans ses mains ; ou bien ou feuillette la brochure ; on cherche les points de repère. C'est la bouteille à l'encre.

Cette histoire des guerres de religion, je m'y empêtrais déjà lorsque j'étais au collège. Les meilleurs manuels ne m'éclairaient que pour une minute. J'oubliais tout de suite après. C'est que, dans cette histoire-là, comme dans toute histoire sur laquelle les documents surabondent, les faits sont compliqués et obscurs. Seuls, les personnages nous expliquent les faits, nous permettent de nous reconnaître dans leurs fouillis, puisque ce sont eux qui le créent à mesure. Mais il faut que quelque historien de génie nous révèle ces personnages, les dresse, vivants et distincts, devant nos yeux. L'Histoire est toute dans les âmes qui l'ont tour à tour faite ou subie. Comprendre ces âmes, c'est comprendre l'Histoire. Or, ces âmes, un Michelet les pénètre et les ressuscite ; et dès lors tout est clair, les faits s'enchaînent et se commandent ; leur chaos s'organise. Qui connaît Catherine, Guise, Lorraine, Coligny, — et les hommes par-dessus le marché, — connaît vraiment l'histoire des guerres de religion, fût-il incapable de citer une date précise ou un nom de bataille. Mais ce bon Bouilhet reste emberlificoté dans la broussaille des événements ; ses personnages sont de pâles comparses que nous avons toutes les peines du monde à étiqueter ; et ainsi ce qu'il y a d'histoire dans ce « drame historique » devient un fâcheux casse-tête.

En outre, la *Conjuration d'Amboise* est un drame naïvement « romantique ». J'ouvre au hasard la brochure, et je tombe sur ceci :

BRISSON (*coupant l'air avec son épée*) :
Par la tête et le sang, je les tiens !

MONTESQUIOU (*cherchant autour de lui*) :
      Que je meure,
Si l'on y voit plus clair qu'à la gueule d'un four !

Et sur ceci encore :

CONDÉ

Tiens !... tiens ! je suis un homme, et voilà que je pleure !...
C'est qu'à la fin, vois-tu, le malheur nous aigrit...
Mille soupçons affreux nous montent à l'esprit...
On ne croit plus, pardon !... L'espoir s'en va... Je t'aime ! ..

(*Ecartant les cheveux de la comtesse et la contemplant avec admiration.*)

Oh ! tes grands yeux pensifs, tout noirs sous ton front blême !

Et plus loin :

. . . Y songez-vous ?... mourir ici ?... Livrer
A ces galants de cour qui vont la déchirer,
Comme une proie offerte à toute raillerie,
Votre chère mémoire, abattue et flétrie !...
Oh ! pas d'insulte, enfant, sur ce nom chaste et doux !...

Je suis fixé. Ces choses, écrites en 1865, sont de 1840. (Hélas ! puissions-nous nous-mêmes ne retarder jamais que de vingt-cinq ans !) Oui, c'est bien le drame romantique. Et quand le drame romantique n'est pas de Hugo, ou tout au moins du père Dumas... dame ! que voulez-vous ? c'est peu de chose.

Ecartons la partie historique ; absolvons ce que la forme a de généreux romantisme ; il reste une histoire d'amour, pas très neuve, mais assez ardemment contée en trois scènes, sans plus.

Un beau jeune homme, qui s'appelle Condé, — mais qui pourrait aussi bien s'appeler Arthur, et qui ressemble à Hernani et à Didier, et qui a aussi quelque chose du Bussy de *la Dame de Monsoreau,* —

sauve la vie d'une belle dame, la comtesse de Brisson, qui a été enlevée par des brigands. Il lui dit : « Vous êtes un ange. J'emporte à jamais dans mon âme le doux rayonnement de vos yeux de colombe... Si moi-même, quelque jour, j'étais en danger, et si je vous appelais, viendriez-vous ? » Elle répond timidement : « Oui. » Et c'est la première scène.

Quelques jours après, le beau jeune homme donne, en effet, rendez-vous à la belle jeune femme dans une maison déserte. Pourquoi ? Pour rien, pour la revoir. Il lui dit : « Je suis un vaincu, un proscrit, un damné, mais ayez pitié de moi, je vous aime. » Elle répond, offensée : « Monsieur, j'ai un mari. » Il répond : « Je suis un malheureux, il faut m'aimer. » Alors elle lui dit : « Venez à la cour : cela ennuiera le duc de Guise et fera plaisir à la reine-mère qui, je le sais, n'est point votre ennemie. » Et c'est la seconde scène.

Le beau jeune homme vient à la cour ; il est arrêté, jeté en prison, condamné à mort. Dans son cachot, il se répand en facéties, comme le Saverny de *Marion Delorme*. La belle dame vient le voir sous un déguisement. Il l'accueille par des imprécations, croyant que c'est elle qui l'a livré. Elle se justifie ; il la croit ; il lui demande pardon. Elle lui dit : « Un mot au duc de Guise, et vous êtes sauvé. » Il refuse d'écrire ce mot. Elle lui présente un flacon : « Buvons-en chacun la moitié. » Il répond : « Non ! un homme comme moi doit mourir sur l'échafaud, en plein soleil. » Il lui fait des adieux qui rappellent d'assez près ceux de Didier à Marion. Elle, cependant, avale le poison. Elle se presse un peu trop (ainsi qu'il sied dans un cinquième acte), car, tout à l'heure, on va venir annoncer au beau jeune homme qu'il est libre, le roi étant mort. Et c'est la troisième scène.

Ces trois scènes sont en vérité fort bien écrites. Vous n'en feriez pas autant ; moi non plus. *La Conjuration d'Amboise* fut un grand succès en 1866. Condé et sa comtesse paraissaient sans doute des créatures vivantes, ou à peu près. Un « four » est la chose la plus douloureuse du monde pour un auteur dramatique. Et cependant, voyez ce qui reste d'un succès d'il y a vingt-cinq ans...

Qu'est-ce que tout cela qui n'est pas éternel

Il y a pourtant, dans ce drame inutile, un coin qui m'a plu. C'est le coin du petit roi François II et de la petite reine Marie Stuart. Le poète a bien rendu la mélancolie, les transes et le grave enfantillage des deux petits époux, opprimés par la reine-mère, opprimés par Guise, blottis dans le trône comme dans un nid menacé, tout apeurés des choses terribles qui se passent autour d'eux, et qui se sentent marqués pour une mort proche et tragique. Sans doute, c'est encore le poète qui parle par la bouche du petit roi ; mais enfin ce que François II n'a pu dire en ces termes, il a pu en avoir l'idée à certaines heures :

Je suis un souffreteux, un malade, un enfant ;
Lamentable héritier des héros séculaires,
Je n'en ai pas la force, et j'en ai les colères,
Et quand, dans mon sommeil, l'un d'eux vient m'avertir...
Je sens là comme un roi qui ne peut pas sortir !
Ah ! mourir ! oublier !...

Et, se serrant contre la petite reine :

Laisse-moi me coucher dans la paix de la mort !
Que cette cour sinistre à mes yeux se dérobe !
Assez ! — Le cardinal a du rouge à sa robe !
Le duc est sans pitié !... Ma mère me fait peur !
C'est toi mon seul amour dans ce monde trompeur !
C'est toi le seul regret que j'emporte à la tombe.

Et la petite reine charmante et lettrée, amie des poètes : « Si Dieu, quelque jour, nous ôtait la couronne, dit-elle, ce que je rêverais,

Ce serait, pour tous deux, au gai pays de France,
Un petit coin tranquille, un château, n'importe où,
Caché dans la Touraine ou bien dans le Poitou,
Sous des arbres touffus, d'où les oiseaux en fêtes
Donneraient en passant la réplique aux poètes
Et dont nul ne pourrait franchir les verts arceaux
Qu'à la condition d'être haï des sots.

(*Souriant avec fierté*).

Je suis de France, moi !...

Tout cela est fort joli, vraiment.....Et puis, comme j'ai dit, Flaubert aimait Bouilhet. Flaubert a écrit, pour *les Dernières Chansons* de son ami, une préface consciencieuse, touchante de bonne volonté, où, visiblement, il s'est donné un mal de tous les diables pour formuler sa propre poétique, — sans trop y réussir, car l'expression des idées abstraites n'était pas son fort, — mais où la dernière page (vous vous rappelez ?) est d'une belle émotion, d'une éloquence ardente et ingénue :

« Y a-t-il quelque part deux jeunes gens qui passent leurs dimanches à lire ensemble les poètes, à se communiquer ce qu'ils ont fait, les plans des ouvrages qu'ils voudraient écrire, les comparaisons qui leur sont venues, une phrase, un mot, — et, bien que dédaigneux du reste, cachant cette passion avec une pudeur de vierge ? je leur donne ce conseil : — Allez côte à côte dans les bois, en déclamant des vers, etc... »

Et la fin ? Vous rappelez-vous la fin ? « Puis, quand l'un sera mort, — car la vie était trop belle, — que l'autre garde précieusement sa mémoire pour s'en faire un rempart contre les bassesses, un recours contre les défaillances, ou plutôt comme un oratoire domestique où il ira murmurer ses chagrins et détendre son cœur. »

Bienfaisantes ardeurs, et que l'on retrouverait, je pense, chez les jeunes gens d'aujourd'hui, mais moins pures, plus mêlées de vanité, d'envie et de charlatanisme. Flaubert et Bouilhet ont été l'Oreste et le Pylade de l'enthousiasme littéraire ; ils ont passé leur vie à s'exciter mutuellement, à se congestionner sur la chose écrite. Et ce fut beau, parce que ce fut sincère, et si désintéressé ! Ils durent à cela d'avoir une vie vraiment noble, aussi harmonieuse qu'une vie militaire ou sacerdotale. Quand Flaubert se promenait sur les bords de la Seine, et que des paysans le prenaient pour le cardinal-archevêque de Rouen à cause de sa grande vareuse rouge, ces bonnes gens ne se trompaient qu'à demi ; car c'était bien un cardinal de l'Art, un homme qui menait une existence spéciale et supérieure, et qui avait fait « des vœux ». Ces vœux, Flaubert et Bouilhet se les rappelaient l'un à l'autre, rien qu'en vivant ensemble ; par respect l'un de l'autre, ils maintenaient leur esprit et leur cœur « en haut », et ils écrivaient avec un scrupule religieux des œuvres non populaires. On peut croire que ce fut un peu par souci de l'estime de Bouilhet que Flaubert, après *Madame Bovary*, dédaigna de glisser dans le réalisme facile et fit *Salammbô* et *la Tentation de saint Antoine*. Et, de même, ce fut peut-être à l'amitié de Flaubert que Bouilhet dut de garder toujours, si je puis dire, son âme fort au-dessus de son talent.

Leur candeur eut raison. Ils avaient de leur art une conception rigoureuse et intransigeante, mais haute. Et je ne prétends point que la littérature toute pure, — c'est-à-dire la transcription de la vie sans autre souci que de produire une impression de beauté, — ait, comme ils le croyaient, un caractère sacro-saint et soit nécessairement la manifestation la plus élevée de l'activité humaine ; mais je dis que c'est une de celles dont la bonté nous est le plus sûrement affirmée par un instinct secret. Au reste, il arrive ceci, que les choses écrites uniquement « pour être belles » ne sont jamais inutiles. Les descriptions exclusivement plastiques, et sans larmes avouées, de la vie présente ou de la vie abolie, telles que *Madame Bovary* ou *Salammbô*, nous communiquent, par leur forme, une exaltation intellectuelle qui est un grand bienfait, et, par leur matière savamment choisie et ordonnée, une pitié qui est un commencement de vertu. On pourrait presque affirmer que c'est des œuvres « impassibles » que se dégage, pour ceux qui savent lire, le plus de passion.

« L'impassible » écrivain Flaubert fut d'ailleurs, comme on sait, une des âmes les plus tendres qu'on ait vues. Son amitié pour Louis Bouilhet eut des illusions charmantes. Il voyait son frère non tel qu'il fut généralement dans ses ouvrages, mais tel qu'il était digne d'être toujours, tel qu'il fut, en réalité, à certaines minutes de sa vie littéraire. Aux yeux de Flaubert, Bouilhet fut un grand poète. J'ai trois fois rencontré le généreux ermite de Croisset il m'accueillait, je ne dirai pas avec bienveillance, — car le mot comporte une nuance de protection et de réserve, — mais tout simplement avec la plus cordiale et la plus confiante bonté, bien que je fusse un fort petit compagnon), et trois fois j'ai entendu passer par son illustre « gueuloir » les strophes de *la Colombe,* de *la Fleur rouge,* ou du *Tung-whang-fung,* — ou *les Vers à une femme.* Et ce sont, en effet, de très beaux poèmes et, je crois bien, de purs chefs-d'œuvre, surtout le dernier :

Quoi ! tu raillais vraiment, quand tu disais : « Je t'aime ! »
Quoi ! tu mentais aussi, pauvre fille !... A quoi bon !
Tu ne me trompais pas, tu te trompais toi-même ;
Pouvant avoir l'amour, tu n'as que le pardon !

Garde-le, large et franc, comme fut ma tendresse ;
Que par aucun regret ton cœur ne soit mordu :
Ce que j'aimais en toi, c'était ma propre ivresse ;
Ce que j'aimais en toi, je ne l'ai pas perdu...

Tu n'as jamais été, dans tes jours les plus rares,
Qu'un banal instrument sous mon archet vainqueur,
Et, comme un air qui sonne au bois creux des guitares,
J'ai fait chanter mon rêve au vide de ton cœur...

Si vous connaissez plus superbe réplique à ce que Vigny appelait « la ruse de femme », des vers qui expriment mieux la subjectivité de l'amour et où sonne, en même temps, plus d'orgueil dans plus de douleur cachée, des vers à la fois plus fiers et plus douloureux, — car on sait ce qui suit ces belles révoltes, — plus idéalistes et plus humains et, si je puis dire, d'une sérénité plus orageuse... je vous serais obligé de me les indiquer.

La Colombe ne vaut guère moins ; *les Fossiles* sont un magnifique prélude de poème lucrétien, et qui n'a guère été dépassé. Et, parmi les autres poésies de Bouilhet, vous trouverez de petites merveilles d'exécution, de délicieux morceaux d'ouvrier. J'adore, quant à moi, ses chinoiseries trop oubliées, leur précision brillante et sèche, leur joliesse minuscule, à petites touches soigneuses. Relisez, je vous prie, *le Dieu de la Porcelaine*. C'est, ne vous en déplaise, le petit dieu Pu.

> Il a son peuple au long des poteries,
> Et règne en paix sur ces magots poupins
> Qui vont cueillant les pivoines fleuries
> Aux buissons bleus des paysages peints.
>
> Il vient, à l'heure où commencent les sommes,
> Quand, sous leurs toits, les vivants sont couchés,
> Pour réjouir tous les petits bonshommes
> Que le vernis tient au vase attachés...
>
> Et si, dès l'aube, une maîtresse active
> Jette à ses pots son regard empressé,
> Elle voit bien, tant la couleur est vive,
> Que le dieu Pu dans l'armoire a passé.

Le poète l'invoque. Il le supplie de garder de tout heurt, aux flancs de ses potiches, « la glu d'émail où le soleil s'est pris ».

> Sur les oiseaux passe tes mains savantes,
> Lisse la barbe aux magots rondelets ;
> Songe au matou, veille aux doigts des servantes,
> Rends souple et fin le crin dur des balais.

N'est-ce pas joli comme des vers latins, — qui seraient chinois, — dans un très habile français ? Et *la Paix des neiges*, cet « intérieur » d'un mandarin qui se console de l'hiver en regardant les paysages de ses potiches :

> Au fond du cabinet de soie,
> Dans le pavillon de l'étang,
> « Pi-pi po-po ! » le feu flamboie ;
> L'horloge dit : « Ko-tang, ko-tang ! »

Mais plus chinois encore les vers *Païlui-chi*, entrelacés suivant un rythme très difficile, que je suppose chinois, et qui ramène, en douze petits vers, sept fois et cinq fois la même rime :

> Le flot hennit, le vent crie.
> Matelots de ma patrie,
> Vers l'Empire du Milieu
> Emportez-moi, je vous prie,
>
> Afin que je puisse un peu,
> Avant le dernier adieu,
> Ecouter la sonnerie
> Des couvents de Lao-tseu ;
>
> Tandis que dans la prairie
> S'ouvre avec coquetterie
> Ton cœur d'or bordé de bleu,
> O fleur de la rêverie !

Et que dites-vous de cette formule de politesse chinoise par où le poète prend congé de son lecteur :

> O lecteur de race élue !
> O sapience absolue !
> O char à quatre chevaux !
> Le tout petit te salue.

ALEXANDRE DUMAS FILS

Comédie française : *Un père prodigue,* comédie en cinq actes, de M. Alexandre Dumas (reprise).

16 Janvier 1893.

La Comédie française a repris *Un père prodigue* : j'aurais préféré *l'Ami des femmes.* Si elle avait repris *l'Ami des femmes,* comme il en a été question, j'aurais mieux aimé *Un père prodigue.* Cela signifie que je préfère les deux.

On ne peut pas dire qu'*Un père prodigue* soit l'œuvre d'un esprit anémique. C'est une pièce extrêmement touffue : cinq actes, 193 pages ; des pages de 35 lignes quand il y a des tirades. En d'autres termes, elle a trois fois la longueur d'une tragédie classique, et deux fois le volume d'une comédie en trois actes, de celles qu'on nous donne communément aujourd'hui. Les couplets abondent. Je dois ajouter que l'auteur en a, pour cette reprise, abattu des pans entiers. Ces couplets sont des développements de vérités morales ou d'observations sur les mœurs : observations ou axiomes qui, à mon avis, ressortiraient suffisamment, sans toute cette rhétorique, du drame lui-même, des actions des personnages, des rapports qu'ils soutiennent entre eux. Ces développements sont traités dans la manière fringante et claquante des chroniqueurs du second empire, d'un Villemot ou d'un Alphonse Karr. Les personnages secondaires, ceux qui ne sont là que pour aider à la marche de la pièce ou pour nous faire connaître « le milieu » où elle se déroule, tiennent une place considérable et prennent un visible plaisir à avoir de l'esprit. Ils en ont beaucoup, ou plutôt l'auteur en a beaucoup pour eux. Il est clair que nous n'en aurons jamais autant, vous et moi, même en nous cotisant. On souhaiterait quelquefois que M. Dumas en eût un peu moins ; on le souhaiterait, dis-je, non par envie (quoique cet homme abuse décidément du droit d'avoir plus d'esprit que nous), mais pour la vérité du dialogue. Bref, il y a du « trop » dans cette pièce. Moins diffuse, surtout au second acte, elle paraîtrait plus pleine ; et plus significative peut-être, si on nous en expliquait moins la signification.

Mais, parmi ces brillantes superfluités, ces avalanches de couplets satiriques et moraux, cet incroyable encombrement de mots spirituels, cette exubérance d'un de nos beaux génies dramatiques et prêcheurs, une action se poursuit, très logique, très liée, très intéressante et expressive, très rapide même, si on en rapproche les morceaux, et plus rapide et plus serrée à mesure qu'elle court au dénouement. Peut-être que vous vous en rendrez mieux compte, si je vous la rappelle dans ses traits essentiels.

Le titre indique assez la donnée. C'est un très vieux sujet, complètement « retourné ». Il s'agit des ennuis que peut s'attirer, et surtout de ceux que peut attirer à son fils un coquin de père resté trop jeune. Veuf de bonne heure, le comte de La Rivonnière a fait de son fils André son compagnon de plaisir. A cinquante ans passés, il n'a pas dételé encore... A vrai dire, cela vous semblera presque naturel, j'en ai peur ; et vous ne commenceriez à être choqués, — peut-être, — que si le comte avait pour le moins soixante-dix ans. Nous avons fort prolongé l'âge normal de l'amour et même de la « fête ». Mais il paraît qu'en 1869, en dépit de la « corruption des mœurs », qui est de tous les temps, on était moins éloigné de la nature que nous ne sommes aujourd'hui... Donc, le comte de La Rivonnière continue à s'amuser. Mais André ne s'amuse déjà plus. Il est d'un caractère raisonnable et sérieux. C'est lui qui tient les comptes du ménage, et il constate que son père et lui sont à peu près ruinés. De trois cent mille francs de rente qu'ils avaient à eux deux, il ne leur en reste que quatre-vingt mille. Ou plutôt il ne reste rien au vieux fêtard : mais André, en fils délicat, partage avec lui, sans le lui dire, le demeurant de sa fortune personnelle. Le comte accepte gaiement la situation : il se rangera, puisqu'il le faut ; et pour se ranger tout à fait il songe au mariage. Il a remarqué certaine jeune fille, Hélène de Brignac, une orpheline exquise ; et continuant avec ingénuité le renversement des rôles, il dit à André : « Veux-tu demander sa main pour moi ? » Or, André, de son côté, a tendresse de cœur pour Mlle de Brignac. Qu'à cela ne tienne ! Il se sacrifiera, tout comme si c'était lui le père. — Et c'est le premier acte.

Mais la mission dont s'est chargé André n'est point si commode qu'il l'avait cru. Hélène a été sa plus chère camarade d'enfance ; il se trouble en la revoyant ; il n'aura jamais le courage de lui dire : « Mademoiselle, voulez-vous être ma belle-mère ? » C'est donc la tante d'Hélène qui se chargera de faire la demande... Fort heureusement, le comte surprend, entre la tante et la nièce, une conversation où Mlle Hélène exprime ses idées sur l'amour et sur le mariage ; et ces idées sont les meilleures, les plus saines et les plus touchantes du monde. Cela ouvre les yeux du vieux piaffeur : le mari qu'il faut à Hélène, c'est André ; et, séance tenante, il les marie. Bien entendu, ils vivront ensemble tous les trois, le père, le fils et la bru ; ce sera très amusant ; et quel délicieux beau-père que le comte !

Et c'est le deuxième acte ; et il ne vous échappera

pas que c'est seulement ici que finit l'exposition de la pièce.

Le délicieux beau-père se trouve être, à l'épreuve, un beau-père bizarre et inquiétant. Il profite des moindres absences d'André pour mener Hélène au cabaret et dans les petits théâtres ; il oublie totalement qu'il est ruiné, accable sa bru de cadeaux avec l'argent de son fils, lui offre des chevaux de quinze mille francs et le plus gros cocher de Paris. Il y a, entre le père et le fils, un secret malaise, et qui s'aggrave insensiblement. Le père trouve que son fils lui fait un peu trop de morale, et le fils trouve que son père a un peu trop besoin qu'on lui en fasse. Puis, on jase dans le monde sur le beau-père et la bru. Un ancien camarade de fête rapporte ces bruits au comte, lui insinue qu'André serait enchanté d'être débarrassé de lui. Sur quoi, La Rivonnière tente une épreuve : il annonce à son fils qu'il va partir pour un long voyage. André accueille la nouvelle avec une joie non dissimulée. « Ah ! dit le pauvre homme, mon fils ne m'aime plus ! » — Et c'est le troisième acte.

Mais ce n'est pas le comte, c'est André qui part en voyage avec sa femme, laissant son père seul dans la maison qu'ils habitaient en commun. Par dépit, par horreur de la solitude, et parce que, n'étant plus protégé, il est repris de ses habitudes vicieuses, le vieux La Rivonnière installe dans l'hôtel une maîtresse, Albertine de Laborde, femme galante sur le retour, intelligente, sèche et pratique, et qui se cramponne avec méthode. Cependant, André et Hélène, revenus de voyage, ne peuvent rentrer dans la maison où règne cette fille. André vient trouver son père et le somme de la mettre à la porte. Des mots sont prononcés, qui semblent irréparables : « Ainsi, dit André, vous ne voulez pas faire à votre nom, au monde, à moi, à vous-même, le sacrifice de cette femme ? — Non. — Eh bien, alors... — Eh bien ? — C'est moi qui vous sauverai malgré vous et qui lui fermerai la porte de cette maison. — Pourquoi ? — Parce que... je suis ici chez moi ! — Allons donc !... Dites-le donc, enfin, ce mot que je savais être votre grand argument, mais que je n'aurais jamais cru entendre sortir de votre bouche, » etc. Et la scène se poursuit avec une extrême violence. Tout paraît bien fini entre le père et le fils.

Comment l'auteur se tirera-t-il de ce pas ? Dans la réalité, il y aurait neuf chances sur dix pour que le comte de La Rivonnière fût un homme perdu, et qu'il glissât de la débauche encore élégante à la crapule sénile. Les vivres lui étant coupés, et lâché par Albertine, il descendrait à d'autres aventures. Il est évidemment du bois dont on fait les baron Hulot... M. Dumas n'a pas voulu le réduire à cette ignominie ; il l'a fait bénéficier de l'unique chance qu'il avait d'être sauvé. Nous le voulons bien.

Ce vieux « marcheur », — que M. Dumas, à mon gré, considère avec trop de complaisance, — se relève par un bon sentiment : il aime profondément son fils. Il l'aime à sa façon. C'est ainsi que, André ayant au moment de son mariage une liaison avec une provinciale sentimentale et écriveuse, le père s'est chargé de la rompre doucement, sans scandale et sans douleur. Mais, pris de pitié pour « la dame en noir », il lui a permis de continuer à écrire à André : « J'ai dit à cette dame d'adresser ses lettres à mon nom, en ayant bien soin de ne pas te nommer une seule fois dedans et de faire une petite croix sur l'enveloppe. » Le malheur veut qu'une des lettres de la dame en noir soit surprise par son mari avant d'être envoyée. Le mari, un brave gentilhomme qui ne badine pas sur l'article, vient demander raison à La Rivonnière. Le vieux beau se conduit galamment : il prend la querelle à son compte et il se battra sans rien dire pour ce fils par qui il a été si durement traité et qu'il adore toujours. — Et c'est le quatrième acte.

Dès lors, le dénouement est facile à prévoir. Le père cède au besoin de voir son fils avant d'aller se battre. Les deux hommes tombent bientôt dans les bras l'un de l'autre. Seriez-vous par hasard inquiets sur l'issue du duel ? Non, n'est-ce pas ? Et c'est, en effet, le vieux monsieur qui sert un bon coup d'épée au jeune mari susceptible. Il est à croire, après ces épreuves, que La Rivonnière père saura désormais avoir son âge, et qu'il finira par se laisser marier à la bonne Mme Godefroy, une vieille amie, une veuve excellente, et qui le guette depuis longtemps.

... Si j'aime la pièce ? — Oui, beaucoup... Seulement... Dans la brillante préface que M. Dumas a mise au *Père prodigue*, le théâtre de M. Scribe est arrangé comme il le mérite, et le morceau est resté célèbre. Eh bien, si j'ose le dire... oh ! je ne parle point de la forme ni de la qualité du dialogue, et il est clair que M. Dumas est toujours un grand écrivain de théâtre... mais enfin, il se pourrait que le comte de La Rivonnière ressemblât — oh ! un tout petit peu ! — à un personnage de M. Scribe, - oh ! du meilleur !

Autrement dit, j'ai des doutes sur la vérité du bonhomme. Sauf erreur, ce n'est qu'au théâtre que les vieux mauvais sujets, les débauchés approchant de la soixantaine ont des cœurs si délicats et si généreux et que, d'autre part, ils se connaissent si bien eux-mêmes. Je trouve que le vieux viveur n'a pas toute l'inconscience qui conviendrait à son personnage... Ecoutez ce discours mélancolique, clairvoyant et courageux : «... Je suis triste en pensant qu'il y a et qu'il y aura toujours des jeunes gens et que je n'en suis plus, et que je ne dois plus en être. On me parle politique, et l'on me demande aux tables de whist. Après avoir été choyé, gâté, aimé toute ma vie, je ne puis me résoudre à ne plus l'être ; et, d'un autre côté, j'ai assez d'esprit pour comprendre que ce temps-là est passé. Bref, je sens un vide dans ma vie. Je me vois arrivé à l'état d'ancien beau, et, s'il y a un rôle bête à jouer dans le monde, c'est celui-là... » Ne sentez-vous pas une contradiction secrète entre le rôle qu'il joue et les propos qu'il tient ? Et ne vous étonnez-vous point que l'homme capable de penser ainsi ait pu vivre comme il a vécu ?

Mais c'est peut-être que cette vie du vieux La Rivonnière, l'auteur ne la voit pas du même œil ni avec le même sentiment que moi. Ce n'est pas la première fois que j'éprouve une gêne au sujet des pièces de M. Dumas, parce que je sens très nettement que nous ne portons pas sur ses personnages le même jugement moral. Déjà *Monsieur Alphonse*, *l'Etrangère* et même *le Demi-Monde* m'avaient troublé par un malentendu du même genre. D'une austérité rude et presque ascétique dans ses préfaces, il arrive parfois à M. Dumas de retomber, dans ses pièces, aux indulgences et aux conventions de la morale du monde et même de la morale de Scribe. Et il me paraît que le vieux La Rivonnière a par trop bénéficié de cette inadvertance. Un homme qui a dépensé trente ans de sa vie et cinq ou six millions uniquement à « faire la fête », à détourner des femmes mariées (on nous dit que c'est la spécialité du comte), à jouer, à conduire des mails, à souper ou, quand son estomac se gâte, à faire souper, etc., et qui continue après la cinquantaine ; un homme qui trouve plaisant que son fils ait une maîtresse à quinze ans, qui vit avec lui de pair à compagnon et qui lui conte ses bonnes fortunes... cet homme-là est un pauvre être tout à fait misérable et qui offense à la fois, à journée faite, la nature et la loi chrétienne. Quand j'entends ce « monsieur d'un certain âge » reprocher aux jeunes gens de n'être plus jeunes, et vanter l'amour, et chanter la chanson de Fortunio (« Que je rencontre dans la rue une grisette avec son petit bonnet en arrière... » et encore : « Mettez-vous à votre fenêtre au commencement d'avril... »), qu'est-ce que vous voulez ? il me dégoûte, et je songe : « Puisse le Dieu bon me préserver de penser et de parler ainsi à cet âge ! » Cet homme-là peut être un aimable compagnon et ce que le monde appelle un galant homme ; j'ai peine à croire que trente ou quarante ans de vie exclusivement sensuelle ne lui aient pas quelque peu durci le cœur (car une certaine sentimentalité n'a rien de commun avec la bonté) et fortement brouillé la conscience. Et alors je me méfie... Ce vieux monsieur s'est mis un jour en tête d'épouser une jeune fille de dix-huit ans. La sorte d'impression qu'elle a faite sur lui, et la qualité de son amour, vous les devinez. Dans une minute d'attendrissement et de bon sens, il la marie à son fils ; mais il continue à vivre auprès d'elle, il l'accapare, il lui offre des « parties fines », et semble s'être donné pour tâche de lui faire mener une vie de cocotte... Et le jour où on l'accuse de faire la cour à sa bru, il tombe de son haut ! il s'indigne ! et cette vertueuse indignation, l'auteur prétend sans doute nous la faire partager ! Laissez-nous donc tranquille ! C'est bon chez M. Scribe, cette candeur subite et ces scrupules du vieux fêtard. Mais chez Dumas le clairvoyant, le véridique et l'implacable !... Il y a un moment, je dois le reconnaître, où l'illustre auteur se rapproche de ce qui est pour moi la vérité. «... Le plus affreux, avoue La Rivonnière, c'est qu'en voyant de Tournas, c'est-à-dire le Mal, croire à cette possibilité ; en entendant Mme Godefroy, c'est-à-dire le Bien, me dire que l'opinion pouvait être du même avis, je me suis demandé avec effroi si les autres ne me connaissaient pas mieux que moi, si, à mon insu, je n'étais pas capable de ce dont on m'accusait, et s'il n'était pas logique qu'après avoir été immoral je devinsse vicieux !... » Eh ! oui, cela était logique ; oui, cela devait arriver ; oui, le vieux monsieur trop jeune devait faire la cour à sa bru, à cette jolie femme qu'il a eu un instant le désir d'épouser pour jouir d'elle ; et il devait, qui sait ? devenir son amant (pourquoi pas, si elle l'avait bien voulu ?) et cela sans cesser d'adorer son fils, parbleu ! et même en restant « un charmant homme » ! Et alors, quel drame !... Je suis obligé de m'en tenir à cette exclamation, car je ne suis même pas assez habile pour concevoir un peu nettement ce que ce drame aurait pu être. Mais M. Dumas aurait bien dû, lui, le concevoir et l'exécuter... Faute de quoi et à cause de cette innocence un peu factice du principal personnage, *le Père prodigue* donne assez souvent l'idée d'une simple comédie de genre, écrite, il est vrai, par la plume la plus brillante et la plus ferme, et où par bonheur se trouve, au quatrième acte, une scène admirable, hardie, émouvante et poignante (la querelle entre le père et le fils), sans compter ce type excellent et définitif de la courtisane économe, Albertine de Laborde, type comparable à M. Alphonse et à Mme Guichard, et aussi la silhouette pittoresque et si vraie de Tournas, et la figure reposante de la bonne Mme Godefroy, et encore, au premier acte, la saisissante peinture de ce ménage à la débandade de deux viveurs... Vous voyez que les morceaux en sont bons, très bons. Je me rappelle une formule de La Harpe sur je ne sais quelle tragédie de Racine, formule dont la cocasserie pédante m'amusait jadis, mais qui n'est peut-être pas dépourvue de sens : « Pièce du second ordre qui ne pouvait être écrite que par un auteur du premier. » Je vous préviens, au surplus, que ces pièces-là ne courent pas les rues. Il y en a même qui deviennent des chefs-d'œuvre avec le temps. Attendons le siècle prochain pour savoir.

J'ai dit que M. Dumas avait pratiqué dans sa pièce d'assez larges coupures. Tout compte fait, je suis tenté de le regretter, car ces coupures rompent l'harmonie du dialogue, y laissent des trous sensibles. Il a cru devoir aussi augmenter le chiffre des fortunes, porter de vingt à trente-cinq francs le prix des souliers de satin d'Albertine, et nous avertir que « voyager en poste » est un anachronisme... Moi, j'aimerais qu'on jouât les comédies du second empire dans leur texte intégral et avec les costumes du temps. M. Dumas ne m'en voudra point si je propose de le traiter comme Molière. Mais cela voudrait être traité à part.

MEILHAC ET HALÉVY

Variétés : *La Petite Marquise*, comédie en trois actes, de MM. Meilhac et Halévy (reprise).

9 Janvier 1893.

La Petite Marquise... Ah ! *la Petite Marquise !*... Je vous avoue que j'aimerais beaucoup pouvoir me contenter de cette exclamation. Oui, la *Petite Marquise* est un délice; mais d'analyser ce délice, ce n'est pas tout à fait aussi facile que vous croyez. *La Petite Marquise* est une œuvre légère, aisée, qui semble faite avec rien, qui ne sent nulle part ni la prétention ni l'effort ; et c'est pourtant une œuvre remarquablement complexe. C'est une comédie ironique, et c'est une comédie comique, bien que le comique et l'ironie passent pour s'exclure réciproquement. Les personnages ont l'air assez souvent de se moquer d'eux-mêmes ; et pourtant ils sont très sincères, très naturels et très vrais. Cette vérité est volontiers hardie ; les fameux « mots de nature » abondent dans le courant du dialogue, et *la Petite Marquise* est déjà, en quelques endroits, une pièce du Théâtre-Libre, quinze ans avant Antoine ; mais une fantaisie élégante s'y joue, et même la bouffonnerie y garde, çà et là, un peu de la facticité du vaudeville. Il semblerait parfois que la vérité soit sur le point d'y être cruelle et désolante ; mais non, les auteurs ne sont pas gens à nous la surfaire, et prestement, comme leur Boisgommeux, ils « changent de point de vue ». Enfin on est tenté de croire, après les deux premiers actes, que *la Petite Marquise* est, sans y prétendre d'ailleurs, la plus morale des comédies, et de la conclusion la plus sévère ; mais le dernier acte nous détrompe ou, si vous voulez, nous rassure : ce qu'il nous laisse entrevoir dans un prochain avenir, et que nous sentons toléré d'avance et absous par la sagesse indulgente des deux auteurs, nous rappelle que leur idéal n'a rien d'outré ni d'accablant, qu'il vient en droite ligne, j'en ai souvent fait la remarque, de la fin du dix-huitième siècle, et qu'il ne demande pas trop aux hommes ni à la vie, puisqu'il ne demande à celle-ci et à ceux-là qu'un peu de douceur.

Vous connaissez le sujet. Comme certaines comédies du bon Labiche, *la Petite Marquise* semble d'abord une moquerie des adultères de la littérature romantique. Mais, ici, la parodie n'est point directe ni appuyée ; les personnages ne sont point des fantoches ; ils vivent naïvement pour leur pro-

pre compte, et il est un ou deux moments où la
parisienne Henriette de Kergazon et le parisien
Boisgommeux nous font songer à Emma Bovary et
à Rodolphe de La Huchette.

Elle s'ennuie, la petite marquise ; son original de
mari, un érudit amateur qui médite un grand ouvrage
sur les « troubadours au quatorzième siècle » ne
lui donne pas les « satisfactions » dont son petit
cœur a besoin ; elle y sent un grand vide et elle est
persuadée que le vicomte de Boisgommeux serait
homme à le combler. Mais jusqu'ici elle n'a pu
franchir le pas. Elle avait pourtant bonne envie de
se rendre dans le petit appartement préparé pour
elle par Boisgommeux, rue Saint-Hyacinthe-Saint-
Augustin. Elle y est même allée, en changeant de
fiacre trois fois, « par prudence ». Seulement, au
moment de tirer le cordon de la sonnette, quelque
chose en elle s'est révolté. Sa vertu ? Pas précisément ; sa paresse plutôt, et son goût du propre et du
confortable. Les démarches à faire pour devenir
coupable lui ont paru ennuyeuses, et l'appareil de la
faute tout à fait médiocre et mesquin. Oh ! les
carreaux brouillés donnant sur la cour, et le mitron,
porteur d'un vol-au-vent, rencontré sur le palier !
Bref, elle s'en est retournée comme elle était venue.
Elle explique cela à Boisgommeux et, pour lui
prouver l'exactitude de son récit, elle lui montre les
« numéros » des trois fiacres ; et, consciencieu-
sement, Boisgommeux lit ces numéros, pendant que

la petite femme raconte sa mélancolique aventure. « Alors, dit-elle, j'ai pris une voiture... — Le numéro 6615, » interrompt Boisgommeux ; vous vous rappelez ? (De même, au deuxième acte, quand Henriette tombera chez lui, dans sa gentilhommière, Boisgommeux, sans interrompre sa phrase : « Tout ce qu'une poitrine humaine peut contenir de bonheur, etc... » extraira des poches de sa veste de chasse les perdreaux qu'il vient d'abattre en flânant aux environs du château.) MM. Meilhac et Halévy excellent dans l'invention de ces menus *memento* de la réalité triviale et ironique, qui ne manquent jamais de se moquer de nos paroles et de nos actions dans les moments où elles cessent d'être raisonnables, tempérées et défiantes...

Vous vous souvenez que, heureusement pour Henriette, son mari en a assez d'elle, et qu'il lui propose de lui rendre sa liberté. Il mettra les torts de son côté et fera semblant d'avoir « introduit une maîtresse au domicile conjugal ». Vous vous rappelez avec quelle imperturbable et cocasse sérénité le digne marquis exécute son plan ; comment la petite marquise, sitôt affranchie par son mari, prend le premier train pour aller rejoindre Boisgommeux dans son château du Poitou ; comment elle l'y trouve entre une bonne et une fille de ferme, — tel don Juan entre Charlotte et Mathurine ; comment ils s'efforcent, elle et lui, à exprimer les transports de la joie la plus vive et de la plus délirante passion, c'est-à-dire ce qu'ils *devraient* sentir et qu'ils ne sentent pourtant guère ; comment Henriette lui dit : « Vous me demandiez une heure de ma vie et je vous apporte ma vie tout entière » ; et le subit « embêtement » de Boisgommeux, et ces mots si simples et si beaux : « C'est un autre point de vue », et : « Mais il n'avait pas le droit de vous rendre votre liberté, votre mari ! » et : « Je vous ai aimée... en homme du monde », et le désenchantement indigné de la petite marquise, et son apostrophe aux femmes : « Et vous, femmes, qui seriez tentées de m'imiter, femmes qui avez, ainsi que moi, rêvé l'amour venant sur un nuage de pourpre et d'or vous consoler des déboires du mariage, que n'êtes-vous là, mes sœurs ! Je ne vous donnerais pas de conseils, je ne vous ferais pas de tirades. Je vous dirais tout simplement : « Ecoutez, regardez, et souvenez-vous, « mes sœurs, souvenez-vous ! »

Que c'est moral ! « Oh ! que c'est moral ! » dirait Dupuis. Mais attendez le dernier acte. Vous vous dites peut-être que la petite marquise profitera infailliblement, la première, de la leçon qu'elle vient de donner à ses sœurs, qu'elle est guérie, bien guérie, qu'elle sera désormais la plus vertueuse petite épouse ; et que, d'autre part, ce gros égoïste de Boisgommeux est pour toujours revenu des femmes qui tiennent absolument à vous donner leur vie tout entière ? Oui, c'est ainsi sans doute que concluraient des esprits moins souples et moins informés du train du monde que MM. Meilhac et Halévy. Leur dénouement à eux est moins sérieux et autrement vrai. En somme, tout peut encore s'accommoder entre Max de Boisgommeux et Henriette de Kergazon. Un peu moins d'illusion et d'exigence sentimentale chez Henriette ; un peu plus de tendresse, ou simplement un peu de remords et une idée de revenez-y chez Max ; et ils pourront encore « marcher » ensemble, et d'autant plus tranquillement que ce ne sera plus, dans la pensée de la petite marquise, pour l'éternité. Elle aura désappris l'exaltation romanesque, par où l'on se rend insupportable aux autres, et elle se sera rangée à ce libertinage gracieux, attendri et décent qui est, au fond, l'âme du théâtre de MM. Meilhac et Halévy. C'est à cela que lui aura servi son escapade.

Bien entendu, ces choses-là ne sont pas dites expressément : nous avons affaire à des artistes trop délicats, et, malgré la facile floraison des « mots de nature », nous ne sommes décidément pas au Théâtre-Libre. C'est de très bonne foi que la petite marquise vient se réfugier dans les bras que son mari, dérangé par ce repentir imprévu, lui ouvre en rechignant. Mais d'abord arrive Boisgommeux, un Boisgommeux transformé et qui va jusqu'à lui dire : « Vous m'avez offert votre vie tout entière, et je n'en ai pas voulu ; mais, à présent, je la veux. Je sais bien que c'est une bêtise ; mais, cette bêtise, je la ferai... » Et il la poursuit de fauteuil en fauteuil, et il se met à deux genoux devant elle ; et elle a beau le repousser avec une indignation très sincère, on sent bien que la noble phrase de Boisgommeux (« je la ferai, cette bêtise ! ») agira sur elle quand elle aura pris le temps de la réflexion. Et puis, tout conspire contre elle, — ou pour elle, car, dirait Boisgommeux, « ce sont deux points de vue ». Son mari est vraiment trop bête ou trop hanté par la littérature du quatorzième siècle. Il se figure que c'est aux bons conseils de Boisgommeux qu'il doit le retour de sa femme à de meilleurs sentiments, et il n'en veut pas démordre ; et il retient le cher ami à dîner, et il oblige Henriette à lui donner le bras... « Troubadour, va ! » murmure la petite marquise, les dents serrées. Nous sommes fixés : elle n'exigera plus qu'on l'enlève ; ce ne sera plus nécessaire. Et si nous avions pu croire, après le deuxième acte, que MM. Meilhac et Halévy avaient voulu nous donner une leçon de morale, nous voyons bien, après le troisième, que ce n'était qu'une leçon de sagesse.

ALFRED DE MUSSET

VAUDEVILLE : *la Paix du foyer*, comédie en trois actes de M. Auguste Germain ; — ODÉON : *Fantasio*, comédie en deux actes et huit tableaux, d'Alfred de Musset.

29 Février 1892.

« Je rentrai dans mon pays, dit à peu près Scarmentado, je me mariai, je fus c..., et je vis que c'était l'état le plus heureux du monde. » Mais cet état peut être encore amélioré. Que Scarmentado, de son côté, trompe sa femme, et ce sera l'accord parfait, la félicité absolue.

Le sujet de l'ironique comédie de M. Auguste Germain, c'est, tout tranquillement, la pacification du foyer par l'adultère indulgent et paisible des deux époux.

Le jeune médecin Darcel est bien malheureux : il a une jolie petite femme qui l'aime trop, sentimentale, nerveuse, d'une jalousie folle et qui s'exerce et sévit à tort et à travers et sans interruption. Valentine ne peut voir son mari causer avec une femme sans croire qu'on le lui vole, et sans réclamer son bien avec des cris de pintade ; car, comme l'explique un des personnages, « la jalousie, c'est le sentiment de la propriété poussé jusqu'au délire ». Valentine ne souffre même pas que son mari badine avec sa belle-mère ! Quand vous saurez que Darcel est un médecin pour dames, vous jugerez à quel point cette petite dinde effrénée doit souffrir, et, par suite, à quel point elle doit être insupportable.

Justement, une des belles clientes de Darcel, Mme Paule d'Argilès, une piquante divorcée, appelle auprès d'elle, en toute hâte, l'élégant médecin. « Tu n'iras pas ! dit Valentine, — J'irai », dit le mari. (Il faut vous dire que Valentine a été particulièrement exaspérante ce soir-là.) « Non. tu n'iras pas ! Si tu passes la porte, tu ne me reverras de ta vie. » Darcel, qui en a décidément assez, répond : « Comme tu voudras ! » prend son chapeau et sort. Tout ce premier acte est vivant et d'un franc comique.

Deux mois après. — Valentine est rentrée chez sa mère, la joyeuse Mme Rivière. Darcel est devenu l'amant de Mme d'Argilès. Il est beaucoup plus heureux qu'avant, Paule étant une femme très raisonnable, — pas jalouse celle-là, — assagie par le divorce, et qui ne demande à la vie et aux hommes que ce que les hommes et la vie peuvent lui donner. Elle a pour amies d'autres divorcées, toute une bande, peu sévère, de jeunes femmes qui ne s'ennuient pas, chacune ayant son vice mignon, l'une les courses, l'autre le wisky, une troisième la morphine, et toutes le baccarat. Toutes ces veuves laïques ont d'ailleurs, après les agitations du mariage, trouvé le repos dans quelque liaison illégitime que leur expérience a su faire commode, confortable et pas gênante. Ce sont des femmes « qu'on ne reconduit pas » : car, à tous les coins de rue qui avoisinent l'hôtel de Mme d'Argilès, des coupés ou des fiacres discrets les attendent... L'exhibition de ces aimables émancipées est amusante : peut-être aurais-je souhaité un peu plus de légèreté et d'aisance dans la notation de leurs propos.

Darcel est donc à peu près satisfait de son sort et prépare son divorce avec sérénité. Mais l'excellente Mme Rivière, qui aime sa liberté et ses aises (c'est d'ailleurs le caractère commun de tous les personnages à la fois pervers et ingénus de cette petite pièce), est fort ennuyée d'avoir sa fille sur les bras. Comme elle est femme de décision, elle s'en vient trouver tout bonnement la maîtresse de son gendre, et lui tient à peu près ce langage :

— Je sais, Madame, que mon gendre a beaucoup de confiance en vous, et que vous le méritez. Je viens vous prier de le renvoyer à sa femme. C'est votre intérêt, et c'est celui de votre ami. Si Darcel obtient le divorce, il sera obligé de rendre la dot de Valentine, vingt-cinq mille francs de rente, et n'aura plus pour vivre que ce qu'il gagne, soit une vingtaine de mille francs. Et encore je crains bien qu'il ne perde une partie de sa clientèle ; car, n'est-ce pas ? un médecin doit être marié, surtout un médecin de dames. Déja Darcel travaille moins depuis qu'il n'est plus avec sa femme. Enfin, songez à vous-même. Peut-être que son amitié finira par vous être moins commode et moins douce s'il prend l'habitude de ne plus vous quitter. Quant à ma fille, elle a réfléchi ; elle est déjà moins insupportable. Je suis persuadée que, si elle se remettait avec son mari, ça irait très bien maintenant.

La scène est jolie. Cette audacieuse belle-mère est la sagesse même. Non moins sage, Mme d'Argilès n'a aucune peine à entrer dans ses raisons. Elle les soumet à Darcel qui, égal en sagesse à sa maîtresse et à sa belle-maman, ne fait aucune difficulté de s'y rendre. Il reprendra donc sa femme ; cela ne l'empêchera point, bien entendu, de garder son amie ; et tout le monde sera content.

Au troisième acte, Valentine a réintégré le domicile conjugal. Elle cause paisiblement, au coin du feu, avec un ami, un homme jeune encore, mais sévère, un avocat général que nous avons vu, au premier acte, prendre hypocritement parti pour la jeune femme contre son mari. Et tout à coup, et sans cesser d'émettre des réflexions morales, l'austère magistrat plante un baiser dans le cou de Valentine. Nous sommes fixés : Valentine s'est rangée, elle aussi, à une juste conception du mariage et de l'amour. Et c'est pourquoi les deux époux réconciliés n'ont plus l'un pour l'autre que gentilles paroles, indulgence et petits soins. Quand son mari sort, Valentine ne lui demande plus où il va, mais elle exige qu'il mette un foulard. C'est, dans toute la perfection de son mécanisme, le ménage à quatre, combinaison bien supérieure à l'antique ménage à trois, et où l'on n'a pas à se demander quel est « le plus heureux des quatre », car les quatre y sont pareillement heureux.

Et notez que le mensonge même est éliminé de cette benoîte combinaison. Chacun des quatre associés sait à quoi s'en tenir, et c'est sur cette connaissance même qu'est fondé leur durable bonheur. Quand Darcel, rentrant à l'improviste, surprend le nouveau baiser que M. l'avocat général plante derrière l'oreille de Valentine en la conduisant à la salle à manger (car ce magistrat est très embrasseur), Darcel dit simplement : « Elle aurait pu mieux choisir. » Et la toile tombe sur le meilleur des ménages.

Je ne ferai à la comédie de M. Germain qu'une critique un peu sérieuse. Je ne lui reprocherai point d'être immorale ; elle échappe à cette accusation par l'outrance parfois vaudevillesque et l'ironie des peintures. Mais quand l'auteur, nous ayant montré d'abord une petite femme affolée de jalousie, nous la ramène, à la fin, totalement calmée et, si je puis dire, corrigée de la passion par le vice, je me demande comment a bien pu s'opérer un changement aussi radical et aussi rapide ; et je voudrais du moins avoir assisté à quelqu'une des étapes de cette transformation. Il me semble que beaucoup de choses se sont passées pendant les entr'actes, et plus intéressantes peut-être que celles qu'on nous met sous les yeux. Ou plutôt, j'ai des doutes sur la possibilité même de la métamorphose de Valentine. La jalousie, au degré où nous la voyons chez la jeune Mme Darcel, est une passion qui ne se guérit point, et dont l'objet peut seulement changer. Il ne me déplairait donc pas et il me paraîtrait assez plausible que Valentine fît à son amant, M. l'avocat général, les scènes qu'elle faisait naguère à son mari. Il est vrai qu'alors notre mariage à quatre se retrouverait aussi imparfait et aussi troublé qu'un misérable ménage à deux ou à trois. Le cynique optimisme de M. Germain a reculé devant cette conclusion.

Ce qui ressort de cette comédie effrontée, c'est que la passion est le grand trouble-fête et qu' « il n'en faut plus ». Car il est certain qu'il n'y a guère de passion sans jalousie. Or, la jalousie, outre qu'elle fait souffrir mille tortures à ceux qui la ressentent, n'accommode guère mieux ceux qui en sont l'objet. D'être trop aimé, ô mes veules contemporains, cela vous irrite d'abord par le sentiment d'une sorte de mainmise sur vous malgré vous, et par les responsabilités et les devoirs que cela vous impose, quoi que vous fassiez, et auxquels votre lâcheté veut se soustraire. Une femme ne peut pas vous jouer de pire tour que de vous donner tout son cœur, parce que, nécessairement (et la pauvre n'est pas responsable de cet invincible besoin), elle exigera tout le vôtre et qu'un don comme celui-là n'est pas dans vos moyens... Comme plusieurs autres pièces et comme plusieurs romans de ces dernières années, et notamment comme *Amoureuse*, — avec moins d'âpreté et sur un mode moins tragique, — *la Paix du foyer* respire en somme la haine et la peur de l'amour et conseille pour remède la débauche prudente et tempérée, exclusive de toute obligation, de tout devoir sentimental, et qui garde la tête froide, et qui accélère à peine les battements du cœur.

L'inquiet Odéon a eu l'idée pieuse et charmante de nous donner le *Fantasio* d'Alfred de Musset. Les décors étaient délicieux : un salon dix-huitième siècle aux légères boiseries blanches; un cabinet tendu de vieilles tapisseries allemandes; un jardin de principicule, dessiné dans le goût du Roi-Soleil; réduction du parc de Versailles, qui, démontée, tiendrait dans une boîte à joujoux de Nuremberg; une petite place biscornue devant un cabaret, au haut d'un escalier, au pied d'une terrasse couronnée d'une charmille bleuâtre qu'on dirait découpée à l'emporte-pièce; au premier plan, une admirable encoignure décorée d'une enseigne en fer forgé dont les arabesques compliquées se détachent sur le ciel du couchant ; au dernier plan, les pignons aigus de vieilles maisons ouvragées, piquées, à chacune de leurs petites fenêtres, des lumières jaunes d'une illumination familiale... Et après chaque tableau (il y en a huit, presque tous très courts), pour que nous ne pussions nous évader du pays du rêve, l'orchestre Lamoureux nous jouait des gavottes, des menuets, des mélodies grêles et douces de Gluck, de Haydn et de Mozart... J'aurais préféré, je l'avoue, que le rideau ne se baissât point entre les tableaux : car ce baisser du rideau, c'est une porte qu'on nous ferme au nez, et cela est désagréable. J'aurais voulu que les changements de décor se fissent sous nos yeux, avec une rapidité et une précision qui eussent elles-mêmes été amusantes ; et, si l'on ne pouvait, pendant ces manœuvres, nous cacher entièrement les machinistes, on n'avait qu'à les habiller de costumes Louis XV : pourquoi pas? Ainsi notre rêve n'eût pas été interrompu un seul instant, et nous en eussions joui en toute tranquillité.

Malgré tout, et en dépit aussi de quelques faiblesses d'interprétation, j'ai pris, pour ma part, à la représentation de *Fantasio* un plaisir extrême. J'ai cru voir, dans les gazettes du lendemain, que ma joie n'avait point été partagée par tous les spectateurs. Je plains ceux qui n'ont pas été contents. Mais qu'attendaient-ils donc? Espéraient-ils de *Fantasio* le même genre de plaisir que d'un vaudeville de Scribe? Ou reprochent-ils peut-être à Musset de n'avoir point fait « du théâtre » (vous savez dans quel sens on entend ce mot) alors qu'il n'en voulait point faire, et que, l'eût-il voulu, son sujet ne le lui permettait point? Car, d'abord, *Fantasio* est assurément le plus rêvé des rêves dont Musset a fait ses comédies. Aussi vrai peut-être dans son fond que *le Chandelier*, *On ne badine pas avec l'amour* et *les Caprices de Marianne*, il est beaucoup plus irréel. C'est un adorable songe dialogué au hasard de la songerie.

Il y a plus. *Barberine* et *Carmosine*, par exemple, ne sont sans doute aussi que des contes écrits dans une forme dramatique. Mais ces contes bleus comportent des situations qui pouvaient être développées, et que le poète n'a pas manqué de développer en effet; les « scènes à faire » y sont faites. Le cas de *Fantasio* est différent et très particulier. Le sujet est tel qu'il n'y avait point là de « scènes à faire », ou que, si d'aventure elles avaient été faites, l'œuvre eût fatalement cessé d'être exquise.

Fantasio est un étudiant bohème à qui Musset a prêté son âme. Fantasio s'ennuie, — parce qu'il a trop aimé; il se croit désespéré, il voit la laideur et l'inutilité du monde, — parce qu'il n'aime plus. Il a, comme Musset, l'amour de l'amour, et, après chaque expérience, le dégoût invincible, et, après chaque dégoût, l'invincible besoin de recommencer l'expérience, et dans la satiété toujours revenue le désir toujours renaissant ; en somme, la grande maladie humaine, la seule maladie, l'impatience de n'être que soi et que le monde ne soit que ce qu'il est, et en même temps le désir d'embrasser le monde, et l'immortelle illusion surgissant indéfiniment de l'immortelle désespérance...

Fantasio a beau dire à un moment : « Regarde cette vieille ville enfumée ; il n'y a pas de places, de rues, de ruelles, où je n'aie rôdé trente fois ; il n'y a pas de pavés où je n'aie traîné ces talons usés... Je ne saurais faire un pas sans marcher sur mes pas d'hier ; eh bien ! mon cher ami, cette ville n'est rien auprès de ma cervelle. Tous les recoins m'en sont cent fois plus connus ; toutes les rues, tous les trous de mon imagination sont cent fois plus fatigués ; je m'y suis promené en cent fois plus de sens, dans ma cervelle délabrée, moi son seul habitant ! Je m'y suis grisé dans tous les cabarets ; je m'y suis roulé, comme un roi absolu dans un carrosse doré ; j'y ai trotté en bon bourgeois sur une mule pacifique, et je n'ose seulement pas maintenant y entrer comme un voleur, une lanterne sourde à la main. »

Il est sincère en disant cela ; mais il l'est aussi un instant après, quand il s'écrie :

« Tu m'appelles ta vie : appelle-moi ton âme,
« Car l'âme est immortelle et la vie est un jour.

« Connais-tu une plus divine romance que celle-là, Spark ? C'est une romance portugaise. Elle ne m'est jamais venue à l'esprit sans me donner envie d'aimer quelqu'un. — Qui, par exemple ? demande Spark. — Qui ? je n'en sais rien. »

Ainsi, Fantasio peut bien être devenu incapable d'aimer ; car trop d'expériences amoureuses, cela finit par s'appeler la débauche, et la débauche tue l'amour. Mais pour lui, comme pour Musset, l'amour reste la plus mystérieuse chose, la plus divine et la meilleure. Les idées de Musset sur l'amour, je l'ai dit une fois, rejoignent, à travers les siècles, celles des poètes primitifs. L'amour est le premier né des dieux. Il est la Force qui meut l'Univers. « Ce n'est point, dit Valentin à Cécile, l'éternelle pensée qui fait graviter les sphères, mais l'éternel amour. Ces mondes vivent parce qu'ils se cherchent, et les soleils tomberaient en poussière, si l'un d'entre eux cessait d'aimer. — Ah ! dit Cécile, toute la vie est là. — Oui, répond Valentin, toute la vie... »

A quoi peut servir la fantaisie d'un poète ennuyé et vanné, mais qui a gardé la superstition de l'amour, c'est ce que nous apprend ce doux conte de *Fantasio*.

Elle peut empêcher une petite princesse du pays bleu d'offenser l'amour.

Fantasio, pour se distraire un peu, a donc eu le caprice de revêtir la défroque du bouffon récemment défunt du roi de Bavière, et il s'est introduit dans le palais sous ce déguisement, le jour même où l'on attend la visite du prince de Mantoue, fiancé à la princesse Elsbeth. Il découvre bientôt qu'en acceptant ce prétendu, qui n'est qu'un sot, la pauvre petite princesse se sacrifie à la raison d'Etat. Il surprend deux larmes que la jeune fille laisse tomber en secret... Et, ici, je reviens à mon dire : « qu'il n'y avait pas de scènes à faire, ou qu'il ne fallait point qu'elles fussent faites ». Voudriez-vous par hasard que Fantasio se targuât lourdement de sa découverte, qu'il en parlât autrement que par allusions presque insensibles et par discrets apologues, qu'il déroulât à Elsbeth des phrases sur les droits sacrés du cœur, et qu'elle lui fit des objections, et qu'il y répondît? Ou bien voudriez-vous qu'il s'éprît pour la princesse d'un amour d'opéra-comique ? Ou voudriez-vous encore que la petite princesse ouvrît son cœur de jeune fille, soit au bouffon supposé, soit à l'étudiant bohème, ou que peut-être elle conçût pour lui une passion subite et désordonnée ? Dans quelle banalité et dans quelle convention glisserions-nous, dieux justes !

Décidément ce que Musset nous montre vaut mieux. Fantasio n'est point amoureux de la princesse ; seulement il aime encore l'amour, l'incorrigible qu'il est, et il ne veut point que cette jolie enfant soit contrainte de mentir à l'amour. Le lui dire en face, agir directement sur elle, il ne le saurait sans inconvenance, et d'ailleurs il irait ainsi contre son but.

Donc il ne dira rien, ou presque rien : il agira ; il
péchera à la ligne la perruque du prince de Mantoue :
c'est bien simple. — Et quant à Elsbeth, elle éprou-
vera (après un instant de dépit) un commencement
léger de sympathie pour Fantasio, parce qu'il est
après tout le seul homme du royaume qui ait deviné
son secret et que cela crée, entre elle et le faux
bouffon, une manière de muette complicité. Il s'y
joindra, plus tard, un sentiment de reconnaissance
pour l'homme qui l'a sauvée. Plus tard encore,
quand elle a connu qu'il n'est ni bossu, ni laid et
qu'elle a cru voir en lui le prince de Mantoue déguisé,
une nouvelle nuance de sympathie sortira de cette
méprise même... Comment dire cela ? Elle n'en
voudra pas trop à Fantasio d'avoir pu s'y mépren-
dre... Et enfin, parce qu'ils ont conversé de l'amour
en phrases énigmatiques et fuyantes, et parce qu'il
lui a épargné le malheur de trahir l'amour en épousant celui qu'elle n'aimait pas, il s'établira, entre la
petite princesse et l'étudiant, un lien singulier, mal
défini, très doux, non pas amour, mais autre chose
qu'amitié... Or, toutes ces nuances de sentiment ne
pouvaient qu'être indiquées et comme suggérées,
sous peine de se fausser, de perdre leur délicate
vérité ; nos deux personnages ne pouvaient être mis
sérieusement aux prises sans dire aussitôt plus qu'il
ne convenait ; bref, je le répète, il n'y avait pas de
« scènes à faire » ; et ce n'est peut-être pas du théâtre,
mais cela m'est bien égal.

Porte-Saint-Martin : *Le Voyage dans la lune*, féerie en quatre actes et vingt-deux tableaux, de MM. Vanloo, Leterrier et Mortier, musique d'Offenbach (reprise).

Après tout, il y a dans cette féerie deux ballets fort plaisants.

Le premier, c'est *Au clair de la terre*. Mais oui ! puisque nous sommes dans la lune. Le décor est une forêt d'orchidées, grandes comme des arbres. Et certes, dans cet astre du rêve, nulle végétation ne convenait mieux que l'orchidée, cette fleur inquiétante qui semble vivre de la vie des trois « règnes », cette fleur qui a des luisants de minéral, des étirements de tentacules, des morceaux de peau humaine, et comme des ulcères précieux.

Là évoluent des femmes-papillons et des femmes-fleurs, les unes chapeautées d'une large violette, les autres d'une rose ou d'un œillet, ou d'un bluet panaché ; toutes balançant de grandes feuilles vertes dans leurs mains. Et les figures du ballet expriment d'une façon très gracieuse et très claire les relations habituelles des papillons avec les fleurs. A un moment, les violettes s'asseyent en rang sur leurs derrières, modestement, et s'ombragent de leurs feuilles, comme d'humbles violettes qu'elles sont, ce pendant que des fleurs plus hardies, œillets et roses, debout ou grimpées sur des escabeaux, les dominent de leurs fronts charmants. Ces violettes, on les cuillerait.

Vers la fin de ce ballet, l'orbe de la terre monte à l'horizon, beaucoup plus grand, comme de juste, que n'est à nos yeux l'orbe de la lune. On distingue assez nettement les contours de l'Europe, de l'Asie et de l'Afrique. Et l'on est un peu troublé en songeant que, s'il y a dans la lune des êtres vivants, c'est certainement ainsi que notre planète leur apparaît ; car il n'y a qu'une Physique, comme il n'y a qu'une Géométrie et qu'une Mathématique ; et, partout où s'ouvrent des yeux, quelle que soit d'ailleurs la forme des êtres qui en sont pourvus, les yeux ne sont que des lentilles tapissées d'une plaque nerveuse et où les rayons lumineux se comportent selon des lois immuables...

L'autre ballet, c'est celui des *Hirondelles*. Un paysage boréal ; aiguilles de glace, rochers énormes ouatés de neige. Quatre hirondelles, — corselets de soie pâle, petits manchons, queues bifides de velours noir, — voltigent épeurées et frileuses, dans ce désert de givre. Des blocs neigeux encombrent le fond de la scène.

Lentement, ces blocs s'entr'ouvrent comme la neige sous la poussée des perce-neige, et laissent entrevoir des blancheurs et des roseurs mouvantes Et ce sont des femmes poudrées à frimas, aigrettes givrées et jupes de tulle ornées de boules de neige ; des femmes toutes blanches et toutes roses, et dont le rose paraît plus tendre, plus délicat, plus enfantin parmi tout ce blanc. Elles voltigent, d'abord un peu lentes et éparses, comme la neige dans un ciel calme. Puis elles se rapprochent entre elles, forment des rondes plus serrées, et tourbillonnent alors comme tourbillonnent les flocons de neige fouettés par le vent. Enfin le vent tombe, et tombent aussi, mollement, les femmes flocons, la nuque renversée sur leurs mains unies, horizontalement étagées autour du flocon central, qui s'appelle M{^lle} Enriu. Elles dorment : et le spectacle est exquis, car à ce moment-là les roseurs deviennent décidément féminines, et les blancheurs font songer à des blancheurs de draps et d'oreillers...

Ce ballet neigeux et rosissant (la neige rosit aussi aux lueurs du matin et du crépuscule) pourrait bien être, par la grâce et la simplicité parfaite de la conception et de l'exécution, un des chefs-d'œuvre du genre.

Le reste, il faut l'avouer, est de peu de prix. Vous

savez comme quoi, le prince Caprice ayant eu celui d'aller dans la lune, un canon de vingt lieues l'y envoie, avec son père, le roi Vlan, et son physicien, Microscope, dans un obus capitonné. Il s'agissait donc de nous montrer l'humanité de la lune. Ils se sont mis trois, Vanloo, Leterrier, Mortier, pour nous la peindre, en somme, assez faiblement.

A vrai dire, je ne sais pas bien au juste moi-même ce que peut être la race lunaire, si toutefois elle existe. Mais, attendu que la lune est un astre pâle, effacé, anémique, langoureux, qui verse le sommeil et les rêves, et à cause du rôle assoupissant et léthargique qu'elle a toujours joué dans les élégies des poètes terrestres, j'aurais volontiers placé, dans cet astre à demi mort, une humanité mélancolique, endormie, lente, torpide, silencieuse, revenue de tout, et d'une sagesse totalement nihiliste. La survenue brusque de trois Terriens vivaces et bruyants, épris de mouvement, pleins de désirs et de passions, parmi ce monde de larves paresseuses, eût pu avoir, semble-t-il, des effets assez divertissants. Ces trois enragés eussent paru, aux philosophes exsangues de ce pays des Limbes, prodigieusement ridicules et prodigieusement insupportables. Et peut-être que Caprice, Vlan et Microscope se fussent laissés gagner, peu à peu, à la bienfaisante torpeur de leurs hôtes involontaires (tel Ulysse chez les Lotophages) ; ou peut-être que, au contraire, les Lunaires indolents, galvanisés par ces Terriens agités et naïfs, se fussent ressouvenus du temps lointain où la lune battait le plein de son existence, eussent repris le goût de la vie, connu de nouveau le mal délicieux du désir, et, ne pouvant contenter dans leur astre refroidi ces besoins ressuscités, eussent émigré en masse, avec Vlan, Microscope et Caprice, sur la terre active et douloureuse, pour y vivre vraiment et pour y souffrir...

Cette histoire eût certes pu être contée. Mais, dame ! il eût fallu inventer des faits particuliers et significatifs, les détails d'une action dramatique. Et cela, je ne m'en charge pas : je m'y sens inhabile — comme la lune.

Qu'ont imaginé MM. Leterrier, Vanloo et Mortier ? Peu de chose, en vérité ; fort peu de chose. Ils ont eu quelques velléités de facile satire. Le métier de roi passe, dans la lune, pour le dernier des métiers. Le roi est élu « au poids » : c'est le plus gras qui gouverne. Le palais du roi est une maison de verre, à la lettre et sans métaphore : les habitants de la capitale surveillent en passant le roi Cosmos, et grognent quand ils le voient inactif. Le roi Cosmos révoque son ministre des finances parce que ses comptes ne sont jamais justes, ce fonctionnaire ayant la manie de remettre de l'argent dans les coffres de l'Etat. Enfin, dans le royaume de la lune, les enfants naissent pourvus de toutes les décorations : on les leur arrache à mesure qu'ils se distinguent par des actes méritoires... Tout ça, c'est des plaisanteries de conte philosophique, et de conte philosophique médiocre. Et c'est froid — comme la lune.

MM. Mortier, Leterrier et Vanloo ont eu, cependant, une idée assez heureuse. L'amour est ignoré dans la lune ; ou plutôt il est considéré comme une horrible et honteuse maladie. (Au fait, cette particularité conviendrait mieux à la planète Mercure.) Les honnêtes gens de la lune ne font point d'enfants ; il y a une province reculée où de très pauvres gens sont chargés d'en faire ; on leur en achète quand d'aventure on en désire. La femme lunaire n'est qu'une utilité, — elle fait le ménage et la soupe, — ou un ornement, un objet d'étagère. Mais on n'y touche pas. Il me semble que cela est d'une ironie ingénieuse d'avoir banni l'amour de l'astre cher aux amoureux.

Lors donc que le prince Caprice, s'étant épris de la fille du roi de la lune, lui déclare sa flamme, Fantasia n'y comprend rien de rien, le croit fou, et lui répond par le plus déconcertant des éclats de rire... Heureusement, Caprice a emporté de la terre et gardé dans ses chausses une pomme, la pomme d'Eve, notre chère et fragile aïeule.

Après y avoir mordu, il y fait mordre Fantasia, qui, les yeux de l'âme subitement dessillés, s'écrie, — ou à peu près : « Je vois, je sais, j'aime. » On la croit malade et folle ; on la sépare de son amoureux... Je n'ai pas à vous raconter où et comment, et après quelles traverses, les deux amants se rejoignent.

Cette jolie idée du microbe de l'amour importé dans la lune par les voyageurs terrestres, les auteurs n'en ont pas tiré grand'chose et l'ont traitée, je ne sais pourquoi, sans aucun agrément. A peine Offenbach lui-même a-t-il retrouvé ici deux ou trois notes de cette chanson charnelle qu'il a si aisément épanchée dans quelques-uns de ses autres ouvrages.

On pouvait espérer que le décorateur et le costumier seraient plus heureux que les musiciens et les librettistes. Mais les costumes et les décors du *Voyage dans la lune* sont une éclatante confirmation de cette vérité, que l'imagination n'est que la combinaison des souvenirs, qu'elle ne saurait les outrepasser de l'épaisseur d'un cheveu, et que, pauvres Terriens que nous sommes, nous ne saurions, même dans nos rêves, nous évader de la terre. Jambon, qui est pourtant un grand poète, n'a pas su reconstituer l'architecture du royaume de la lune. Ce qu'il nous a montré, c'est un composé polychrome et polymorphe des architectures arabe, persane, hindoue et babylonienne ; en somme, de très appétissantes pâtisseries montées. Mais rien de proprement lunaire dans tout cela.

Vous me direz : « Qu'est-ce qui est lunaire? Le savez-vous? » — Mon Dieu ! non ; mais, si l'on admet que la lune n'a pas d'atmosphère et que, par suite, les corps y sont beaucoup plus légers que chez nous, ne pouvait-on machiner une architecture qui parût asservie à des nécessités moins rigoureuses que celles qui oppriment et dépriment la nôtre ; construire des demeures plus aériennes, quelque chose qui ressemblât à de vastes volières juchées entre ciel et lune ? Et comme ces édifices s'épanouiraient très haut dans l'air et que, du sol, on en apercevrait malaisément le faîte, ne pouvait-on intervertir les habitudes de la « bâtisse » terrestre, faire pyramider, non plus sur les toits, mais au-dessous des planchers et de haut en bas, les flèches, clochers, dômes et minarets, et suspendre, dans les frises du théâtre, des architectures renversées ? Pourquoi pas ?

De même, je cherche en vain dans les costumes le caractère proprement lunatique ou seulement extraterrestre. En somme, tout l'effort des costumiers n'est allé qu'à revêtir le roi Cosmos et ses sujets des frusques du valet de pique ou du roi de carreau. Une seule tentative à noter : les soldats du roi de la lune portent des façons d'épaulettes pareilles à des brosses renversées, étroites et très longues, et qui agrandissent démesurément l'envergure de leurs épaules. J'ignore si c'est lunaire, mais je sais que c'est très vilain. Au surplus, du moment que les habitants de la lune sont représentés par de misérables hommes comme vous et moi, il était tout à fait impossible de les affubler d'un costume qui ne fût pas tout bonnement humain ; et, comme vous savez, en dépit des variétés superficielles de coupes et de fanfreluches, l'habillement humain se ramène à deux grands systèmes, sans plus : celui des draperies et celui des culottes. La forme même du corps limite d'avance, et très étroitement, les imaginations du costumier, et l'enclôt dans un cercle prévu de combinaisons.

Il me semble qu'ici c'est par la couleur des habillements, non par leur coupe et leur figure, qu'on pouvait donner aux spectateurs une impression quelque peu lunaire. J'aurais voulu des nuances pâles, effacées, morbides, défaillantes, mourantes, qui eussent exprimé la langueur de l'astre des nuits. Je ne me dissimule point, du reste, que l'idée de cette langueur eût encore été chose humaine et terrienne, et que la mélancolie de la lune n'existe qu'en nous...

Bref, nous n'inventons que ce que nous avons senti et perçu, et nous ne sentons et ne percevons que ce qui est de la terre. Le vieil axiome : *Nihil est in intellectu quod non prius fuerit in sensu* (joignez-y, si vous voulez, ce corollaire : *Nihil est in sensu terrenorum quod non sit terræ*), voilà le mur de prison où nous nous heurterons éternellement.

Si nous ne pouvons imaginer, comme le démontre la féerie de la Porte-Saint-Martin, ni un site, ni une architecture, ni un costume qui ne soit terrestre, c'est que nous sommes incapables aussi de concevoir un autre mode de vie que le nôtre. M. Camille Flammarion, le lyrique astronome, n'a su lui-même en venir à bout, malgré de louables efforts, dans son livre d'*Uranie*. Il nous montre un soleil bleu, un soleil vert, un soleil orangé. A la bonne heure ! Le jaune, le vert et le bleu sont compris dans la partie du spectre solaire perceptible à nos yeux humains, et nous-mêmes nous créons à volonté, par le moyen des feux de Bengale, des paysages bleus, verts, orangés et rouges. Mais les couleurs qui sont au delà du violet foncé, est-ce M. Flammarion qui nous les révélera ?

Dans une des planètes qu'il nous décrit, les habitants ont des ailes et n'ont pas de jambes, sont pareils à de grandes libellules et font, en volant, une suave musique. « Leurs yeux sont supérieurs à nos meilleurs télescopes, et leur système nerveux vibre au passage d'une comète et découvre électriquement des faits que nous ne connaîtrons jamais sur la terre. » De plus, ils sont « androgynes ». Là, les plantes ne sont ni des arbres ni des fleurs. Que sont-elles donc ? Elles élèvent de frêles « tiges » à d'énormes hauteurs, et ces tiges portent de larges coupes en forme de « tulipes ». — Sur un autre globe, les habitants perçoivent les opérations physico-chimiques qui s'accomplissent à l'intérieur de leur corps. — Ailleurs, ils peuvent faire entre eux l'échange de leurs corps. — Ailleurs, ils ont un « sixième sens », en vertu duquel leur pensée se communique au dehors, sans l'aide de la parole, et « peut se lire sur un organe qui occupe à peu près la place de notre front ». — Ailleurs, ils expriment leurs sentiments par la couleur de leurs corps, comme des vers luisants très perfectionnés. « Le sexe fort brûle d'une flamme rouge plus ou moins ardente, et le sexe gracieux d'une flamme bleuâtre, parfois pâle et discrète. » — Ailleurs... mais est-ce que cela vous intéresse beaucoup ?

Tout cela revient à dire : ailleurs les arbres sont bleus ou rouges, et plus grands que chez nous, mais enfin ce sont des arbres ; ailleurs, les hommes ont des ailes, comme les insectes ou les oiseaux de chez nous ; ailleurs, les sens sont plus délicats ou plus puissants que les nôtres, mais ce sont là encore les sens de chez nous. Le « sixième sens », celui qui inscrit la pensée sur le front, implique seulement, chez ceux qui savent la lire, un développement extraordinaire du sens de la vue ou du toucher. Bref, ailleurs c'est mieux que chez nous ; mais, au fond, c'est comme chez nous.

Et même, est-ce mieux que chez nous ? Ce « mieux » auquel nous aspirons vaguement, sommes-nous réellement capables de le concevoir ? M. Sully Prudhomme y a magnifiquement échoué dans son poème du *Bonheur*, si profondément triste. Ce rêve du mieux, M. Flammarion l'a fait à son tour et l'a placé dans la planète Mars. Les Martiens sont plus savants que nous. Ils ont exploré une plus grande partie de l'univers. Ils ont pu, par exemple, au moyen de la téléphotographie, prendre des « vues » détaillées de ce qui se passe dans les autres planètes du système solaire. En quoi sont-ils plus heureux, puisque en tout cas ils ne sauraient avoir la connaissance totale? M. Renan est-il plus heureux que le philosophe Confucius ? ou M. Flammarion que l'astronome Ptolémée ? — Chez les Martiens, « la nature semble obéir à la pensée ; l'architecte qui veut élever un édifice, l'ingénieur qui veut modifier la surface du sol, ne se heurtent point comme ici aux difficultés matérielles ». — Pauvres gens, qui ne connaissent pas l'effort ! — Ils ignorent « l'âpre désir de la fortune, l'ambition politique et l'amour ». — Pauvres gens, qui ne connaissent pas les passions ! — Chez eux, le sexe féminin est supérieur à l'autre, et ce sont les femmes qui « régissent le monde ». — Ce sont donc les hommes qui sont à plaindre.

Toutes ces fantaisies n'ont rien d'extrahumain, puisqu'elles consistent soit à perfectionner en pensée ce qui est humain, soit à en prendre le contre-pied. Mais, en outre, je ne la trouve point si gaie, cette humanité composée uniquement de philosophes et de membres de l'Académie des Sciences ou du Bureau des longitudes.

Et vous ?

Du moins, les Martiens sont-ils plus beaux que nous ? — Ils sont moins pesants ; ils ne mangent pas, « l'atmosphère étant nutritive » ; ils ont des bras, des jambes — et des ailes... — Mais, s'ils ne mangent point, ils n'ont pas d'estomac, ils n'ont point d'entrailles : donc, ils n'ont point de buste ni de torse, ou à peine. Et, comme leur système musculaire doit être plus parfait que le nôtre et, par suite, être beaucoup plus simple et offrir un moindre volume, ce ne sont donc que des têtes montées sur deux ailes et quatre longs membres décharnés. Vous les figurez-vous ? Pensez-vous qu'ils soient très jolis ? Auriez-vous envie de caresser leurs femmes ?

Il n'y a pas à dire, ces formes viles et lourdes de nos misérables corps, vêtements d'organes grossiers et qu'un mode d'existence supérieur rendrait peut-être inutiles, nous y sommes incurablement habitués. Voilà trop de siècles que ces formes nous ravissent par leur adaptation parfaite à un mode de vie, imparfait sans doute, mais qui est le seul que nous connaissions ; et toujours cette adaptation sera pour nous la beauté. Le pli est pris, rien à faire

La vérité, c'est que, en combinant notre organisme avec celui de certaines plantes et de certains animaux, et en supposant portés au dernier degré de perfection des sens et des facultés que nous possédons déjà, nous arrivons à concevoir des formes vivantes assujetties à moins de nécessités que les corps où nous sommes captifs : mais ces formes rêvées, nous ne les aimons pas, nous ne désirons même pas qu'elles existent. Au fond, c'est d'hommes semblables à nous que notre songerie peuple les planètes. Si les habitants des autres mondes diffèrent de nous essentiellement, nous n'avons et ne pouvons avoir aucune envie de lier connaissance avec eux. Et il y a plus : nous ne les envions pas. Jamais une espèce n'a envié la forme d'une autre espèce. Un crapaud se trouve très bien comme il est. Et, dans la même espèce, jamais un individu, à moins d'être infirme et contrefait, n'a envié la peau d'un autre individu. Cela est ainsi. Cette complaisance fatale de chaque être dans sa forme est la condition de sa persistance dans cette forme, et cette persistance de chaque être en particulier est la condition même de la persistance de la vie universelle. Si l'humanité était sérieusement troublée par l'idée de la beauté des Martiens, elle n'aurait plus de cœur à vivre. Notre profonde insouciance touchant la vie hypothétique des autres planètes fait partie de l'instinct de conservation de la planète Terre.

Palais-Royal : *Les Maris d'une divorcée*, comédie en trois actes, de MM. Hippolyte Raymond et Jules de Gastyne.

4 Avril 1892.

Le premier acte des *Maris d'une divorcée* m'a plu par un comique bon enfant, épais comme du mortier.

Nous sommes à Chartres, et en pleine petite bourgeoisie chartraine et beauceronne. Mme Claire, une bonne pâte de petite femme, a été giflée par son mari, l'architecte Durosier, qui est pourtant une bonne pâte d'homme. Elle a divorcé. Et elle vient d'épouser, le matin même, M. Paul Brémond, médecin.

Le sujet de la comédie de MM. Raymond et de Gastyne, c'est d'abord l'obsession de la femme et du second mari par le souvenir du premier ; et c'est ensuite le retour de la femme à ce premier mari, étant donné, d'ailleurs, qu'elle n'a pas eu à se plaindre de lui bien sérieusement , qu'elle l'a aimé ou à peu près, que la gifle a été regrettée aussitôt que partie, et le divorce demandé dans un moment de colère.

L'architecte Durosier était un bon vivant, tout simple et tout rond. Il avait pour amis intimes et pour commensaux habituels des bonshommes de même force et de même trempe que lui : l'ancien marchand de chevaux Pommereau, goinfre et jovial ; les Chamouillet, bonnetiers retirés, parfaitement abrutis, et leur fils Oscar, un loustic qui a des talents de société, qui imite tous les instruments de musique et qui débite les monologues que compose ce farceur de Durosier. Il y en a un surtout : *le Canard aux petits pois !...* « Non, affirme Pommereau, je n'ai jamais tant ri de ma vie. »

Pommereau et les Chamouillet ont vu d'un mauvais œil le divorce et le second mariage de leur amie Mme Claire. Cela les dérange dans leurs plus vieilles et plus chères habitudes. Oh ! la cave de Durosier ! les bons dîners qu'on faisait chez lui ! et les bonnes soirées entre soi, à ventre déboutonné, passées à conter des histoires grasses, que l'on gazait à cause des dames, à entendre cet animal de fils Chamouillet simuler tous les bruits de la création, et à entonner en chœur le refrain du *Canard aux petits pois !...*

Déjà ils sont venus s'informer auprès de la bonne. Qu'est-ce que c'est que ce Brémond, le nouveau mari ? Sans doute quelque pince-bec ! Quelque faiseur d'embarras ! Enfin, on verra bien. Et, M. et Mme Brémond à peine débarqués au domicile conjugal, voilà Pommereau et les Chamouillet qui arrivent, qui s'invitent à dîner sans façon, qui s'installent, — comme du temps de Durosier.

Brémond, qui est, en effet, une espèce de sécot, les accueille froidement. Mais qu'est-ce que ça leur fait ? Ils sont chez eux, n'est-ce pas ? On se met à table. Ils rappellent les belles mangeailles d'autrefois : c'était le bon temps. Ils ne parlent que de ce brave Durosier. Ils persistent à appeler Claire Mme Durosier, et Brémond M. Durosier ; tant que Brémond, ahuri, finit par appeler lui-même sa femme « Mme Durosier ».

Survient, au dessert, le fils Chamouillet, habillé en Pierrot (il doit aller, ce soir-là, dire un monologue chez des amis). Il est très gai, oh ! oui. Il saisit une chaise et en tire des sons de violoncelle. Voilà un garçon avec qui on ne s'ennuie pas ! On se raconte d'anciennes farces de cet animal d'Oscar : on se tord ; le marchand de chevaux en donne des coups de poing sur la table ; le bonnetier glousse, ce qui est sa façon de rire, et Mme Chamouillet dégrafe son corsage...

J'ai trouvé tout ça très cordial, très rafraîchissant. C'est du bon Paul de Kock. Il y a certainement un de mes « moi », — nous en avons tous plusieurs, — qui est de plain-pied avec cette gaieté-là. C'est, avec toute son ingénuité, la gaieté française dans les couches moyennes : un peu de blague très élémentaire et très grosse ; pas mal de grivoiserie, — c'est le fond de l'esprit national, — et surtout une grande joie animale de vivre. Cette expansion bruyante et inepte ne se conçoit guère qu'autour d'une table, et plutôt après dîner, dans l'échauffement des vins et la fumée des pipes. Je sens qu'il ne me serait ni impossible, ni désagréable d'y prendre part. Oh ! les plaisanteries massives, les rires renversés, les bouches fendues jusqu'aux oreilles et ouvertes jusqu'au cœur ! Il y a, — ne faites pas attention à la contrariété des mots, — dans cette lourdeur de gaieté un allègement, un affranchissement de l'effort de penser, j'entends pour ceux qui croient qu'ils pensent. Je me suis souvent transporté avec délices dans la « salle » de la mère Le François pour y converser avec Binet, Homais et Bournisien. Je me vois très bien au grand dîner des Coupeau ; je m'y serais assurément amusé ; je veux dire que j'y aurais goûté un autre plaisir encore que celui de spectateur et d'observateur. — Puis, pour en revenir aux *Maris d'une divorcée*, ces imbéciles ne sont point de mauvaises gens. Cette brute de marchand de chevaux doit avoir des magnanimités d'ivrogne. Les Chamouillet n'ont certainement ni tué, — ni volé, sinon sous les formes que les habitudes du commerce autorisent. Il est visible qu'ils ont tous les préjugés convenables, — sans

savoir pourquoi. Ils seront sans pitié pour Madame
une telle, « qui a fait parler d'elle ». Mais ils sont
bons époux, bon père et bonne mère. Si leur idiot
de fils tournait mal, ils seraient capables de se mettre
sur la paille par amour-propre et « à cause de ce que le
monde dira » ; et, comme ils sont avares, ils en mourraient, mais ils mourraient confessés. Il y a pire qu'eux
de par le monde. Et qu'est-ce qui n'a pas des Chamouillet dans sa famille ou dans ses connaissances ?
Il faut aimer, — surtout quand, ayant dîné, elle
vaut un peu mieux pour une heure, — l'humanité
moyenne, l'humanité banale et triviale, tout simplement parce que c'est presque toute l'humanité.

HENRI MEILHAC

Variétés : *Brevet supérieur,* comédie en trois actes, de M. Henri Meilhac.

19 Avril 1892.

Il y a, dans *Brevet supérieur*, une scène neuve ce semble, et très vraie, d'une franchise charmante d'une vigueur élégante et souple ; une scène égale, enfin, aux plus jolies que M. Meilhac ait écrites.

Un jeune gentilhomme, beau garçon, très riche, aime une jeune fille de la petite bourgeoisie et est aimé d'elle. Il ne peut l'épouser ; mais, avec de gentilles et tendres façons, il lui demande d'être sa maîtresse et lui offre un petit hôtel et beaucoup d'argent...

En de telles circonstances, que fait généralement la jeune fille, du moins au théâtre ?

Si elle est honnête, elle crie : « Sortez, Monsieur ! » et s'en tient là. Ou bien si, étant honnête, elle est encore plus amoureuse, il peut arriver qu'elle finisse par tomber, en sanglotant, dans les bras du séducteur.

Si c'est une gourgandine, elle est rouée ou elle est franche. Si elle est rouée, elle paraît, en cédant, succomber à une amorce plus forte qu'elle, et elle fait des phrases sentimentales. Si elle est franche, elle cède sans phrases et dit simplement : « Tope là ! »

Aucune de ces quatre « manières » n'est celle de Mlle Cécile Leguerrouic.

Mlle Cécile Leguerrouic est fille d'un relieur du quartier du Jardin-des-Plantes. Elle est jolie, intelligente, vive, sincère et bonne. Elle prépare son « brevet supérieur » pour être institutrice, et elle sait que ce qu'elle peut attendre de mieux, c'est d'épouser quelque petit bourgeois, modeste commerçant ou professeur. Elle s'y résigne aisément. Elle est profondément honnête. Ce n'est point que son honnêteté repose sur de fortes croyances. Non ; elle a fait sa première communion, mais elle a cessé de bonne heure les pratiques religieuses. Sa vertu est faite moitié de raison et moitié d'un instinct hérité, car elle est fille de braves gens.

Mais, d'autre part, elle est fille de Paris. Elle a des yeux qui savent voir, peu d'ignorance, pas beaucoup d'illusions pour son âge. Puis elle sait se parer, elle a des sens délicats, l'intelligence et le goût des élégances de la vie. Elle a conscience d'être une créature assez fine, à qui la vie de luxe conviendrait parfaitement...

En attendant, — car elle est, comme j'ai dit, très raisonnable et point romanesque, — elle aime de tout son cœur un ouvrier relieur qui travaille chez son père et qui est un brave et joli garçon, et « distingué », malgré la modestie de sa condition. Elle s'étonne seulement qu'il se presse si peu de lui parler mariage, et que même il se dérobe toutes les fois qu'elle essaye de l'y amener.

Or, cet ouvrier relieur n'est autre que le comte Albert de La Rochebardière, qui, ayant un jour rencontré Cécile au Jardin des Plantes et l'ayant soudainement aimée, n'a trouvé d'autre moyen, pour se rapprocher d'elle, que d'entrer, comme apprenti et comme employé, chez le bonhomme Leguerrouic. Il semble que M. Meilhac ait un faible de plus en plus marqué pour la grâce de ces vieux artifices traditionnels. Déjà, dans *l'Ingénue*, il avait accommodé à la moderne l'intrigue classique de *l'Amour peintre* et de *l'Amour médecin*. Ici, c'est *l'Amour relieur*. *Brevet supérieur* appartient à la même poétique, — observation aiguë des mœurs contemporaines dans une fable agréablement surannée, — que *la Veuve* ou que *la Cigale*.

Cécile apprend un soir le vrai nom et la vraie condition de son amoureux, et comprend tout de suite pourquoi il s'est montré si discret sur le chapitre du mariage. Et tout d'abord elle se comporte comme l'honnête fille n° 1 (voir plus haut) : « Sortez, Monsieur ! » Mais le petit comte Albert ne veut pas s'en aller. Oh ! il ne se donne pas la peine de mentir ; il ne dit point à Cécile qu'il l'épousera, car ce n'est pas encore, à ce moment-là, son intention. Et cette franchise me paraît assez d'aujourd'hui. Je crois en effet remarquer, dans les choses de l'amour, dans les relations galantes des hommes et des femmes, une tendance à jouer plus franc jeu, à se passer des vieux mensonges convenus, trucs débinés et qui ne trompent plus personne. (Voyez le roman de Jacques du Tillet : *De nos jours...*) Donc le petit comte *avoue*. Il avoue franchement, — et tendrement : « Je vous aime... et là ! pour de bon. Mais, entre la femme et la maîtresse, est-ce qu'il n'y a pas une quantité de nuances et de situations intermédiaires ? » Cécile vivrait, parfaitement libre, dans un hôtel bien capitonné. Lui, n'aurait pour elle que tendresse et respect ; ils resteraient fidèles l'un à l'autre ; ils s'aimeraient bien, et pour toujours. Ne serait-ce pas gentil ? « Et tenez, je suis sûr que papa serait ravi de venir nous demander à dîner de temps en temps. » Et, reprenant avec un accent plus sérieux, — oui, plus sérieux, — les arguments du petit vicomte de Champ-d'Azur au premier acte du *Mari de la débutante*, il explique que la femme ne vaut tout son prix que dans un cadre de richesse, qu'il lui faut des robes, des bijoux, toutes sortes de menues délicatesses autour d'elle, et que cela, du reste, n'exclut point l'amour, ni la sincérité et la bonté du cœur... Qu'y a-t-il donc, dans ce rêve, de vilain ou de désobligeant pour elle? Qu'y a-t-il même de défendu ?

Il plaide très bien, le brigand. C'est qu'il exprime, en somme, la pensée de l'auteur de la pièce. Parcourez le théâtre de M. Meilhac : vous verrez que son idéal, et surtout depuis qu'il écrit seul, c'est bien la femme de luxe, la petite courtisane gentille et aimante ou la femme du monde un tout petit peu courtisane ; c'est l'amour sensuel dans un décor d'élégance parisienne, avec de l'esprit, et, parfois, l'attendrissement d'une sentimentalité légère... Oui, M. Meilhac est bien, et plus encore qu'on ne croit, un des « poètes » par qui la tradition du dix-huitième siècle s'est prolongée ou renouvelée dans le nôtre...

Cécile frémit sous les exquises paroles tentatrices, et elle a subitement, à son tour, un accès de franchise tout à fait piquante, — et presque émouvante à la fois. « Oh ! dit-elle, c'est mal ce que vous faites là. Car, les choses dont vous parlez, vous savez bien que, au fond, je meurs d'envie de les avoir ; et c'est pour cela que je ne veux jamais y songer... » Fiévreuse, elle dit son secret, son rêve féminin. Et elle ajoute avec un accent qui nous a remués et qui nous a même rendus graves un instant, — comme il arrive toutes les fois qu'un auteur va jusqu'au bout d'une vérité : «... Eh bien, non ! je ne veux pas, je ne veux pas... Mais, par exemple, je serais bien embarrassée de dire pourquoi ! »

Et ce n'est pas non plus M. Meilhac qui nous le dira. Comme tout à l'heure de La Rochebardière,

Cécile se trouve exprimer ici la pensée même de M. Meilhac... Un très doux et ironique nihilisme épicurien, voilà (rappelez-vous *la Petite Marquise*, rappelez-vous *Gotte, Décoré, Ma Cousine*) le vrai fond de son délicieux théâtre, ultime fleur de civilisation voluptueuse.

Cécile ne cède point, bien qu'elle ignore pourquoi elle résiste. Toutefois elle croit découvrir, un peu après, que c'est parce qu'elle aime son bonhomme de père. Enfin ! c'est du moins une raison provisoire. Pour être plus sûre de ne pas faillir, elle promet brusquement sa main au ridicule professeur Montcrampin, un de ses examinateurs. Heureusement, le jour même de l'examen, La Rochebardière, de plus en plus amoureux, relance Cécile « pour le bon motif ». Et elle tombe dans les bras de son ami devant la table au tapis vert et le tableau noir où elle vient de démontrer victorieusement le théorème du carré de l'hypoténuse.

Vous voyez que le « brevet supérieur » n'est rien de plus, dans cette comédie, qu'un moyen dramatique, et qu'il n'y faut chercher rien d'analogue à l'étude que M. Eugène Brieux tentait dernièrement dans *Blanchette*. Ce que M. Meilhac a voulu nous montrer, c'est seulement un type de jeune fille de la petite bourgeoisie parisienne. La peinture est vivante et vraie à ravir.

A côté de Cécile, une autre silhouette de jeune fille, à peine esquissée, mais d'un trait si juste !

C'est Mlle Esther de Nucingen, très riche fille de banquier israélite, qui prépare, elle aussi, son « brevet supérieur », que Cécile a connue à je ne sais quel « cours », et qui est devenue son amie. Esther a rencontré, l'autre hiver, dans un bal, le comte de La Rochebardière et en est devenue amoureuse un brin. Ce n'est guère ; mais Esther sait bien que l'amour ne lui est pas permis, à elle, et que les filles de la haute banque se marient comme jadis les princesses du sang. Elle sait qu'elle est destinée à un Grümenthal, de la maison Grümenthal de Genève ; qu'on lui dira un jour qu'elle doit l'épouser « fin courant », et qu'elle l'épousera, bien qu'il soit laid et bête, et qu'il ne lui en fera pas moins une douzaine d'enfants... Elle dit cela avec une résignation comique, une sorte de mélancolie espiègle. Et c'est elle, la pauvre petite archi-millionnaire, qui décide enfin La Rochebardière à épouser son amie.

Le reste, et notamment le dernier acte, est du Meilhac courant, un peu improvisé et hâté ; c'est-à-dire quelque chose de fort agréable encore. La scène, d'ailleurs purement épisodique, où le digne professeur Montcrampin retrouve son sémillant collègue Frangipan qui fut, il y a vingt-cinq ans, l'amant de la belle Mme Montcrampin ; l'évidente bonne foi avec laquelle l'ancien séducteur dit au mari : « Voyons, qu'est-ce que ça te fait, puisqu'il y a vingt-cinq ans ? » et l'effort visible du mari pour paraître indigné, car il croit l'indignation convenable en pareille occurrence... tout cela est plaisant. Mais enfin, on soupçonne, çà et là, que la pièce a été faite parce qu'elle était promise et parce qu' « il fallait la faire » ; qu'elle a été faite uniquement en vue d'une comédienne et pour une date fixée d'avance. On y relèverait, si on voulait, des traces de « fabrication », des endroits où l'on sent que « le cœur n'y est pas ». Surtout il ne semble pas que l'auteur se soit amusé le premier, comme il avait coutume autrefois, aux parties bouffonnes de son ouvrage. On jurerait qu'il est absent, si l'on peut dire, de son troisième acte. Cette absence n'a, au fond, rien de surprenant. La philosophie qui se dégage de l'ensemble du théâtre de MM. Meilhac et Halévy, est de celles qui s'attendrissent et se mélancolisent nécessairement avec les années. Secrètement, l'auteur de *la Petite Marquise* tourne au sentimental. Il y avait déjà des marques de cela dans *Décoré* et dans *Margot ;* s'il ne donne dans l'amer (et je ne crois pas que ce soit là sa pente), M. Meilhac donnera dans le tendre. Je ne serais pas étonné que sa prochaine comédie fût une œuvre de pur sentiment, et peut-être de romanesque sincèrement ingénu, — toujours, bien entendu, avec le fond d'ironie qui lui est propre, mais une ironie de plus en plus en sourdine, qui désormais ne s'exprimerait qu'à regret, et qui ne serait qu'un reste de peur, à peine avouée, d'être dupe...

GEORGES FEYDEAU

Palais-Royal : *Monsieur chasse*, comédie en trois actes, de M. Georges Feydeau.

2 Mai 1892.

Monsieur chasse est une bouffonnerie si heureuse et si belle, si évidemment conçue dans la joie, si purement et si follement gaie, et qui vaut tellement par quelque chose d'inanalysable, qu'essayer de la raconter, ce serait lui faire tort. Vous ne soupçonneriez même pas comment et par quoi elle a pu nous plaire, ou plutôt nous bousculer et nous rouler, comme de simples galets, dans un flot de gaieté déferlante.

Un mari qui, sous prétexte de chasse, court à un rendez-vous galant ; une femme qui veut se venger de la trahison de ce mari en acceptant le rendez-vous d'un amoureux ; les deux rendez-vous amenant, comme par hasard, les deux couples irréguliers dans la même maison, où ils sont dérangés par un troisième rendez-vous qui se trompe d'étage et par un commissaire de police qui se trompe de porte ; des hommes qui errent en caleçon ; le pantalon de l'amoureux enfilé par le mari, et, finalement, le mari pincé par la police en place de l'amoureux ; en sorte que la petite femme, qui d'ailleurs n'a pas eu le temps de succomber, a le droit, au troisième acte, de faire une scène à son volage époux avant de lui pardonner généreusement... oui, tout cela n'est qu'un vaudeville. Mais, d'abord, la pièce est si bien faite, — M. Feydeau ayant consenti pour la première fois à ne pas improviser ; — le mécanisme en est si exact et si précis; ces surprises et ces rencontres de gens qui ne voudraient pas se rencontrer sont si savamment ménagées ; elles viennent si à point, et cela, dans les conditions les plus propres à provoquer, chez les fantoches ainsi heurtés, le *maximun* d'ahurissement ; elles se compliquent et s'embrouillent si bien l'une par l'autre ; elles suivent, dans leur succession vertigineuse, un *crescendo* si vainqueur d'équivoque imprévue et de péril comique ; et, d'autre part, la joie de l'auteur est si grande, on le sent, de faire s'entre-croiser et s'entre-choquer ses marionnettes, et, dans les moments où il reste un peu de place pour le dialogue, il leur prête des discours si spontanément et abondamment drôlatiques, que, si ce méli-mélo de rendez-vous, ce jeu de cache-cache, ces échanges de culottes et cette débandade de pantins vous font d'avance l'effet de quelque chose de « déjà vu », je vous préviens que vous vous trompez, que vous ne les avez pas vus encore, bien qu'on vous les ait montrés quelques centaines de fois, et qu'il faut donc aller les voir.

Et pourtant il n'y a rien de plus que ce que je vous ai dit : *Monsieur chasse* est un vaudeville très bien fait, et *Monsieur chasse* est un vaudeville vraiment gai ; c'est tout. Mais si, de ces deux causes de l'immense succès de M. Georges Feydeau, la première est claire, et s'il est aisé de s'en rendre compte, la seconde, voyez-vous, est un grand mystère. Nul, et pas même l'auteur, ne pouvait savoir, avant l'épreuve, si *Monsieur chasse* nous ferait rire ou bâiller. Il y a de l'indéfinissable dans ce qui nous communique ce spasme bizarre, — et assez vilain, — qu'on appelle le rire, comme il y en a aussi dans ce qui nous donne cette impression de froid que vous savez à la racine des cheveux. Comme le sublime, le bouffon échappe aux formules et aux prévisions. Est bouffon et sublime, en dernière analyse, ce qui a paru être tel à des hommes assemblés. Dans ces deux ordres extrêmes d'interprétation des choses, l'auteur ne sait pas bien ce qu'il fait. Il ne peut qu'écouter tout bêtement son « génie ». Ce grand mot, pris dans son sens exact, lequel est, d'ailleurs, plus modeste qu'on ne pense, est le seul qui convienne également en l'un et en l'autre cas. Et nous, tout ce que nous pouvons dire, maintenant que nous avons ri, c'est qu'il y avait, dans le vaudeville de

M. Georges Feydeau, une alacrité et une jeunesse de verve, une abondance aisée et pressée d'idées bouffonnes, une joie et comme une griserie d'inventions burlesques qui, apparemment, devaient nous faire rire. Nous aurions pu ne pas rire. Mais nous avons ri. Tout est là. La définition du bouffon reviendra toujours à celle de l'opium : *desopilat quia habet in se vim desopilantem.*

Je dois dire qu'il y a toute une partie de *Monsieur chasse*, — la première moitié du second acte, — dont l'effet est moins mystérieux, et qui se rapproche fort gentiment de la comédie d'observation. Nous vivons dans des temps où le Palais-Royal lui-même semble donner, touchant les choses de l'amour, des marques de désenchantement ; où les amours pour rire et les adultères vaudevillesques se trouvent empêchés par autre chose encore que des survenues de maris ou des intrusions de commissaires : par quelque chose que les amants portent en eux et qui coupe subitement leur entrain. C'était pourtant dans les meilleures dispositions qu'elle venait au rendez-vous, la petite Mme Duchotel ; et son amoureux, le médecin Moricet, est un fort aimable garçon. Mais, au bout de cinq minutes, c'est plus fort qu'elle, elle voudrait bien s'en aller, et elle ne reste que par « devoir ». Car ces préparatifs de Moricet, ces gestes, ces discours de l'amant... c'est drôle... elle a déjà entendu cela. Où et quand? Tout simplement chez elle, la première nuit de ses noces. Au fond,

Moricet, c'est encore Duchotel, sauf des nuances négligeables... C'est la même nuit qui recommence, aussi niaise, aussi gênée, avec le plaisir de la découverte en moins. Alors à quoi bon ? Elle hésite, elle voudrait bien gagner du temps. Et, devant cette indifférence, Moricet paraît n'insister que pour la forme. Lui aussi sait trop que c'est toujours la même chose, et qu'une femme ou une autre... Et c'est pourquoi, quand la concierge, Mme Latour du Nord, une comtesse qui a eu de; malheurs, fait observer à Mme Duchotel qu'il n'est pas si sûr que « monsieur chasse » et que ce n'est peut-être bien là qu'un truc de mari qui se méfie, on ne sait si la petite femme n'en éprouve pas, au fond, plus de soulagement encore que de terreur. Car, du moins, elle a maintenant une excellente raison de se dispenser des « joies » de l'adultère..

EMILE ZOLA

Matinée du Vaudeville : Reprise de *Thérèse Raquin*, drame en quatre actes, de M. Emile Zola.

23 Mai 1892.

Je puis parler librement de *Thérèse Raquin* sans faire tort à « la Pouponnière », puisque la fête est passée. Elle avait été organisée par Mme Georges Charpentier avec le plus intelligent et le plus actif dévouement. Et, en somme, elle a parfaitement réussi. Ce fut un spectacle curieux. On a beaucoup applaudi : on le devait. En réalité, l'impression produite par la représentation de cette pièce, que quelques-uns nous donnaient pour un des ouvrages les plus originaux de M. Zola et pour un des chefs-d'œuvre du théâtre contemporain, a été mêlée et douteuse.

Peut-être n'est-il pas inutile de vous rappeler le sujet. Il est d'une extrême simplicité. C'est une tragédie de meurtre conjugal et de remords aboutissant au suicide, dans un milieu de petite bourgeoisie.

Thérèse, une fille de tempérament trop chaud, a épousé son cousin Camille Raquin, un tout petit mercier chétif et malingre. Elle a pris pour amant un ami de son mari, un beau gars, Laurent, employé dans un ministère et peintre amateur à ses moments perdus. Le mari les gêne ; l'idée leur vient de s'en débarrasser. Et c'est le premier acte.

Donc, ils ont noyé Camille pendant une partie de canot, en Seine. Voilà un an de cela. La mère Raquin, qui vit avec eux, est inconsolable de la mort de son fils. Toutefois, un ami de la maison fait entendre à la bonne femme qu'il serait bon que Thérèse se remariât avec l'ami Laurent. Les deux complices accueillent ce projet, après un semblant de résistance. Le mariage est décidé. C'est le deuxième acte.

Le troisième acte, c'est la nuit de noces de Laurent et de Thérèse. Ils ont peur, horriblement peur. Ils essayent de parler de choses indifférentes, mais tout leur rappelle l'assassiné ; l'image du cadavre surgit dans leur mémoire à chaque phrase qu'ils prononcent. Ils ne peuvent plus parler que de lui. En vain Laurent s'excite, veut serrer Thérèse dans ses bras ; il la sent toute froide, et elle le sent glacé. « Nous avons tué l'amour », dit-elle, comme Macbeth disait : « J'ai tué le sommeil. » Dans une terreur hallucinée, ils voient remuer et vivre le portrait du mort, accroché près du lit. Ce portrait, Laurent l'arrache de la muraille, mais son épouvante est si forte qu'il roule sur le plancher, tout contre Thérèse écroulée. La mère Raquin, attirée par le bruit, voit et devine, ouvre la bouche pour crier : « Assassins ! » et s'abat dans un fauteuil, prise tout à coup de paralysie générale.

Toute la vie de la vieille paralytique s'est réfugiée dans ses yeux. Les assassins sentent sur eux, à toute heure, ce regard effrayant qui les accuse. A un moment, la malade peut remuer les doigts ; elle parvient, en présence de deux familiers de la maison, à tracer sur la table ces mots : « Thérèse et Laurent ont... » Mais sa main retombe avant qu'elle ait achevé. Les amis partis, Laurent et Thérèse, dans l'affolement de leur remords, s'accusent mutuellement du crime, se vomissent leur haine au visage, ce pendant que les yeux de la paralytique flambent d'une joie de vengeance assouvie. Et Laurent s'aperçoit que Thérèse a pris un couteau sur la table ; et Thérèse surprend Laurent en train de lui verser du poison dans son verre ; et la paralytique jubile effroyablement. Exaspéré par cette jubilation muette, Laurent se jette sur la vieille femme pour l'étrangler : mais il recule devant son regard de spectre. Soudain, la malade recouvre la parole et crie leur fait aux deux assassins, qui se dépêchent alors de s'empoisonner avec de l'acide prussique. « Ah ! dit la mère Raquin penchée sur leurs corps, ils sont morts bien vite ! »

L'auteur a voulu renforcer l'effet de sa pièce par

deux contrastes. D'abord, il a eu soin de faire traverser la scène, — avec une régularité un peu impitoyable, — par deux joueurs de dominos imbéciles, opposant ainsi à l'horreur du drame la vulgarité risible du milieu. Puis, à côté de l'amour criminel de Thérèse, il a mis l'amour zézayant et bêta d'une petite fille pour un « prince charmant ». Bref, il a corsé *l'Orestie* ou *Macbeth* d'un « roman chez la portière » et d'une romance de Loïsa Puget.

La romance, il faut bien le dire, est insupportable. Quant à l'amalgame d'Eschyle et de Henri Monnier, il me laisse très incertain, très malheureux... Oh! je sais bien qu'il se passe de par le monde des tragédies sans casque, sans sceptre, sans couronne, sans cothurne, et qu'il peut se rencontrer des Egisthe, des Clytemnestre et des Macbeth dans une boutique de mercerie et dans un appartement à trois cents francs, au-dessus des vitrines poudreuses d'un « passage » de quartier pauvre. Mais alors voyez ce qui arrive : nous ne sortons de la plus lugubre atrocité que pour retomber dans la plus basse platitude. Et je ne dis point que ça n'est pas de la vérité vraie, et je ne dis point que ça n'est pas du grand art, et je ne dis point que ça n'est pas « de la vie en tranches palpitantes » ou « de l'humanité complète et hideusement superbe ou superbement hideuse », ou encore « de la réalité audacieusement et magnifiquement cruelle » : je dis que ça me fatigue, voilà tout. Ces deux effets alternatifs, l'un angoissant, l'autre déprimant, m'épuisent enfin soit par leur prolongement et leur excès, soit par l'implacable monotonie du passage de l'un à l'autre... Il y a, je crois, tels mouvements d'âme forcenés, soit dans le crime, soit dans la douleur, — folie du meurtre ou folie du remords, — dont la peinture a besoin, pour ne pas nous faire mal et ne pas nous serrer d'une angoisse toute physique et étrangère à l'art, d'un recul de légende ou d'histoire, de la convention des beaux vers et des décors, et des costumes qui nous dépaysent. Et, d'autre part, ces mouvements forcenés étant, en somme, très simples, et beaucoup moins variés qu'on ne se l'imagine, je crois que la peinture doit en être abrégée et ramassée (voyez *Macbeth*), sous peine de devenir fastidieuse et accablante.

Certes, il y a de la force dans *Thérèse Raquin*, et l'invention de l'aïeule paralysée, témoin muet du crime, est des plus saisissantes. Mais, il n'y a pas à dire, pendant ces quatre actes, et surtout pendant les deux derniers, c'est toujours, toujours la même chose. Et ces trois heures de lent crescendo dans l'horreur se traduisent, chez le public, par un crescendo d'énervement et, finalement, d'ennui. — *Thérèse Raquin*, au bout du compte, c'est du d'Ennery trop appuyé, trop prolongé, et, en même temps, si je puis dire, un peu fâcheusement « littérarisé ». Le vrai Zola n'est pas dans *Thérèse Raquin*, œuvre de jeunesse.

Le vrai Zola, ou, en d'autres termes, le meilleur

Zola, celui qui a « trouvé quelque chose », celui qui ne se confond avec aucun autre dramaturge et aucun autre romancier, c'est le poète visionnaire de *la Faute de l'abbé Mouret*, de *l'Assommoir*, de *Germinal*. C'est celui qui nous peint le printemps surhumain du Paradou et les amours du prêtre et de la faunesse dans cet éden farouche, le mirifique dîner chez les Coupeau, l'égorgement de Maingrat par les femmes des mineurs ou la promenade des grévistes dans la campagne rase, sous le ciel ensanglanté... La description hallucinée et triste des choses concrètes, embrassées en de vastes ensembles ; celle des poussées de l'instinct, lentes ou soudaines, sourdes ou violentes, soit chez les individus, soit dans les multitudes (on sait avec quelle puissance M. Zola les fait mouvoir), là est son domaine propre, le domaine ou il ne connaît guère de rival. Mais il y a un autre Zola, celui qui a écrit *Renée*, celui qui a combiné le drame judiciaire de *la Bête humaine*, celui qui, dans la mine noyée de *Germinal*, a poussé contre Lantier et Catherine les pieds froids du cadavre de Chaval. Il y a un Zola épris de mélodrame, qui s'est toujours complu au même genre d'horreurs qu'Eugène Sue, par exemple, ou M. Adolphe d'Ennery, mais qui n'a pas leur fertilité d'imagination mélodramatique, ni leur habileté, ni surtout leur don d'amusement dans le terrible et le lugubre ; qui, à cause de cela, alourdit ses inventions en y fourrant sa pseudo-philosophie pessimiste, et qui risque de les rendre ennuyeuses en les prenant au grand sérieux et en les revêtant de son « écriture » romantique la plus soignée. C'est, si je ne me trompe, le Zola de *Thérèse Raquin.*

Gymnase : *Charles Demailly*, pièce en quatre actes et cinq tableaux, tirée du roman de MM. Edmond et Jules de Goncourt, par MM. Paul Alexis et Oscar Méténier.

26 Décembre 1892.

Je vous ai dit souvent qu'il y avait au moins deux façons de raconter la même pièce de théâtre, selon qu'on veut ou qu'on ne veut pas la comprendre et, au bout du compte, selon qu'elle plaît ou qu'elle ne plaît pas. Et cela est surtout vrai des pièces qui ont été tirées d'un roman.

Je pourrais vous faire, du drame que MM. Alexis et Méténier ont extrait de *Charles Demailly*, deux exposés également sincères, et néanmoins fort différents l'un de l'autre. Dans le premier, les personnages vous apparaîtraient, en maint endroit, comme des fantoches aux évolutions soudaines, aux démarches excessives et peu expliquées. Dans le second, ce seraient des êtres bien vivants, un peu exceptionnels sans doute, mais dont les mobiles seraient aisément saisissables, et les actions liées entre elles et très suffisamment motivées. Et vous diriez, là : « Quelle obscurité et quelle incohérence ! » Ici : « Quelle logique et quelle vérité ! » Ce serait bien la même histoire pourtant : mais, la première fois, le narrateur aurait ignoré ou oublié le roman, et, la seconde fois, il s'en serait souvenu. Maintenant, il est certain que, d'avoir lu le roman d'où est tirée une pièce, et de la compléter avec ses souvenirs, ce n'est un devoir absolu ni pour le critique, ni à plus forte raison pour le simple spectateur. Ce n'est qu'un « bon procédé ». Ce bon procédé, j'en userai aujourd'hui, comme j'ai déjà fait dans des circonstances pareilles. Ma raison, c'est que, en somme, soit par elle-même, soit par tout ce qu'elle m'a suggéré ou remis en mémoire, la pièce de MM. Alexis et Méténier m'a paru intéressante. Mais, pour être clair, et aussi par un souci d'équité, et pour ne pas offenser la modestie des adaptateurs en leur attribuant ce qui appartient aux auteurs du roman et qu'ils n'ont pas su leur prendre, je vous dirai successivement ce qu'ils nous montrent et ce qu'ils nous laissent le soin de suppléer.

1° *Ce qu'ils nous montrent* — Un homme de lettres, Charles Demailly, beau garçon, qui a quelque fortune et du talent, devient amoureux d'une ingénue du Gymnase, Marthe Mance, jolie, l'air « comme il faut », et qui a déjà une petite réputation de comédienne. Marthe est restée « sage », et elle est flanquée d'une mère habile. Bref, Charles l'épouse. Après une lune de miel de quelques mois, il s'aperçoit que Marthe n'est qu'une cabotine, une « grue », qu'elle est sotte et qu'elle n'a pas de cœur. Et Marthe commence à prendre son mari en haine. Elle devait jouer le principal rôle dans une pièce que Charles avait écrite pour elle ; mais, tout à coup, elle a refusé de le jouer, sous prétexte que « ça n'est pas du théâtre ». Alors, Charles a donné le rôle à Ninette, une petite comédienne sans importance. Or, il se trouve que Ninette, aux répétitions, joue comme un ange, et tout présage que Ninette et la pièce auront un grand succès. Ce fâcheux bruit est apporté à Marthe par un camarade de Charles, le journaliste Nachette, un vilain rouquin, envieux et méchant, qui depuis quelque temps fait la cour à Mme Demailly. Marthe n'a plus qu'une idée : se venger de son mari en faisant tomber sa pièce. « Si je voulais... » dit-elle. Elle raconte à Nachette que, au temps de leurs fiançailles, Charles lui écrivait des lettres où il arrangeait de la belle façon ses camarades du journal *le Scandale*. Ces lettres qu'elle a gardées, si elles étaient connues... Nachette, qui a compris, lui arrache le paquet de lettres, les porte au journal, les envoie à la « composition », en l'absence du directeur. Le directeur voit les « épreuves », les laisse passer, parce que cette gredinerie fera monter le tirage de son canard, et qu'il est commerçant ; mais, comme il est aussi « honnête homme », il flanque Nachette à la porte. Marthe, prise d'un vague remords, arrive pour reprendre ses lettres. « Trop tard ! » lui dit Nachette ; elle se révolte ; il la brutalise un peu, mais lui remontre que, après tout, il est bien le mâle qu'il faut à une femme comme elle... Charles survient à son tour, fou de rage... Marthe se jette à ses pieds, pleure, demande pardon, enfin, en comédienne d'expérience qu'elle est, prononce les phrases et prend les attitudes « convenables » à la circonstance... Charles sent bien qu'elle ment, et le lui dit. Alors Marthe démasquée se redresse et siffle : « Tu as raison, je ne t'aime pas, je ne t'ai jamais aimé... je t'ai épousé parce que ça m'amusait, le mariage... Ah ! l'imbécile qui... », etc... Charles l'empoigne, la soulève, veut la jeter par la fenêtre... Un instant, la coquine a peur, mais il la lâche ; elle se sauve, lui crie, de la porte, qu'elle va retrouver Nachette, et Charles tombe, comme une masse... — Six mois après, Charles, qui était devenu fou, va un peu mieux. Sa pensée est encore fuyante et vague, et sa parole hésitante ; mais on a pu le laisser sortir de la maison de santé, et un vieil ami l'a emmené dîner aux Ambassadeurs. Ce vieil ami ignore que c'est là que Marthe, ayant renoncé au grand art, s'exhibe sous le nom de Poudre-de-Riz. Charles, en apercevant la gaupe qui se trémousse sur les planches du bastringue, retombe foudroyé, et, cette fois, pour de bon.

2° *Ce qu'il faut suppléer*. — Peut-être le mariage de Charles, qui d'ailleurs se décide et se conclut pendant l'entr'acte, vous a-t-il un peu surpris. Demailly, observateur par profession, nous est donné comme un homme très renseigné, très peu naïf, qui connaît le monde des comédiens et ce que valent les ingénues de théâtre. Mais il vous est loisible de supposer, ou que les boulevardiers les plus « forts » peuvent être capables des pires niaiseries sentimentales ; que l'exercice professionnel de l'observation pittoresque ou même psychologique peut nous laisser stupides dans la conduite de notre propre vie et n'a pas grand'chose de commun avec le travail d'investigation et de perfectionnement intérieurs d'un sage comme Epictète ou d'un saint comme l'auteur de l'*Imitation* ; ou bien que Demailly désirait véhémentement l'ingénue du Gymnase et qu'il n'a pu la posséder qu'en légitime mariage ; ou, enfin, qu'il était à la fois un peu sot et un peu pervers, et qu'il l'a épousée et aimée justement parce qu'elle était comédienne et que les prostitutions mêmes (au sens étymologique) de son métier la lui faisaient paraître plus désirable et de plus de ragoût.

Peut-être aussi la méchanceté de Marthe vous a-t-elle semblé extravagante et presque surhumaine. Une comédienne qui rend un premier rôle, un rôle d'un grand nombre de lignes, et un rôle

« sympathique », soit parce qu'on lui a dit que « ce n'était pas du théâtre », soit parce que la pièce est de son mari, cela ne se peut vraiment concevoir qu'avec une grande difficulté. Sa haine pour son mari expliquerait à la rigueur un si étrange mouvement ; mais il faut alors que cette haine soit d'une intensité inouïe et folle : et telle est, en effet, la haine de Marthe, puisqu'elle va, vous vous en souvenez, jusqu'à l'infamie des lettres divulguées.

En tous cas, ces sentiments mêmes restent à expliquer. Les auteurs ne l'ont pas fait. Ils ont trouvé plus commode de laisser cette haine de femme et de comédienne éclore et se développer pendant un entr'acte. Ils veulent bien nous faire savoir toutefois que Charles, la première ardeur des sens tombée, s'est aperçu de la sécheresse et de la sottise de sa petite femme, de l'universelle insincérité, de l'arrangement niais, de l'écœurant cabotinage de toutes ses impressions, de toutes ses paroles, de tous ses mouvements. Charles, se confiant à un vieil ami, déclare en propres termes « que sa femme est bête ». Eh bien ! supposez (quoique les auteurs aient négligé de nous en informer) que Marthe sache que son mari la trouve bête ; supposez qu'il le lui ait dit, fût-ce une seule fois et malgré lui, mais sérieusement : et je vous assure que, étant donné la qualité de cœur et d'esprit de la jeune cabotine, ce mot, ce simple mot, surtout s'il est confirmé par de certaines attitudes de Charles à l'endroit de sa femme (et ces attitudes sont du moins indiquées dans la pièce), expliquera largement toutes les rancunes, toutes les méchancetés, toutes les vengeances, toutes les infamies, et expliquerait, s'il était nécessaire, jusqu'au meurtre et à l'empoisonnement.

Quant au personnage de cette canaille de Nachette, il est clair, plausible, et d'un assez heureux relief. Peut-être trouverez-vous seulement qu'il nous fait un peu trop les honneurs de sa propre scélératesse. A deux ou trois reprises, il nous découvre sa plaie, qui est l'envie, et il la nomme par son nom. Vous tiendrez, j'en ai peur, cette sincérité pour invraisemblable, et vous alléguerez que, de tous les péchés capitaux, l'envie est celui que l'on avoue le moins volontiers, parce que c'est celui qui nous montre, vis-à-vis des autres, dans l'attitude la plus humiliante. Mais je vous prierai de remarquer que chez le littérateur Nachette ce cynisme a quelque chose de professionnel ; que l'entière et haineuse misanthropie, dont cet écrivain se pique, comporte le mépris de soi aussi bien que des autres ; que, d'ailleurs, en criant son humiliation, en la criant au visage de celui qui l'humilie, il s'en délivre en quelque manière ; que l'étrange aveu d'un sentiment qu'on a tant d'intérêt à cacher, impliquant que ce sentiment est décidément plus fort que tout, plus fort même que la vanité, semble en emporter par là même l'absolution ; qu'enfin la basse jalousie de Nachette perd à ses propres yeux, par les raisons qu'il en donne, son caractère déshonorant : car ce qu'il reproche férocement à Demailly, c'est son argent, sa beauté et sa chance, ce que La Bruyère appelle les « biens de fortune »; mais, dans son fort intime, Nachette ne se juge point inférieur à Charles, et ainsi son horrible confession se ramène à un acte d'accusation dressé contre la destinée. Ce n'est que le « Tandis que moi, morbleu !... » de Figaro, tourné à l'amertume. Sans compter, je le répète, que ces accès de sincérité paradoxale, même contre soi et, bien entendu, sans l'ombre de repentir, sont bien choses d'hommes de lettres, et que Jean-Jacques Rousseau, — et d'autres, — nous ont déjà donné l'exemple de confesser, par bravade et, au fond, par raffinement d'orgueil, les vices mêmes ou les fautes qui n'ont pas bon air, qui rabaissent et qui avilissent...

Peut-être enfin estimerez-vous que, si le directeur de journal, Montbaillard, avec sa désinvolture morale de maquignon bon enfant, est bien encore un personnage d'aujourd'hui, les façons des journalistes, dans le bureau de rédaction du *Scandale*, ont quelque chose de sensiblement suranné. Et, en effet, *Charles Demailly* a été écrit, si je ne me trompe, en 1858, et les journalistes qui figurent dans ce roman sont encore ceux de Balzac. Ils sentent à plein nez leur Lousteau. Il est certain que les journalistes d'à présent ressemblent davantage à tout le monde, à des gommeux, à des professeurs ou à des employés. Il y a un intervalle de trente ou quarante années entre les propos et le tour d'esprit des Couturat et des Mollandeux, d'une part, et, d'autre part, la coupe de leurs jaquettes, les affiches de Chéret collées au mur, et les omnibus à trois chevaux, les kiosques et les globes électriques qu'on aperçoit à travers les vitres. Mais ce n'est là qu'un anachronisme de décor. On a dit aussi que les scènes qui nous font connaître la rédaction du *Scandale* calomniaient les journalistes. Cela est fort inexact : Demailly est un fort honnête homme et Nachette, seul, est un gredin qualifié. J'ai des raisons de croire que, aujourd'hui encore, notre corporation est des plus mêlées et qu'elle contient à la fois les pires gredins et les plus parfaits honnêtes gens. C'est peut-être qu'elle n'a d'une « corporation » que le nom. Et ceci n'a pas la prétention d'être une découverte.

En résumé, *Charles Demailly* est une pièce que vous ne regretterez pas d'avoir vue. Les deux premiers actes ne sont pas un instant ennuyeux. Le troisième vous saisira par sa vigueur brutale. Et vous verrez au quatrième le plus amusant et le plus ingénieux décor. Au reste, toute la mise en scène de la pièce est élégante et soignée.

HENRI LAVEDAN

VAUDEVILLE : *Le Prince d'Aurec*, comédie en trois actes, de M. Henri Lavedan.

6 Juin 1892.

La soirée fut charmante, grisante un peu. Il y avait de la bataille dans l'air. Au plaisir d'applaudir une œuvre aussi élégante, aussi brillante, aussi nerveuse que *le Prince d'Aurec*, se mêlait le plaisir d'applaudir contre quelqu'un. Car la pièce, comme vous savez, avait des ennemis, même avant d'être connue.

Un vieux monsieur, dont la badauderie des cercleux et des reporters a fait, on ne sait comment ni pourquoi, un « arbitre des élégances » (il ne s'agit point ici d'élégances morales), avait déclaré, assure-t-on, que « la société mettrait le Vaudeville en quarantaine ». Et quelqu'un d'un journal qui aspire à la gloire — petite en vérité — d'être l'organe des « gens du monde », avait ajouté, paraît-il, que la pièce croulerait sous les sifflets avant la fin du premier acte.

Ces propos sont trop ridicules pour que je puisse croire qu'ils aient été réellement tenus. Mais enfin, — et de là la petite fièvre de combat dont s'échauffait notre allégresse, — on sentait, chez un certain nombre de spectateurs, une résistance, une mauvaise volonté, un désir que l'occasion se présentât de protester tout haut contre l'ouvrage.

L'occasion ne s'est pas présentée. C'est que sans doute M. Henri Lavedan, avec la crânerie la plus soutenue, est allé jusqu'au bout de ses droits d'écrivain dramatique et d'homme libre : il ne les a pas dépassés un seul instant. On s'attendait à des portraits, à des personnalités : il n'y en avait point. Seulement, *le Prince d'Aurec* reste la satire la plus vive et, vers la fin, la plus âpre et la plus emportée des travers, des vices, de la risible inutilité, de la sottise et de la bassesse morale de la noblesse, ou de ce qui en reste aujourd'hui (je parle, comme M. Lavedan, EN GÉNÉRAL, et je sais des exceptions, soit en province, soit même à Paris); et il a eu, en outre, le mérite d'être le premier, du moins sur la scène, à nous montrer cette vilenie des derniers gentilshommes aux prises avec une autre vilenie, celle des hommes d'argent, et les deux s'achevant l'une par l'autre dans cette rencontre, qui est elle-même une vilenie, étant donné les conditions où elle se fait. C'était bien là un sujet d'aujourd'hui, et un grand sujet ; et dire que M. Lavedan n'y a pas été, en somme, inégal, c'est faire de lui le plus rare éloge ; car c'est dire que, s'il y a mis tout l'esprit dont il était capable, — et c'est beaucoup — il y a mis autre chose encore que de l'esprit.

Oui, c'était un beau sujet ! Songez que la persistance, — inévitable d'ailleurs, — d'une aristocratie de naissance dans notre démocratie est un phénomène social étrange entre les plus absurdes. Toutes les raisons d'être d'une aristocratie de cette sorte ayant disparu depuis cent ans, son rôle périmé, ses privilèges abolis, les gentilshommes, chose prodigieuse ! n'en ont pas moins continué à vivre en gentilshommes. Après que ce qui constitue essentiellement la vie « noble » leur a été enlevé, ils ont persisté à faire certains gestes de la vie noble ; tels, ces animaux inférieurs à qui, dans les laboratoires, les physiologistes coupent la tête et qui n'en continuent pas moins à marcher. On peut donc dire que, depuis cent ans, notre aristocratie vit, en tant qu'aristocratie, d'une vie réflexe. Forcément, les gestes qu'ils ont conservés sont uniquement les gestes d'apparat de l'ancienne noblesse, les façons extérieures, les habitudes de luxe et de frivolité, les titres, le cérémonial, le blason, les livrées, l'exclusivisme dans les fréquentations, enfin l'air et « les airs ». Ne sachant ni ne voulant rien faire, incapables des travaux qui ne dérogent pas, art ou littérature, et dédaigneux des travaux qui dérogent, impuissants en politique, ils ont tourné leurs facultés intellectuelles vers les seuls emplois où elles pussent suffire : représentation mondaine, sport hippique, escrime, conduite de mails-coachs, inventions de gilets et de cravates, — roulette et baccarat...

Or, ce train de vie, ils ne sauraient le soutenir longtemps ; et, comme ils dépensent depuis un siècle sans produire, le mal qu'on appelle « faulte d'argent » finirait par nous débarrasser d'eux... Mais c'est alors que s'opère ce que j'appelais tout à l'heure la conjonction de la bassesse aristocratique et de la bassesse financière.

Ici, c'est la sottise, c'est la vanité bourgeoise et plébéienne qui est la grande coupable. Car, voyez-vous (et il n'y a rien à faire contre cela), toute notre démocratie riche, et même une partie de celle qui ne l'est pas, demeure incurablement éblouie par ce qu'elle croit encore et malgré tout être la noblesse. Morte et enterrée comme classe politique, la noblesse vit toujours, elle vit, j'en ai peur, plus que jamais, comme caste mondaine. Et la superstition qu'elle inspire aux parvenus est d'autant plus forte peut-être que son prestige ne repose plus sur aucune puissance effective, mais sur des souvenirs, des conventions parfaitement vides, un pur néant. Les valeurs imaginaires, les valeurs d'opinion, sont les plus sûres de toutes, puisqu'elles ne craignent point les démentis de la réalité. Oui, la noblesse existe d'autant plus, en un sens, qu'elle ne survit à l'organisation qui était sa raison d'être que par l'opinion qu'elle garde d'elle-même et qu'elle réussit — là est pour nous la honte — à faire partager à beaucoup d'entre nous.

On ne recherche, apparemment, que ce qu'on apprécie ; or, regardez : jamais n'a sévi plus lamentablement, dans la bourgeoisie française, la manie des titres nobiliaires, et cette maladie mentale qui se manifeste notamment par l'usurpation de la particule « de », encore que cette particule n'ait, héraldiquement, aucune signification. Non, non, Poirier n'a pas cessé de rêver à la baronnie. Le prestige des titres impressionne toujours les fournisseurs et les marchands au point d'étourdir leur prudence professionnelle. Et les « gens en place », comme on disait jadis, sont sur ce point comme les fournisseurs ; et vous savez bien que ce n'est pas seulement sur les planches qu'un député radical ne considère pas une marquise comme une autre femme.

Et alors, c'est à merveille. Juste au moment où les dettes et la dèche imminente inclinent notre restant de noblesse vers les hommes d'argent, la vanité pousse nos hommes d'argent vers ce restant de noblesse.

Vanité bien inepte et bien odieuse, puisqu'elle implique l'appréciation la plus injuste des choses, une conception tout à fait plate et saugrenue de la vie, et la plus furieuse estime accordée à ce qui en mérite le moins, à ce qui n'a de valeur que par la sottise publique. Mais, justement, cette vanité-là est forte de toute la force du consentement universel des imbéciles. — Donc, voici un financier cent fois millionnaire. Il est parti de très bas. Il a commencé (j'improvise ici la biographie du banquier de M. Lavedan, puisque M. Lavedan n'a pas voulu nous la donner), il a donc commencé, je suppose, par être l'homme d'affaires d'une femme galante. Puis il a épousé une ancienne gérante du *Family-Hotel*, qui avait « la forte somme ». Il l'a fait fructifier, cette forte somme. Il a disparu pendant dix ou vingt ans ; il travaillait quelque part, en Syrie, en Perse, on ne sait pas... Il a reparu avec un sac énorme, qui, désormais, ne peut plus que grossir, et qu'il triple, en effet, et qu'il décuple, dans les opérations de banque. Notre homme maintenant est un très gros personnage. Il a des terres partout, un château historique, une galerie de tableaux, les maîtresses qu'il veut. Parvenu à ce point de gloire, que lui manque-t-il ? Un rien qui pour lui est tout : être « du monde ». Son rêve suprême est d'en être, et du vrai, du plus haut, du plus étroit, du plus « faubourg ». Pénétrer là-dedans devient à ses yeux la seule chose désirable, parce que c'est pour lui la seule un peu difficile. Il a tout le reste, excepté ça ; alors il veut avoir ça aussi, il le lui faut. Pour avoir ça, son insolence se pliera à toutes les platitudes et son avarice jettera l'argent par les fenêtres...

Dans la comédie de M. Henri Lavedan, la Noblesse

s'appelle le prince d'Aurec, et l'argent s'appelle le baron de Horn.

Le prince Dominique d'Aurec est un garçon de trente-cinq ans dont voici le signalement et le *curriculum vitæ*, qui sont aussi ceux de quelques centaines de gentilshommes : — Elégant mais vanné, maintenu tant bien que mal par l'escrime et l'hydrothérapie. Ancien élève des Jésuites. Relativement raisonnable : de dix-huit ans jusqu'à son mariage, il n'a mangé à la duchesse sa mère que onze cent mille francs. Depuis son mariage, il a dévoré deux tantes, une grand'mère, — et la dot de sa femme. A quoi a-t-il dépensé ces millions ? A rien, à paraître, à faire courir, à jouer, à être chic, bref, à être le prince d'Aurec. Signe particulier : il n'est plus même dupe de la convention ni de la tradition qu'il représente ; il sait que le rôle public de la noblesse est fini, bien fini ; il blague l'histoire de France, il blague les rois et les royautés ; il a chez lui, parmi ses reliques de famille, une épée de connétable : — « C'est, dit-il, notre« croix de ma mère », à nous. » Il a conscience, d'ailleurs, de sa propre misère et de sa propre inutilité. Il en prend son parti, avec une gouaille un peu amère. Car, et c'est là son second « signe particulier », il a de l'esprit, il a tout l'esprit de M. Lavedan, ce qui est bien invraisemblable, mais ce qui n'est pas ennuyeux.

Puis, il y a sa femme, la princesse, une poupée de grande allure, affolée de toilette, de divertissements mondains, — et de réclame, honnête femme d'ailleurs, nous finirons par nous en apercevoir, — qui s'habille tout le temps, mais qui ne se déshabille pas, et qui, après nous avoir laissé croire qu'elle pouvait bien n'être qu'une fille, nous détrompera au dénouement et fera alors, par atavisme sans doute, tous les gestes de la fierté et de l'orgueil inviolé.

Puis, c'est un cousin, le vicomte de Montrejault, familièrement Jaujault, un gentilhomme breton, fils de chouan, qui passe son temps à organiser des pavanes et qui a la spécialité des phrases sans verbe, à la Montpavon : suprême transformation, éminemment falote, des marquis de Molière.

C'est aussi le vieux marquis de Chambersac qui, n'ayant plus le sou, s'est fait agent d'affaires... Oh ! agent d'affaires pour gens du monde. Il aide de ses conseils les parvenus inexpérimentés, s'entremet dans les ventes de tableaux, ménage des entrevues... pour le bon motif ou pour l'autre. Tout cela, en gentilhomme, sans y toucher, sans rien perdre de la dignité aisée de son attitude.

Une brave femme parmi ces corrompus ; une bonne créature naïve et énergique parmi ces désossés : la duchesse de Talais, mère du prince d'Aurec. La duchesse est née Virginie Piédoux, et son père était un très gros marchand de beurre. Toute petite, elle avait la religion de la noblesse : elle y est entrée grâce aux dix millions du père Piédoux. Sa religion, elle l'a conservée ; elle croit au roi Louis XIV, elle croit au connétable d'Aurec, elle croit à la supériorité d'essence du sang bleu. La blague de son fils la suffoque. Elle offre un mélange de vulgarité native, de dignité acquise à force de conviction et de bonne volonté, d'orgueil crédule et inoffensif et en même temps d'une sorte d'humilité, puisqu'elle reste persuadée, malgré tout, que l'honneur incomparable de sa vie, qui fut souvent douloureuse en secret, ç'a été d'être épousée par le gredin qu'on appelait le duc de Talais. Elle se réfugie dans le culte des grands ancêtres de la famille. Et ainsi, par une expressive et presque touchante ironie, la seule personne qui, parmi ses vanités et ses illusions saugrenues, ait gardé pourtant la vraie conception de ce que fut et de ce que devrait être la noblesse ; la seule qui, tout compte fait, représente ici dignement l'aristocratie de naissance, n'est qu'une bourgeoise.

Le représentant de l'argent, c'est un juif, le baron de Horn. Je n'ai pas besoin de vous dire que je n'ai aucune espèce de préjugé contre les israélites. C'est une race extraordinaire, dont l'histoire est la plus belle et la plus tragique du monde. Et ce fut, à l'origine, une race extrêmement noble, une race pastorale et guerrière. De même que cet exilé que ses malheurs avaient rendu polonais, les israélites pourraient dire : — Ce sont nos malheurs qui nous ont rendus « juifs », au sens populaire et désobligeant du mot. Pendant des siècles, l'Europe chrétienne les a contraints à exceller dans le commerce de l'argent : ce n'est pourtant pas leur faute. Donc je ne les déteste point. Nous leur devons notre Dieu, et leurs femmes sont souvent des merveilles de grâce et d'esprit ; je leur en suis reconnaissant. Il y a des juifs qui sont exquis ; et, au surplus, il y en a qui ne sont pas encore millionnaires. C'est une race fertile en coulissiers, mais fertile aussi en musiciens, en vaudevillistes, en comédiens, en écrivains décadents et en névropathes. Il leur arrive d'aimer la France autant que nous l'aimons ; et alors ils sont français comme nous, tout comme nous, — et cela d'autant mieux que le sang français, ne l'oublions pas, est un mélange incroyable de tous les sangs. Si l'on était un peu strict sur les origines, il n'y aurait que les Beaucerons, dont je suis, qui seraient sérieusement français.

Je jurerais qu'en cette affaire M. Lavedan partage à peu près tous mes sentimens et que, s'il a circoncis son homme d'argent, c'est dans une pensée purement scénique, c'est que cela était tout indiqué, c'est que, sur les planches, un banquier n'est point complètement banquier s'il n'est juif. Cette raison me suffit, et je n'en cherche point d'autres. Au reste, si M. Lavedan a prêté au baron de Horn une vanité et une ambition féroces, s'il l'a dépouillé de tous scrupules, s'il lui a donné une âme de corsaire et un peu aussi de l'âme haineuse de Shylock, il ne l'a fait ni sot ni vil. Je lui reprocherais seulement d'avoir fait confesser çà et là, par le baron, avec une sorte

d'humilité peu vraisemblable, la supériorité des
aristocrates de naissance. Il me semble qu'un juif, —
et pareillement un chrétien, — qui a cent millions, se
croira toujours l'égal d'un prince d'Aurec. Sans doute,
il n'ignorera point qu'il n'a pu se faire recevoir chez
le prince qu'en triomphant d'un préjugé très fort;
mais ce préjugé, il ne le reconnaîtra que pour le plus
sot des préjugés en effet, et jamais, même dans son
for intérieur, il n'admettra aucune des raisons qui le
justifient.

A part cela, le baron de Horn me paraît d'une
très plausible insolence. Il croit uniquement à la
puissance de l'or; et tout le personnage est là. Cela
veut dire que, s'il peut avoir lui-même l'âme basse,
il croit fermement à l'universelle bassesse des autres. Et, dans le fait, il est payé, — et a payé,
— pour y croire. C'est cette puissance qui lui a
ouvert les portes de l'hôtel d'Aurec, et pas mal
d'autres portes à la suite. Il compte que cette même
puissance lui ouvrira... disons le cœur de la princesse. Et la princesse lui donne lieu de l'espérer.
Quand elle accepte de lui un chèque de deux cent
mille francs pour payer sa couturière et sa lingère,
le baron peut-il croire que Mme d'Aurec ne voie
vraiment là qu'un service d'ami, ou mieux une façon
délicate, pour de Horn, de reconnaître l'honneur
qu'on lui a fait en le recevant, et que cette poupée
soit assez gnolle pour se figurer que ces services-là
n'obligent pas une femme?

Comme il tient la femme, le baron tient le mari. Déjà criblé de dettes, Dominique d'Aurec vient de perdre quatre cent mille francs avec le prince de Souabe. La duchesse de Talais, avertie, vient faire à son fils une scène qui, à se passer ailleurs que dans une soirée costumée (lui en connétable d'Aurec, elle en Mme de Maintenon), perdrait peut-être quelques effets plaisants, mais gagnerait un sérieux surcroît d'intensité dramatique. Car elle est admirablement menée, cette scène : la duchesse frémissant d'une colère où se trahit un peu de la vulgarité de la fille du marchand de beurre; le prince, exaspérant la duchesse par sa froideur gouailleuse, blaguant ses aïeux, blaguant son nom, menaçant enfin de « bazarder » l'épée du connétable, l'épée historique dont ce vieux marchand à la toilette de Chambersac lui a offert cent trente mille francs...

Mais la somme ne suffirait point, et c'est naturellement à son bon ami le baron que le prince, dans l'entr'acte, va avoir recours.

Les deux premiers actes, c'est la comédie. Ils sont pétillants de verve, et d'une verve imaginative et incroyablement pittoresque. On s'aperçoit à peine que l'action y manque un peu. — Le troisième acte, c'est le drame, c'est la liquidation des comptes.

La duchesse a tenu bon ; elle a refusé de payer les dettes de son fils ; elle l'a pourvu d'un conseil judiciaire. Elle l'a emmené, lui et sa femme, dans ses terres, où tous deux crèvent d'ennui. Elle est bien désenchantée de la noblesse, la pauvre duchesse Virginie Piédoux. Et elle explique son désenchantement à un vieil ami dans une confession singulièrement touchante. Mais, passons : si je voulais ramasser toutes les perles du *Prince d'Aurec*, je n'aurais jamais fini.

Le baron de Horn est venu retrouver les d'Aurec dans leur villégiature, et, comme la princesse a toujours l'air de ne pas comprendre, il se déclare enfin, soudainement, avec une brutalité de pirate. La princesse le repousse, toute vibrante du plus superbe mépris et se souvenant enfin qu'elle est princesse : le baron lui rappelle qu'elle est, en outre, sa débitrice. Trois cent mille francs, une bagatelle. Le prince paraît en cet instant. Les deux hommes restent en présence. Le prince aussi se retrouve prince pour mettre l'insolent à la porte. Mais l'insolent s'assied dans un fauteuil : « Votre femme me doit trois cent mille francs ; vous m'en devez quatre cent mille. Ci : sept cent mille francs. A ce prix, je comptais entrer au Jockey et, je l'avoue, avoir votre femme. Pas de jockey, pas de princesse : je suis volé. Vous m'appelez juif : c'est vous les juifs. » Et il développe tranquillement cette proposition à l'aide d'arguments nombreux et précis. Le prince en sue de honte. Enfin la bonne duchesse, avertie par sa bru, vient dire au baron qu'elle payera. « Vous savez ? dit de Horn en sortant, c'est moi aussi qui ai l'épée du connétable. » C'est donc le juif qui a le dernier mot. Ce dénouement n'a pas dû déplaire à ceux d'Israël. Aux autres non plus. — Il y a là une série de scènes, que je n'ai pu qu'indiquer, d'une belle et âpre énergie, et qui sont d'un maître.

Le baron parti, le prince d'Aurec se déclare transformé par l'épreuve. Il espère une guerre, où il montrera qu'il sait du moins mourir. — « Comme nous », dit le romancier Moncade, ami de la maison. — « Il y a manière », réplique le prince.

A vrai dire, c'est l'homme de lettres qui a raison, et je ne crois pas que, même à la guerre, il y ait une façon de mourir ou, si vous voulez, de braver et de chercher la mort, qui soit spéciale aux gentilshommes. Mais ce mot fait bien, et il témoigne de la modération d'esprit et du désir d'équité de M. Henri Lavedan. Oui, quoi qu'on ait prétendu, l'auteur du *Prince d'Aurec* a été scrupuleusement équitable. Ouvrez un vieux livre, *les Caractères* de La Bruyère, aux chapitres des *Biens de fortune*, de la *Cour* et des *Grands*, et vous verrez que, de La Bruyère et de notre contemporain, ce n'est pas celui-ci qui est le plus dur ni pour les hommes d'argent, ni pour les gentilshommes. Notez que la princesse, — en dépit de ses emprunts très inconsidérés et qui semblent impliquer que, si elle n'est une dinde, elle est une rouée, — se trouve être, finalement, une très honnête femme ; que le prince est méprisable sans être un malhonnête homme (cette nuance, qui paraît saugrenue, correspond pourtant avec exactitude à la réalité), et que le seul crime du juif, dans le drame du moins, c'est de juger vénale une femme qui offre toutes les apparences de la vénalité. C'est, d'ailleurs, grâce à cette modération en ce qui regarde la peinture des individus que ce qu'il y a, dans la pièce, de satire générale prend une si grande portée et que, tout parti pris en étant visiblement absent, la frémissante âpreté en devient redoutable. *Le Prince d'Aurec* est un des plus remarquables exemplaires de comédie sociale que nous ayons jusqu'ici. Il était impossible de nous mieux faire voir et éprouver comment, parce que la Noblesse est à vendre de toute façon, l'Argent tue et doit tuer la Noblesse. Et maintenant, qui tuera l'Argent ?

ALBERT GUINON

Théatre-Libre : *Seul*, pièce en deux actes, de M. Albert Guinon.

14 Mars 1892.

Baudelaire écrivait dans son journal : « Créer un poncif, c'est le génie. Je dois créer un poncif. » On sait qu'il y a parfaitement réussi.

Le Théâtre-Libre a eu cette gloire de créer, en trois ou quatre ans, un poncif : celui de la comédie pessimiste et brutale.

Cela est si vrai que lorsque nous avons vu l'ancien pharmacien Auguste Ledoux mettre sa femme à la porte parce qu'il vient de découvrir qu'elle l'a trompé jadis avec son ami intime et ex-associé, le chimiste Ernest Bourdier, nous nous sommes dit aussitôt :

— C'est bon ; nous connaissons le jeu de ces automates. Si nous voyons Ledoux chasser sa femme avec tout le fracas de sentiments violents qu'il sait convenir à son état de mari trompé, nous sommes bien sûrs qu'il la reprendra au dénouement et qu'il pardonnera même à l'ami intime, par terreur de la solitude, par égoïsme, par lâcheté, et aussi, s'il faut le dire, par un retour de sincérité et parce qu'il s'avouera avoir moins souffert, au fond, d'un outrage réputé intolérable qu'il ne souffre aujourd'hui de son isolement et de ses habitudes dérangées.

Et c'est ce qui arrive, en effet ; et ainsi, au premier abord, la pièce de M. Albert Guinon semble conçue selon la poétique du lieu. Mais ce n'est qu'une apparence, et M. Guinon est victime, je crois, des ressouvenirs que les planches cyniques du Théâtre-Libre éveillent en nous. Les actes de ses personnages sont bien à peu près ceux auxquels ces planches nous ont habitués ; mais les sentiments qui les inspirent sont plus humains, plus complexes et moins vils, et surtout l'auteur ne les traduit point (sauf en quelques endroits) dans un esprit de sèche ironie et de brutalité méprisante, mais plutôt de sympathie, de cordialité et de pitié.

Ces bonshommes sont vulgaires plutôt que bas, et leur inconscience morale n'est pas absolue. Ils ont presque des façons d'âme. Ledoux est un brave homme ; il a sans doute l'égoïsme des malades : mais il aime sa femme, son vieil ami Bourdier, sa fille Geneviève et son gendre Hector, le droguiste, et il adore ses petits-enfants. Les scènes de famille qui ouvrent la pièce sont du Paul de Kock attendri. Et Mme Ledoux et l'ami Bourdier sont aussi de braves gens. Ils ont une vraie affection pour celui qu'ils ont trompé, et c'est de très bon cœur qu'ils l'entourent de petits soins.

C'est devenu un lieu commun d'observation psychologique, qu'une femme peut avoir un amant sans cesser d'aimer son mari. M. Guinon s'est presque abstenu, en traitant ce lieu commun, des mots d'auteur et des ironies paradoxales auxquelles il prête abondamment.

Si M^mo Ledoux n'a pas eu le courage de laisser partir Bourdier il y a vingt-cinq ans, alors qu'il commençait à lui faire la cour, c'est bien réellement dans l'intérêt de son mari, qu'elle ne voulait pas priver d'un associé intelligent, et c'est aussi parce qu'elle se croyait sûre d'elle. Et si elle a succombé, c'est pendant un voyage de Ledoux, un soir qu'elle était lasse. « Si vous ne m'aviez pas eue ce soir-là, dit-elle à son amant, vous ne m'auriez peut-être jamais eue. » Et l'on sent qu'elle dit vrai. Au reste, leur liaison n'a duré que trois ans. Et, du jour où elle a été coupable, il est arrivé ceci, que je reprocherai à M. Albert Guinon de ne nous avoir pas dit assez expressément : elle s'est mise à aimer son mari plus qu'elle n'aurait jamais fait si elle était restée innocente. Ledoux, en effet, est un pauvre homme très vulgaire, et Bourdier lui est notablement supérieur par l'intelligence et les façons (on nous montre à la redingote de Bourdier le ruban de la Légion-d'Honneur). Nous pouvons donc croire que c'est le sentiment du tort qu'elle faisait à son mari et le désir de le réparer qui l'a rendue si tendre pour ce brave homme sans prestige. Et, moitié par remords, moitié pour complaire à sa maîtresse, Bourdier l'a imitée en cela. Quand il frictionne la jambe de Ledoux, il y met vraiment tout son cœur. Aussi, lorsqu'aux imprécations furieuses de son mari, Mme Ledoux répond timidement : « Je t'assure que nous t'aimions bien, » nous voyons là autre chose qu'une « légende » cocasse à la manière de Gavarni ou de Forain, et peu s'en faut que nous ne soyons émus. Ce qu'on nous montre n'est pas joli, joli, mais n'est pas non plus simplement ignoble ; et enfin nous sommes bien en pleine humanité moyenne.

Pourquoi faut-il que, deux ou trois fois dans ce premier acte, nous nous heurtions à des mots où il semble que le Théâtre-Libre ait mis sa marque de fabrique ? Je consens que, se rappelant les raisons qui l'ont empêché d'éloigner Bourdier, Mme Ledoux songe : « Qu'est-ce que mon mari serait devenu ? Pauvre Auguste ! Il n'était pas de force à fonder une pharmacie ! » Mais cette réflexion, je voudrais qu'elle se la fît à elle-même ; je voudrais, étant donné la délicatesse relative de sentiments dont l'auteur a consenti à la doter, qu'elle s'abstînt, *devant* son ancien amant, de toute parole qui pût rabaisser son mari. Un peu plus tard, elle dit à Bourdier : « Nous étions si heureux *tous les trois* », et : « *Nous* avons trop aimé Auguste pour que le bon Dieu ne nous pardonne pas ». Elle peut le penser : mais, — puisque nous avons vu qu'elle était quelque chose de mieux qu'un automate de chez Antoine, — une pudeur devrait l'empêcher de le dire devant l'autre. Là encore c'est le « poncif » du Théâtre-Libre qui reparaît.

Et puis, Ledoux ne chasse pas seulement sa femme : il chasse Geneviève parce qu'elle n'est pas sa fille, et que Mme Ledoux lui en fait l'aveu silencieux. Je demande : « Comment sait-on ces choses-là ? et que vient faire cette convention romanesque dans un drame qui a la prétention d'être vrai ? » Il suffirait d'ailleurs que la mère pût avoir des doutes. L'effet serait le même.

Le second acte est excellent. Il me paraît d'une grande vérité. Le mélange des sentiments, — les uns purement égoïstes, les autres tendres et presque nobles, — auxquels cède Ledoux en pardonnant à sa femme, est rendu avec une singulière justesse d'observation.

Ledoux vit seul avec une servante effrontée qui le bouscule et qui le tyrannise. Il s'ennuie cruellement. Son gendre Hector, le droguiste, vient lui parler d'affaires. A tout hasard, il a amené Geneviève. Ledoux consent à la voir. Elle lui parle doucement et gentiment ; elle l'appelle « son vieux papa ». Ledoux est remué, et la tendresse paternelle fait ce miracle d'élever l'ex-pharmacien au-dessus de son ordinaire médiocrité intellectuelle et morale. Un instant du moins, et sans qu'il cesse d'être un bonhomme dépourvu d'éclat, il trouve dans son cœur et exprime, sans trop le savoir, une conception de la paternité notablement supérieure au plat train-train de ses idées routinières sur le monde et sur la vie...

« — Et moi, s'écrie-t-il, qui croyais que je ne t'aimais plus !

« — Et pourquoi croyais-tu ça ?

« — Ne me demande pas ce que je ne pourrais pas te dire... (Car Geneviève n'a pas su les vraies raisons de la séparation de M. et Mme Ledoux.) C'est fini... oublié... Ton père, va, tu dis vrai, je suis bien ton père. Est-ce que ce n'est pas moi qui t'ai élevée, qui ai fait de toi ce que tu es ?

« — Mais oui, papa.

« — Qui donc t'a soignée quand tu étais malade ? Qui t'a consolée quand tu avais du chagrin ?

« — C'est toi, papa.

« — N'est-ce pas, n'est-ce pas, que c'est moi ?... Du reste, j'ai toujours été ton préféré. Etant gamine, tu ne voulais t'endormir que sur mes genoux. Et plus tard, quand tu as eu la scarlatine, c'est moi qui me levais la nuit pour te donner à boire !...

« — Voyons, calme-toi... Qu'est-ce que tu as ?

« — Rien, je n'ai rien... Ne fais pas attention. Je suis si heureux en ce moment que je ne sais plus bien ce que je dis... Petit chat, va !... Appelle-moi encore papa, comme quand tu étais petite !

« — Papa ! »

Sur quoi Geneviève fait entrer, par surprise, sa mère qui attendait dehors. Maigrie, vieillie, toute changée, la pauvre femme plaide humblement sa cause. « C'est vrai que j'ai été coupable... mais sois franc. Sans parler de ce que j'ai souffert depuis que tu m'as renvoyée, est-ce que depuis vingt-cinq ans je n'ai pas tout fait pour réparer ma faute ? Réponds. Est-ce que je ne t'ai pas rendu heureux ? Est-ce que je n'ai pas bien tenu ta maison ? Et, pour les soins, as-tu jamais eu rien à redire ?... »

Elle a raison, la vieille Mme Ledoux. C'est sur toute notre vie que nous devons être jugés, et sur le fond de nos âmes plus que sur nos actes d'exception, — héroïques ou détestables ; — et c'est sur toute notre vie que Dieu nous jugera ; et nous devons tâcher de juger comme lui. Et cette vérité va lentement opérer dans l'âme épaisse de M. Ledoux ; mais c'est, en apparence, un motif égoïste qui le décidera au pardon.

Car, à ce moment, Virginie, la bonne, vient demander à Monsieur ce qu'il veut pour son dîner et lui impose des pieds de cochon truffés. Instinctivement, Mme Ledoux intervient, condamne les pieds de cochon, les remplace par un petit filet de bœuf grillé avec des pommes de terre autour, et, en quelques mots tranquilles, dompte Virginie. « Ah ! dit Ledoux ravi, tu sais parler aux domestiques, toi ! »

Et le voilà qui raconte tout ce qu'il a sur le cœur :

Virginie le vole, Virginie lui frotte sa jambe à l'écorcher, Virginie oublie son salicylate... « Tu ne peux pas rester comme ça, dit Mme Ledoux bouleversée. Laisse-moi rentrer ici... Je ne serai que ta servante. — Ma pauvre femme, dit le bonhomme en pleurant, ce n'est pas possible, puisque tu m'as trompé. » Mais un élancement dans la jambe lui fait pousser un cri. D'un mouvement presque irréfléchi, Mme Ledoux s'empare de la jambe et la frictionne avec art, comme autrefois. « Ça va-t-il mieux ? — Ah ! oui ! merci ! — Eh bien, je m'en vais, maintenant. » Mais il ne peut plus, maintenant, la laisser partir. La force des choses et trente ans d'habitudes, d'affection et de vie en commun l'ont réinstallée. Il lui tend les bras... « Amélie ! — Auguste ! »

Et ce qui paraîtrait hasardeux et précaire, si les choses se passaient entre deux jeunes époux, paraît ici très naturel et très vrai. La faute remonte à vingt-cinq ans ; pendant vingt-cinq ans, elle a été réparée tous les jours ; M. et Mme Ledoux ont d'ailleurs atteint depuis longtemps le terme de leur vie passionnelle. La vieillesse, en purifiant pour nous le présent, nous purifie en quelque façon de notre passé et nous le rend presque étranger. puisqu'elle fait de nous, physiologiquement, une autre personne, et que nous nous reconnaissons à peine dans le recul de nos souvenirs. On peut pardonner, quelle qu'elle soit, une faute qui ne saurait plus se renouveler et qui fut, pour ainsi dire, commise par une autre créature que celle à laquelle nous la pardonnons... Passé soixante ans, l'absolution de l'adultère cesse d'être une impossibilité morale. On devient clément à la vie quand on commence à se retirer de la vie. Ledoux a raison de reprendre sa femme. Je suis persuadé qu'ils pourront vieillir ensemble assez doucement.

Mais pourquoi Mme Ledoux dit-elle à son mari d'une voix suppliante : « Tu n'en mangeras pas, dis, des pieds de cochon ? » Je sais bien que ce que veut manger Ledoux, ça s'appelle, en effet, des « pieds de cochon ». Mais je suis assuré qu'à ce moment-là, Mme Ledoux doit instinctivement sentir une disconvenance entre ce vocable et les sentiments dont elle est agitée ; que, dans la réalité, elle éviterait ici « pieds de cochon » et qu'elle dirait plutôt : « Tu n'en mangeras pas, dis, des choses qui te font mal ? » — Et surtout pourquoi Ledoux, ayant pardonné à sa femme, éprouve-t-il l'impérieux besoin de pardonner à l'amant ? Et pourquoi, apercevant Bourdier à la fenêtre d'en face (car ils sont voisins de campagne), n'a-t-il rien de plus pressé que de lui crier avec une cordialité bourrue : « Allons, viens... imbécile ! » Là encore, la marque du Théâtre-Libre reparaît, et bien fâcheusement.

En dépit de ces taches, certainement voulues, je vois dans la pièce de M. Albert Guinon quelque chose comme une version *humaine*, attendrie, et, si vous voulez, tempérée et « centre-gauche » d'une demi-douzaine de comédies antérieurement jouées chez Antoine. **L'habileté** y est, d'ailleurs, presque excessive. Ce que l'auteur a sciemment gardé de la poétique du lieu contribue sans doute à nous donner cette impression d'adresse un peu inquiétante... Mais il serait injuste d'insister là-dessus.

PAUL ANTHELM

Théâtre-Libre : *La Fin du vieux temps,* pièce en trois actes, de M. Paul Anthelm. — Comédie française : *Athalie.*

12 Juin 1892.

Il faut avouer que le drame de M. Paul Anthelm avait bien des choses contre lui.

D'abord la température, qui est délicieuse et qui conseille tout, hormis de s'enfermer le soir dans un théâtre. (Quand je dis qu'elle est délicieuse, je parle comme un méprisable citadin ; je ne devrais pas oublier que cette sécheresse, qui dure depuis plus d'un mois, est malfaisante aux fruits de la terre ; que déjà les seigles sont brûlés et qu'ils ne donneront que de la paille ; que, si ça continue, nous n'aurons presque pas de blé et que ni les orges ni les avoines n'épieront. Depuis qu'on m'a dit cela, je jouis moins du soleil, et je fais le méritoire effort de souhaiter la pluie.)

La Fin du vieux temps avait aussi contre elle le

décor de son deuxième acte. Sous prétexte d'exactitude, M. Antoine, ayant à nous montrer une grange, avait entassé sur la scène une quantité de bottes de vieux foin avarié et moisi, qui sentait à plein nez « la varmine », comme on dit en Beauce, et dont l'affreux relent, mêlé à celui de la poussière des coulisses, se répandait jusqu'au milieu de l'orchestre. Je puis affirmer à M. Antoine que la vérité de la mise en scène n'exigeait point cette pestilence. S'il allait un peu à la campagne, il s'assurerait qu'une grange à fourrage n'exhale pas nécessairement une odeur d'anciennes latrines. Une pièce qu'on écoute en se bouchant le nez aura toujours beaucoup de peine à paraître charmante.

Joignez à cette odeur l'obscurité profonde où se joue tout ce deuxième acte. Pas d'autres luminaires que les deux ou trois falots qu'apportent les paysans venus à la veillée. Et, ici, j'ai à faire une observation dont l'importance capitale n'échappera point au scrupuleux directeur du Théâtre-Libre. J'ai examiné ces falots avec toute l'attention qu'ils méritaient. Or, je crois pouvoir affirmer que, dans ces falots, il y avait, non pas des chandelles, mais des bougies ! Vous sentez la gravité de ce détail : est-il vraisemblable que chez le père Muselle, paysan systématiquement arriéré d'un village de Bresse, on mette des bougies dans les lanternes ? Voilà l'émouvante question que je me permets de poser à M. Antoine. Et ce n'est pas seulement contre la vérité qu'il me paraît avoir péché dans cette occasion : c est contre l'harmonie. Le foin pourri de la grange appelait impérieusement l'oribus, ou tout au plus la chandelle des 12. La bougie de l'Etoile est comme une « fausse note », une regrettable disparate dans le marmiteux de toute cette mise en scène.

Absolvons toutefois cette distraction, et confessons qu'il est impossible de porter des chemises plus sales que celles du père Muselle, ni des haillons plus compliqués, plus déchiquetés et plus immondes que ceux de Tiolon, le mendiant sorcier. Cela, c'est vraiment le dernier mot de la pouillerie. Ces loques grouillaient ; on se grattait rien qu'à les voir. Les vieux tricots des femmes n'étaient pas mal non plus. Sous la poussière de brique dont elle s'était enduit la figure, la vieille servante Françoise était souverainement hideuse, et ses dents luisaient sinistrement. Que M. Antoine soit heureux. Sans doute, au premier acte, les parois du four tremblaient quand on enfournait le pain, et nous étions bien obligés de nous apercevoir que ce four était formé de châssis de toile peinte ; mais, en revanche, les miches étaient de vraies miches, en vraie pâte qui s'étalait sur la pelle à enfourner... A moins que ces miches ne fussent en plâtre ?... Je chasse cette idée, qui me serait trop pénible. Ce qui est certain, c'est que, Thermette et Fauchureur mis à part, l'aspect des personnages était parfaitement repoussant. Vive la « vérité ! » et vive le grand art !

Pour comble d'agrément, ces animaux parlaient comme parlent les paysans au théâtre. C'est-à-dire que l'accent de l'un semblait plutôt normand, l'accent de l'autre vaguement auvergnat, l'accent du troisième confusément belge, et ainsi de suite... Je ne dirai point : « Que votre vérité aille au diable ! » car il n'est pas ici question de vérité. Je dis simplement que c'est un étrange supplice d'entendre, durant trois heures d'horloge, ces charabias de convention.

Et ce n'est pas tout. Quand nous avons vu la toile se lever sur ces tricots, sur ces gilets sales et sur ces charabias, nous avons songé mélancoliquement : « Bon ! ça y est ! nous sommes fixés. Nous connaissons notre Théâtre-Libre, nous le savons par cœur. Ce qu'on va nous servir aujourd'hui, c'est le poncif rustique. Nous allons voir des brutes avares, amoureuses de la terre jusqu'au crime, des gars qui se flanqueront des coups de faux, quelque vieux paysan que ses enfants aideront à crever, probablement un notaire de campagne, presque sûrement un sorcier, une fille engrossée, une vache empoisonnée, un viol dans une meule de foin... » Et nous nous armions de patience.

Je me hâte de dire que nos prévisions ont été heureusement déçues. Mais vous voyez tout ce que la pièce de M. Paul Anthelm avait contre elle. Son plus grand malheur, en y réfléchissant, c'est d'avoir été jouée comme une pièce du Théâtre-Libre, bien qu'elle n'en fût pas. Il y avait, entre la poétique de l'œuvre et sa mise en scène, un désaccord presque continuel et tout à fait propre à nous déconcerter. D'entendre tout à coup ces paysans de chez Antoine, presque tous plus vilains que nature, parler un langage soigné, fleuri, aussi livresque pour le moins, en dépit de quelques expressions de terroir, que celui des paysans de George Sand, nous ne savions plus où nous en étions. En réalité, le style du drame réclamait une mise en scène adoucie, un peu convenue, des costumes d'une propreté décente, et, dans la diction, la suppression presque complète de l'accent pseudo-rustique. A ce prix, nous eussions pu juger commodément l'ouvrage. La façon « incongrue » (au sens étymologique du mot) dont il a été habillé et monté m'a si fort troublé l'esprit que je suis incapable de vous dire au juste ce que vaut ce drame.

Ma première impression, toutefois, c'est qu'il ne justifie pas entièrement son titre : *la Fin du vieux temps*. Si j'en crois, d'une part, le père Muselle, le vieux paysan ignorant et têtu, — et, de l'autre, Jean Fauchureur, le paysan des nouvelles couches, ancien sous-officier et muni de son « certificat d'études », l'esprit du vieux temps se réduit à vivre dans la saleté, à cultiver la terre selon les vieilles coutumes, et, si vous avez une fille, à ne la marier qu'à un gars dont les champs « jouxtent » les vôtres. Et l'esprit des temps nouveaux, c'est d'écouter un peu son cœur en se mariant, de faire recrépir sa maison, de manger du pain blanc, de forcer la fumure et d'employer la machine à battre. J'aurais cru qu'il y avait autre chose. Ce que représente le vieux Muselle, c'est tout au plus la routine, ce n'est pas la tradition La tradition peut comprendre la routine, mais elle comprend, en outre, certaines idées et certains sentiments tout à fait dignes d'estime. Le respect de la tradition ne va pas sans vertus. Il implique, notamment, un ensemble de croyances et de pratiques religieuses, dont M. Paul Anthelm ne nous dit pas un seul mot. J'aurais voulu que, à côté du père Muselle, qui eût figuré l'Avarice rustique et la Routine toute pure, il eût placé quelque vieille paysanne au grand cœur, comme il s'en rencontre encore, qui eût exprimé naïvement, — durement même, — la Tradition vénérable, la foi et les coutumes héritées et la docilité au passé. Et, pareillement, j'aimerais que l'auchureur ne fût pas seulement un bon élève qui se souvient des instructions des Manuels d'agriculture ; qu'il eût un peu plus conscience de ce qui le sépare si profondément du vieux Muselle ; que, dans sa langue de paysan intelligent, qui a été soldat, qui a lu, et qui a vu les villes, il essayât d'exprimer ce qu'il a pu comprendre et retenir des « idées du siècle » et des enseignements du regretté Paul Bert, ce qu'il croit, ce qu'il espère, où il cherche sa règle de vie, et quels dépôts curieux a pu faire en lui ce **qu'il y a présentement** d'esprit critique et scientifique épars dans l'atmosphère même des humbles...

Mais n'en cherchons pas plus long que M. Paul Anthelm. Il reste que *la Fin du vieux temps* est l'histoire du mariage d'un brave garçon et d'une brave fille, mariage contrarié par un grand-père avare, entêté et impérieux. Cela suffit à faire, en somme, une idylle intéressante, franche et rude par endroits.

Donc, le père Muselle est un dur bonhomme, qui fait tout trembler dans sa maison. Or, sa petite-fille, Thermette, aime Jean Fauchureur, un beau gars qui revient du régiment. Mais, quoique Jean ait du bien et « de la conduite », le vieux ne veut pas entendre parler de lui parce que, comme j'ai dit, Jean mange du pain blanc et qu'il a ses idées sur la culture. Le vieux entend marier sa petite-fille à un benêt, Balthazar Quinçon, dont le principal mérite est d'avoir des terres contiguës aux siennes. Vainement Thermette essaye de résister et implore le secours de son père, Toine. Bien que Toine grisonne déjà, il est, devant l'aïeul terrible, comme un petit garçon. Et Thermette, épouvantée (le vieux l'a menacée du bâton), est obligée de renoncer à Jean, et de souffrir la cour de ce nigaud de Balthazar.

Il est d'ailleurs charmant, ce jeannot ; et c'est un des caractères les mieux tracés de la pièce. Il vient tous les soirs, muni de son falot, passer la veillée dans la grange des Muselle. Thermette, farouche, ne lui adresse jamais la parole, se contente de lui répondre par oui ou par non. Et lui se figure que, si elle le reçoit de cette façon, c'est qu'elle est timide et qu'il lui fait de l'effet. Il faut qu'elle-même lui explique enfin qu'elle le supporte par obéissance, mais qu'elle ne l'aime pas et qu'elle ne l'épousera jamais. Et alors, le pauvre gars, avec une désolation comique : « J'ai tout de même pas de chance. J'ai du bien, je suis un bon garçon, je ne suis pas plus mal qu'un autre... Eh bien, c'est drôle, toutes les filles me répondent la même chose... »

Or, depuis qu'il a congédié Jean, le père Muselle a bien du souci. Il a perdu une vache et plusieurs moutons, et sa meilleure jument est blessée à la jambe. Il est persuadé qu'on a jeté un sort sur son étable.

C'est ici que Jean rentre en scène, Jean, l'homme éclairé, et qui est, dans ce drame rustique, ce qu'est l'ingénieur ou le maître de forges dans les comédies bourgeoises. Il dit à Muselle : « Les j'teux de sorts, nous n'y croyons plus. C'est tout bonnement quelqu'un qui vous en veut et qui vient la nuit estropier vos bêtes et jeter de mauvaises herbes dans leurs crèches. Laissez-moi veiller avec Toine, et nous pincerons le particulier. » Et, en effet, vers le milieu de la nuit, Jean et Toine surprennent le mendiant-sorcier Tiolon au moment où il pénètre chez Muselle par la lucarne de la grange, des mauvaises herbes plein son bissac. Quelles raisons a le sorcier de venir ainsi abîmer le bétail du bonhomme? Ce serait trop long à vous expliquer. Toine et Jean essayent d'empoigner le malfaiteur : il leur échappe dans les ténèbres ; mais, en s'enfuyant, il frappe Toine d'un coup de couteau.

On accourt. Toine agonise. Mais, avant de mourir, Toine, qui toute sa vie s'est tû devant « le père », trouve le courage de parler : « Je sens que je m'en vas... Ça m'est égal... Personne ne s'en apercevra; je comptais si peu sur la terre !... Mais je ne voudrais pas mourir avec l'idée que je laisse ma fille malheureuse... Mon père, je vous ai toujours été soumis, et même trop, jusqu'à manquer à mon devoir parce que j'avais peur de vous... Mais à cette heure il faut que je parle. Mon père, si vous voulez que je meure tranquille, promettez-moi de ne pas faire souffrir Thermette et de la marier à celui qu'elle aime. »

Le bonhomme résiste encore, et Toine meurt désespéré. Alors seulement le dur paysan est retourné, non par pitié peut-être, mais plutôt parce qu'il craint que le mort ne revienne le tirer la nuit par les pieds. Que Thermette épouse donc son amoureux ! Du moins Muselle n'assistera pas à la noce ; il ne verra plus jamais l'enfant dénaturée ; il vivra seul dans son trou, puisque les enfants n'obéissent plus aux vieux et puisque c'est autant dire la fin du monde !

Vous rappelez-vous le dénouement de *la Maison de Penarvan*, du bon Jules Sandeau? Vous n'avez guère qu'à transporter ce dénouement dans un milieu rustique. Jean et Thermette, mariés, se sont dépêchés d'avoir un garçon. Malgré ses serments, l'aïeul est dévoré de l'envie de le voir, ce beau petit gars, l'héritier de sa terre. Et un beau dimanche, en l'absence de Thermette et de Jean, le vieux Muselle entre furtivement dans leur maison, avec la complicité de la vieille servante. La scène est fort jolie. Le vieux prend le petit dans son berceau ; il le tripote, il l'admire : « Mais c'est qu'il me ressemble... Il est rudement bâti, le mâtin ! » Il lui fait risette ; il lui dit des bêtises attendries de bon vieux grand-père... Thermette et Jean le surprennent dans ces occupations... Ils le supplient de rester avec eux. Le vieux se laisse faire, tout en grognant.

Tel est ce drame en abrégé. Il est trop « écrit », il est languissant par endroits : il n'est point indifférent. Les physionomies des personnages ont de la vérité, et celle du vieux Muselle a de la grandeur dans sa rudesse.

Athalie triomphe à la Comédie française. Je ne vous apprendrai point que c'est non seulement le drame le plus harmonieux et le plus grandiose, mais aussi le plus pressant, le plus poignant, le plus « en action », le plus rapide dans sa violence ininterrompue. Et ce n'est pas tout. *Athalie* était bien, sans doute, dans la pensée de Racine, un drame essentiellement religieux ; il l'écrivit pour des couventines et

dans le temps où il était lui-même le plus ardemment
« dévot » : et cependant *Athalie* n'a absolument rien
des étroitesses, des timidités ou des fadeurs d'un ouvrage de piété et d'édification. Ce drame religieux, ce
drame tout chrétien (la révolution qui en fait le sujet est conduite par Dieu et prépare la venue du
Christ, et ainsi *Athalie* nous offre le même intérêt,
pour le moins, que l'*Orestie* ou *Œdipe à Colone*
offrait aux anciens Grecs), est en même temps le
plus beau, le plus humainement vrai et le plus hardi
des drames politiques. La clairvoyance du poète et
sa liberté d'observation, sinon sa liberté d'esprit, y
sont admirables. Un dramaturge incroyant, traitant le même sujet, n'eût pas mis dans son œuvre le
grand souffle de foi intrépide ni la piété si tendre
dont la tragédie de Racine est tour à tour animée :
mais, à coup sûr, il n'eût pu concevoir les caractères
de Joad, d'Athalie, d'Abner et de Mathan avec plus
de vérité. Cette vérité est telle que, si vous y tenez
beaucoup, il vous est loisible de voir dans Athalie le
personnage sympathique de la pièce. Voltaire, notamment, n'y a pas manqué. J'ai analysé ici même,
il y a quelques années, une conférence de M. Francisque Sarcey, où l'illustre critique, après avoir éliminé tout ce qui avait dû être, aux yeux de Racine,
l'âme même de sa tragédie, n'avait aucune peine à
démontrer que la pièce survivait à cette opération ;
qu'ainsi amputée, *Athalie* restait encore un chef-d'œuvre incomparable, et le tableau le plus exact,

le plus pénétrant, le plus complet qu'on ait jamais tracé d'une révolution politique, des passions essentielles que met en jeu une révolution de ce genre, et des quatre ou cinq personnages typiques qui s'y trouvent nécessairement mêlés.

Que si votre « état d'âme » vous permet de voir et d'aimer dans *Athalie* quelque chose de plus que l'exemplaire le plus parfait du drame historique, votre plaisir et votre émotion seront alors sans mesure. J'ai connu l'autre soir, je l'avoue, cette joie suprême. La « tragédie chrétienne » m'a tout autant remué que le drame humain. Même les chœurs d'*Athalie*, ces chœurs calomniés, que l'on dit inférieurs à ceux d'*Esther* et d'une langue un peu indigente dans sa fluidité, m'ont paru simplement délicieux. Cela est si bien une poésie de jeunes filles, une poésie de catéchisme de persévérance, une poésie de voiles de tulle, de bannières, de couronnes de roses blanches et de rubans bleus ! Et comme la douceur virginale et presque trop innocente de ces cantiques enveloppe singulièrement de ses mousselines et de ses écharpes molles le drame véhément et formidable ! Et voyez l'harmonie secrète de tout ceci. Ces jeunes Israélites que conduit, si j'ose dire, la claquette de sœur Josabeth, ce sont déjà des jeunes filles chrétiennes ; d'avance, elles ont cette pureté mystique, cette nuance particulière d'innocence et de piété que, seul, rendra possible l'avènement de Celui dont le grand-prêtre Joad prépare les voies...

C'est une très heureuse innovation que d'avoir fait jouer le rôle de Joas, non plus par une femme, mais par un enfant. La grande scène de Joas et d'Athalie, la rencontre de la vieille reine toute-puissante et du frêle enfant de chœur qui porte en lui, sans le savoir, de quoi la renverser et la perdre, devient, par ce moyen, infiniment plus expressive. Et, de même, la force du principe de la royauté légitime éclate davantage, quand on voit un vieillard vénérer cette idée du droit royal dans une si petite et si faible créature. C'est Mlle Gaudy qui jouait le rôle de Joas. Elle a eu une bien mauvaise presse, la petite Gaudy. Sous prétexte qu'il est raisonnable de coucher les enfants de bonne heure, la critique a été très dure pour elle. On lui a même reproché de trop bien jouer ! Il me semble pourtant que ce n'est pas là un crime.

Théatre de la Tour-Eiffel : *Paris en l'air,* revue en deux actes, de MM. Armand de Caillavet et Franck.

20 Juin 1892.

Première plate-forme de la tour Eiffel, huit heures du soir. Un ciel morne, un vent glacé. En bas, des deux côtés du bassin où furent les fontaines lumineuses, de petites taches sombres cheminent. Vingt ou trente, pas plus, semées dans les vastes allées. Ces fourmis sont presque toutes de pauvres petits soldats qui vont deux par deux. Le Dôme central a des tons rougeâtres de vieux paillons dédorés, tandis que les deux dômes bleus paraissent d'un bleu plus acide et plus blessant sous le ciel couleur de moutarde. Çà et là les murs de brique s'effritent, et les vitrages ont des trous d'écumoires. — Les ruines des parthénons et des cathédrales gothiques, des monuments bâtis pour les siècles, formés de matériaux résistants et lourds, de marbres et de granits lentement taillés et entassés, demeurent majestueuses et gardent une beauté de couleurs et de lignes. Mais rien n'est plus maussade aux yeux que la détérioration de ce qui ne fut édifié que pour un jour. Les palais de l'Exposition ne tombent pas en ruines : ils sont, — ce qui est pire, — avariés et « défraîchis », comme ces objets de fabrication hâtive que les marchands offrent au rabais.

Mais peut-être ai-je trop subi l'influence du vent aigre et du ciel bas. Du fond du restaurant désert, où j'ai mangé des choses achetées la veille ou l'avant-veille, une musique de tziganes m'arrivait par bouffées ; et la profonde inopportunité de cette musique absurdement sautillante augmentait ma désolation. Décidément, ce qui reste de la féerie d'il y a trois ans est mélancolique aujourd'hui plus qu'on ne saurait dire. D'avoir été visitée par tous les peuples du monde, la feue Exposition paraît aujourd'hui plus solitaire ; d'avoir été remplie de si énormes rumeurs, elle paraît plus silencieuse ; et d'avoir été si follement vivante, elle paraît plus morte. Elle est plus triste de toute sa gaieté passée. C'est le palais du souvenir ; et, si le souvenir des douleurs nous meurtrit, le souvenir des joies nous crucifie. N'y allez pas seul, et n'y allez que par un grand soleil. Et alors vous n'y verrez point ce que j'y ai vu ou rêvé.

Heureusement, le petit théâtre de la tour m'a su

tirer de ce marécage de songeries. Car, sur la première plate-forme de la tour Eiffel, M. Bodinier a transporté la Bodinière. Le plus fol esprit d'entreprise est dans cet homme. Son théâtre aérien est fort élégamment installé. On s'y carre dans d'excellents fauteuils Louis XIII, et l'on y assiste à une Revue très spirituelle et très parisienne de MM. Arman de Caillavet et Franck. Et c'est plaisir d'entendre le moineau de la blague boulevardière s'ébattre irrévérencieusement dans la cathédrale symbolique de l'industrie moderne. Vous sentez l'harmonie, — ou le contraste, comme vous voudrez.

EMILE POUVILLON

Bibliographie Dramatique : *Les Antibel*, drame,
par M. Emile Pouvillon.

15 Octobre 1892.

M. Emile Pouvillon est un sage très doux qui, du fond de son Quercy, nous envoie tous les deux ans un roman rustique : *Césette*, *l'Innocent*, *Jean-de-Jeanne*, *Chante-Pleure*. Il n'est pas d'homme plus profondément amoureux de la terre, et il est peu d'écrivains aussi artistes. Cette fois, son roman est un drame, et c'est ce qui me vaut le plaisir de vous en parler ici.

C'est encore une histoire de paysans que *les Antibel*. Non pas des paysans de l'Ile-de-France, des maraîchers de Dancourt ou de M. Sardou ; non pas même des vignerons de Touraine, mais des laboureurs et des bergers de ce Midi occidental, âpre, rude, infertile, plus brûlé que réjoui par le soleil, de population peu serrée, et où, si vous consultez une carte, le réseau des chemins de fer vous étonnera par l'extrême largeur de ses mailles.

La différence est assurément plus grande entre ces paysans-là et ceux des bords de la Loire qu'entre ces derniers et les ouvriers du faubourg Saint-Antoine. Les paysans de là-bas sont encore assez semblables, j'imagine, par leurs mœurs et par leurs idées, aux vilains du moyen âge, aux laboureurs du temps de Caton l'ancien, ou aux porchers de la divine *Odyssée* ; assez pareils aussi, — moins peut-être l'exubérance d'humeur, — aux vignerons d'Aristophane ou aux pâtres de Théocrite. C'est encore la primitive humanité rustique, presque immuable depuis les anciens âges.

Ils sont simples, lents, taciturnes ; ils ont peu d'idées, et très tenaces. C'est un pays d'usages et de traditions, un pays où l'on croit à des saints, où l'on va à des pèlerinages, où l'on consulte des sorcières, où l'on redoute les « j'teux de sorts », où les principales actions de la vie sont accompagnées de rites locaux, de cérémonies séculaires, où l'on donne des charivaris et où il y a encore des bergers-poètes qui improvisent des chansons. Les croyances ou les habitudes d'esprit de ces gens-là, notamment en ce qui touche le mariage, la constitution de la famille, la hiérarchie et les rôles respectifs de ses membres et le commerce des vivants avec les morts, sont encore, à peu de chose près, celles de nos lointains ancêtres aryas.

Ils sont graves. Leur vie morale est élémentaire, mais très forte. On s'aperçoit qu'ils sont d'un pays d'hérétiques, qu'ils ont gardé dans leurs veines quelques gouttes du sang des Albigeois. Comme ils sont tout près encore de la nature, que la vie qu'ils mènent les distrait peu d'eux-mêmes, et que, si la plupart du temps ils ne pensent à rien, ils sont cependant dans les meilleures conditions pour ne penser éternellement qu'à une même chose, ils sont capables quelquefois de passions violentes, ruminées et nourries dans la solitude des champs, d'amours inguérissables, toujours plus enfoncées dans leur chair par l'idée fixe, et lentement exaspérées jusqu'à la folie...

Le drame de M. Emile Pouvillon est une idylle de là-bas, une idylle tragique, et, j'ose dire, majestueuse. Le fond, c'est une de ces vieilles idées immuables dont je parlais tout à l'heure. Le mariage est saint. Chaque mariage est pour la vie, et même pour l'éternité. Un homme ne doit, dans sa vie, avoir qu'une femme. Ou si, demeuré veuf, il en prend une seconde, il ne peut le faire que dans des conditions qui montrent son respect pour la morte et qui lui méritent d'être absous par elle. La croyance à la survie des morts l'exige ainsi, et la dignité du mariage, qui, s'il n'est unique, se distingue mal du concubinage, et enfin l'intérêt des enfants, quand la morte en a laissé derrière elle. Si l'homme enfreint cette loi, ou du moins, — car la faiblesse humaine veut à toute loi des adoucissements, — si la morte est trop tôt oubliée et remplacée, la morte se vengera.

Les Antibel, c'est l'histoire d'une première femme qui se venge de l'époux remarié en lui reprenant son fils. Le « moyen » de cette reprise, c'est la passion mortelle inspirée à ce fils par l'étrangère, par la femme, trop belle et *trop jeune*, qui a usurpé la place de la défunte. Le drame, humble et grand, est tout enveloppé d'une atmosphère de fatalité comme une tragédie grecque. Partout on sent que quelqu'un d'invisible y pousse les acteurs au dénouement inévitable.

Donc Antibel, un paysan de quarante-cinq ans, ayant perdu sa femme, la Fabiane, songe, moins de neuf mois après, à se remarier. Et avec qui ? Avec la Jane, une jeunesse de vingt ans, et qui n'est qu'une pastoure, une sans-le-sou. Il est vrai que Jane est une fille parfaitement sage, modeste, douce et travailleuse ; et la vieille Martril, la mère d'Antibel, est tout à fait injuste quand elle traite sa future seconde bru de catin. Mais justement la vertu même de Jane, en limitant la faute d'Antibel, nous montre avec plus de clarté en quoi cette faute consiste essentiellement.

Antibel pèche d'abord par ingratitude envers la morte. « La Fabiane n'était pas au cimetière depuis trois mois et déjà il tournait autour de la petite. » Et ailleurs : « — Attends au moins que l'année de deuil soit finie ; attends qu'on ait célébré le service

d'anniversaire. Quand elle aura reçu la dernière absoute, l'encens et l'eau bénite du prêtre, Fabiane te pardonnera. Attends, mon ami ; ne badine pas avec les morts. » Mais Antibel ne veut rien entendre.
— Il pèche ensuite en ce qu'il aime une fille trop jeune pour lui, et en ce qu'il l'aime à cause de cela et que c'est fort heureux pour lui que Jane soit honnête fille, car, fût-elle, en effet, « une catin », il l'aimerait tout comme. Elle voit clair encore sur ce point, la vieille Martril, quand, après le charivari qui s'est terminé en sérénade (Antibel ayant rossé un des charivarisants et donné à boire aux autres), elle crie brutalement à son fils : « — Ce Piboul, avec sa chanson ! Comme il a su vous enguirlander, toi et ta bonne amie ! En l'écoutant, tu grognonnais de plaisir, comme un cochon qu'on étrille. Grand imbécillas ! Sans compter que ça n'est déjà pas si honnête, ce que cet ivrogne-là récitait sur le compte de ta Jane... » — Et, enfin, Antibel pèche par égoïsme, et oubli du devoir paternel ; il s'expose à léser les intérêts de son fils, et, en outre, à le blesser dans son cœur et à lui faire la vie intolérable. « — Ce que c'est pourtant ! dit Martril. Depuis que tu es au monde, je n'ai pas cessé de m'occuper de toi. J'ai trimé, j'ai peiné, je me suis faite vieille avant l'âge pour toi, pour te voir content. Et voilà ma récompense. Mauvais fils ! Crois-tu que je n'aurais pas trouvé à me remarier, moi aussi, si j'avais voulu ? Je n'étais pas si laide ou si décrépite quand on père

est mort, et les prétendants ne manquaient pas. C'est pour l'amour de toi, de peur qu'un parâtre ne te fît souffrir, que je les ai remerciés. Et toi tu n'hésites pas à donner une marâtre à ton fils ! »

Et, avec tout cela, Antibel est un fort brave homme. Il est doux, patient, sensé ; il est assez désintéressé pour épouser une fille pauvre ; et s'il y a un peu de « folie du sang », il y a aussi de la tendresse et de la confiance dans son amour pour Jane. Et inversement, si Martril est la religieuse interprète de la tradition et du devoir, il lui arrive de mêler à ses remontrances des propos et des considérations de paysanne avaricieuse, et des préventions et des violences de vieille femme impérieuse et têtue. Bref, ces deux-là sont bien vivants.

Donc, Antibel épouse sa Jane. Et alors...

Un jour que les hommes sont à la moisson, Martril et Mette, — une sœur cadette de Jane, — cueillent des haricots au jardin. Mette, très câline, interroge la vieille sur son petit-fils Jan qui est à l'armée, — là-bas, par delà les mers, — et qui doit bientôt revenir. Même, elle lui relit la dernière lettre de Jan, que l'aïeule a toujours dans sa poche ; et l'on sent que la jeune fille est déjà toute prête, sans le savoir, à l'amour du beau soldat.

Tout à coup, « l'œil agile de Mette découvre un passant sur le sentier qui mène au plus court de Saint-Vergondin à la Dérocade et à la Régaldie. Le sentier n'est qu'un fil au penchant du roc d'Anglas...

L'homme a surgi subitement dans la brèche qui coupe, à la hauteur de Saint-Irech, l'arête du roc, avant et après infranchissable. Il suit maintenant la base de la muraille calcaire qui porte en surplomb le cimetière et l'église... »

Est-ce que cette descente de Jan, longeant le cimetière où dort la morte, ne vous fait pas un peu songer à la descente d'Oreste vers le tombeau de l'Atride ?... Tous deux, le fils d'Agamemnon et le fils de Fabiane, une Ombre les pousse par les épaules...

Or, tandis que Mette va prévenir Antibel, l'aïeule s'empare de Jan, lui raconte avec véhémence ce qui s'est passé à la maison, et lui souffle sa haine contre l'étrangère... Antibel rentre des champs ; la première rencontre du fils et du père est embarrassée et presque silencieuse... Mais, lorsque Jan s'est assis pour le souper à la table de famille et qu'il voit Jane à la place qu'occupait sa mère, le pauvre gars — qui d'ailleurs est malade, ayant rapporté de mauvaises fièvres des pays d'outre-mer, — ne peut toucher à sa soupe, sent son cœur qui s'en va, est repris d'un accès et, son père l'engageant à aller dormir dans son lit, s'écrie, le doigt levé sur Jane : « — Plutôt crever dehors, que de coucher sous le même toit que cette garce ! » Après quoi il tombe en syncope. Et Jane s'empresse pour le soigner....

Et, quinze jours après, Jan se meurt d'amour pour sa jeune belle-mère.

Oh ! sans le dire. Il se ronge tout seul et ne dort plus.

Il cherche partout les deux jolies sœurs et, dès qu'il les a rejointes, il se sauve sans prononcer un mot. Et la pauvre Mette croit que c'est elle qu'il aime, et qu'il est seulement un peu timide. Mais la vieille Martril a une autre idée.

Antibel a remarqué des traces de maraudeur dans le jardin, particulièrement sous la fenêtre de Jane, où sont des treilles en berceau. Il croit qu'on en veut à ses raisins, et, la nuit venue, excité par Martril, il prend son fusil et se met en embuscade avec la vieille femme...

Et cependant Jan, dans son lit, se retourne douloureusement : «... Pas de chance ! Je la détestais avant de l'avoir vue ; je l'ai insultée la première fois que nous nous sommes rencontrés ensemble. Comment en suis-je venu à l'aimer ? C'est la maladie qui m'a perdu : la fièvre a tué ma colère. Tout m'était égal. Et elle était toujours là, secourable, avec sa voix si douce... Quand je commençais de me lever, si faible encore, les jambes trop molles pour me soutenir, Mette d'un côté, Jane de l'autre, les deux sœurs me portaient, m'aidaient à faire mes dix pas dans la cour... Quel malheur que je sois arrivé à en préférer une ! Et pourquoi Jane ? Mette est aussi jolie que sa sœur et nos âges sont mieux assortis. Elles se ressemblent d'ailleurs ; les cheveux, les yeux pareils ; Mette un peu plus petite seulement

et la peau plus blanche. Et c'est l'autre qui me va !
L'autre, la marâtre !... Quand ça a commencé ? Je
n'en sais rien ; le premier jour probablement, sans
que je m'en doute... » Et encore : « — Oh ! la prendre,
la posséder de force ! Perdu pour perdu, tant pis,
me contenter une fois... La nuit dernière, une folie
m'a pris, un besoin de la voir. Sa porte était verrouillée. Il s'en est manqué de peu que je n'escalade
sa fenêtre... Ça finira mal, bien sûr. »

Et Jan se lève ; il entre dans le jardin (il croit son
père loin, « occupé à garder la vigne d'Escouloubre »). Il veut parler à Jane, tout de suite, lui
confesser ce qui l'étouffe. Il se hisse, il va décrocher
le contrevent...

De sa cachette, Antibel couche en joue le voleur.
Mais Martril l'a devancé et tire l'homme par la
manche. Il tombe, se relève, va fuir. Antibel lui barre
la route : — Jan, que fais-tu là ? »

A ce moment, un contrevent s'ouvre : la complice
se dénonce. Mais ce n'est pas Jane, c'est Mette. Elle
croit que Jan venait pour elle, et Jan ne la dément
point. On les fiance, sous la lune, en les grondant un
peu. Et tout le monde s'en va coucher... Mais, pendant que le garçon lui met un baiser dans ses rides,
l'aïeule clairvoyante lui dit à l'oreille : « — C'était
pour l'autre, dis ? Malheureux ! fais attention. »

... Jan est pour la pauvre Mette un bien triste
fiancé. « Qu'est-ce qu'il a donc, ce Jan ? songe la
petite en gardant ses ouailles. C'est bien lui pour-

tant qui est venu me chercher. La folie le tenait sans doute. Et maintenant, sa fantaisie est passée, il n'a plus rien à me dire... Si c'est comme ça maintenant, qu'est-ce que ce sera plus tard quand nous serons mari et femme ! »

Elle le somme de s'expliquer. « — Qu'as-tu contre moi ? — Rien. — Alors, embrasse-moi. » Il l'embrasse. « Mette, ma pauvre Mette... Ce n'est pas ma faute, va... C'est comme une maladie qui m'a pris. Je n'ai plus ma tête à moi. Ah ! quel malheur !... Crois-moi, ma pauvre Mette, j'en ai plus que ma charge. Il y a des moments où j'ai peur de devenir fou, oui, fou, et pire encore. Si ça n'était pas des bêtises, des radotages de l'ancien temps, je jurerais que quelque malintentionné m'a jeté un mauvais sort ! »

« Un sort ! » Là encore, l'immuable sagesse populaire se rencontre avec la sagesse des plus anciens poètes. Pourquoi un homme aime-t-il une femme, j'entends telle femme à l'exclusion de toutes les autres ? Pourquoi la petite ligne de telle bouche féminine, — pour parler comme l'auteur de *la Vie intérieure*, — a-t-elle la puissance de détraquer tel cerveau d'homme, de lui être toujours présente et inoubliable, en sorte que le malheureux, hanté par cette image, sera capable de tuer pour posséder la femme dont la lèvre affecte cette petite courbe, et s'il ne peut la posséder, sera capable de mourir ? Et pourquoi encore un homme fait-il et ne peut-il s'empêcher de faire des choses qu'il ne veut pas et dont il a même horreur ?... C'est un sort qu'on a jeté à Phèdre ; c'est un sort qu'on a jeté à Oreste ; c'est un sort qu'on a jeté à Macbeth... Le peuple sait du moins donner des noms saisissants aux choses qu'il ne peut expliquer. — Mais qui jette les sorts ? Pour le peuple, un homme (ou une femme) a le pouvoir d'ensorceler un autre homme. Et sans doute, au premier abord, cela est absurde. Mais faites attention que le « j'teux de sorts » n'est qu'un intermédiaire qui sait seulement « des mots » pour rompre l'immatérielle cloison qui sépare le monde visible de l'autre monde, et pour déchaîner sur les vivants les puissances mystérieuses. Quelles puissances ? Les esprits, les âmes des morts, ce qui flotte dans l'air autour de nous. Et ainsi ce n'est pas le sorcier ni la « devine », ce sont ces âmes et ces esprits qui agissent sur les nôtres, qui nous soufflent certaines pensées, qui nous obsèdent de certaines images, qui nous poursuivent d'hallucinations, et qui donnent aux objets, autour de nous, certaines apparences étranges et obstinées. Les sorciers mettent en liberté, par des formules et des rites, — tel Ulysse emplissant la fosse de sang dans le pays brumeux des Cimmériens, — quelques-uns des esprits au milieu desquels nous vivons ; voilà tout. Et je ne dis pas que cela soit clair comme eau de roche. Mais aux choses impénétrables il n'est que des explications obscures. Le « sort jeté » en est une.

Et c'est pourquoi Mette, qui n'est point philosophe, consulte la vieille Gate, la « devine », et son bouc Barrabas... Admirez ici cette eau-forte :

« ... Endeuillée de cotonnades violettes, la figure à l'ombre d'une indienne déteinte, Gate se glisse le long des cépées, hésitante, à la façon des voleurs ou des ivrognes. Son bouc Barrabas la suit, un vieux bouc noir, haut encorné, solide encore sur ses quilles, la barbiche ricaneuse... Il a trente ans d'âge, soixante, affirment quelques-uns. Le fait est que, la sorcière et lui, on les a toujours connus ensemble. Qui voit l'un voit l'autre ; ils ne se quittent pas ; associés en maléfice, camarades d'ivrognerie ; car le vin, assure-t-on, ne fait pas plus de peur à l'un qu'à l'autre. Et, quand ils ont trop bu, ils se cognent, on le dit du moins. Des passants de minuit les ont entendus se chamailler et se rosser comme un mauvais ménage. Le bouc bêle comme tous les boucs quand il y a du monde, mais, quand il est seul avec sa commère, il sacre et renie Dieu comme un chrétien. »

Gate fait son métier de sorcière ; elle dit des paroles, trace des cercles magiques, passe la bague de Mette sous le nez de Barrabas, gratte le front du bouc, se recueille ; puis, comme si ces rites et conjurations lui révélaient ce qu'elle tire tout bonnement de sa caboche (à moins que, comme tous les thaumaturges, elle ne se laisse prendre à son propre jeu\, elle découvre que le j'teux de sorts, ce n'est point ici un vivant, mais que c'est l'esprit de Fabiane elle-même : car, parfois, les morts agissent tout seuls et sans l'intervention des sorciers.

« — Ça y est, ma fille ; Barrabas l'affirme, et Barrabas ne se trompe jamais. Jan est pris. Les âmes lui en veulent... C'est la Fabiane ; j'aurais dû y penser tout de suite. La Fabiane n'est pas contente. Antibel l'a offensée en se remariant avant l'anniversaire. Et, depuis, combien de messes a-t-il fait chanter à son intention ? Pas une. La morte est en colère... Elle ne veut pas que Jan t'épouse. Ta sœur lui a pris son mari. Elle ne veut pas que tu lui prennes son fils. Elle le reprendrait plutôt. La colère des morts est terrible ! »

Le remède ? Que Mette aille trouver le curé de Saint-Irech et lui demande de dire trois messes chantées d'ici à dimanche. Après, on verra.

Mais il est déjà trop tard. Et l'oracle du bouc va s'accomplir.

Jan a résolu de partir. Auparavant, il vient trouver Jane près de la fontaine qui est à l'angle de la « crose », laquelle domine la « combe » (je suppose que vous savez ce que c'est qu'une combe et ce que c'est qu'une crose, et aussi ce que c'est qu'une causse, et pareillement ce qu'on appelle une igue?). Jan annonce son départ à Jane, qui d'abord lui reproche sa méchante conduite envers la pauvre

Mette. Mais, en regardant Jan de plus près, elle lui trouve si mauvaise mine qu'elle a pitié de lui... Et alors Jan laisse échapper l'aveu de son amour. Jane s'indigne ; mais il lui raconte tout ce qu'il a souffert, et elle s'apaise, et elle lui donne des conseils : « ... Tiens, veux-tu que je t'enseigne un bon remède pour te guérir ? Epouse avec Mette. C'est comme on dit : « Quand la chandelle est éteinte, « toutes les femmes sont pareilles. » Si ce n'est pas pareil, c'est que ce sera mieux. Tu peux m'en croire. Quand tu la tiendras, la petite, tu n'auras plus envie de changer ! » Et Jan promet d'être sage. Seulement il veut, en récompense, que Jane lui permette de l'embrasser. Jane le repousse. Une folie s'empare de Jan ; il empoigne la jeune femme... Antibel paraît avec sa faux... Et Jan se laisse tomber dans le précipice... « La Fabiane s'est vengée ! »

Le drame de M. Emile Pouvillon est imprimé en deux caractères, comme *la Tentation de saint Antoine*. Le gros caractère est pour le dialogue ; le petit est pour l'indication des attitudes et la description des paysages. Ces paysages pierreux et lumineux sont des merveilles. Ils ont des formes nettes, simplifiées et résistantes, comme les sentiments des personnages. Ils blanchissent, craquent, flambent et pétillent de soleil. — Le drame est simple, expressif, rapide, avec un air de grandeur. Il y aurait peu de chose à faire pour le transporter à la scène. Des décors de

Jambon tâcheraient d'y suppléer aux descriptions et les réaliseraient en partie...

J'ai fait beaucoup de citations. Vous ne vous en plaindrez certainement pas ; et moi, cela m'a rendu un fier service par ces molles journées où le feuilleton m'est un crucifiement.

ERNEST DAUDET

Gymnase : *Un Drame parisien,* pièce en quatre actes, de M. Ernest Daudet.

3 Octobre 1892.

Nous sommes dans la sacristie d'une église riche. L'endroit est confortable. Il y a une cheminée où brûle un bon feu de charbon de terre. Ce feu, qui a je ne sais quoi de ministériel, éclaire une haute croix dorée, fixée par un anneau entre deux grandes armoires où reposent les calices de vermeil et les chasubles lourdes de broderies. On sent que le Crucifié n'a pas froid. Sur la cheminée tiédit la tasse de lait qui attend le prédicateur. Le sacristain, très digne, a l'air d'un huissier de ministère.

Les sons de l'orgue nous apprennent que le sermon est fini. Le prédicateur entre dans la sacristie en s'épongeant, de l'allure d'un tragédien qui rentre dans sa loge. Il est beau et bien drapé d'une flanelle molle et blanche, — la même sans doute qui sert à faire les *suits* pour bains de mer et les costumes de lawn-tennis. Il s'appelle le Père Vignal et c'est le lion du Carême cette année-là. Je veux citer ici une phrase de mon éminent confrère, Léon Bernard-Derosne, qui m'a frappé par sa belle couleur : « Le Père Vignal est un de ces dominicains bien râblés et frémissants, qui, rien qu'en se tapant sur la cuisse, mettent en l'air, pour tout un Carême, les jeunes et les vieilles dévotes des deux faubourgs. »

C'est bien cela. Ne reprochez point à mon confrère de manquer de respect. Un Carême élégant dans une paroisse aristocratique est forcément une des choses les plus bizarres et, sous un appareil religieux, les plus antiévangéliques qui se puissent concevoir. Les pauvres, c'est-à-dire ceux qui ont le plus besoin de la foi pour supporter la vie, en sont exclus. Il faut payer pour entendre la parole de Dieu. Les places sont chères. Les charmantes auditrices les font garder par leurs valets de pied. Elles arrivent dans des toilettes qui témoignent du culte qu'elles ont de leur corps et qui sont proprement des provocations à la volupté. Celles même qui se croient pieuses et qui observent les pratiques extérieures de leur religion n'ont pas le plus petit soupçon de ce qu'est une vie chrétienne. Elles étaient au bal hier ; elles y retourneront après Pâques, ou même avant ; elles recommenceront à y montrer leurs épaules et leur gorge, sans peut-être se douter de la signification nécessaire de cette exhibition ; elles continueront à passer leurs journées dans une parfaite oisiveté et dans des frivolités ineptes et à ignorer qu'il y a sur la terre autre chose que leur « monde ». Elles pourront, d'ailleurs, — qu'elles soient ainsi naturellement ou que leurs occupations de mondaines ne leur laissent pas le temps de mal faire, — être des épouses et des mères « correctes » et respectueuses de toutes les « bienséances ». En réalité, ce sont des perruches et ce sont, moralement, des incurables.

A supposer que le prédicateur leur enseigne l'Evangile et la doctrine chrétienne bravement et ingénument, elles ont des oreilles pour ne pas entendre. Ou bien, si d'aventure elles entendent, elles se scandaliseront, elles trouveront l'apôtre inconvenant. Elles hésiteront à mener leurs filles à ses sermons. Un de ces derniers hivers, dans une des paroisses mondaines de Paris, un moine s'avisa de prêcher en disciple du Christ, de leur dire toute la vérité, de leur mettre le nez dans leur hypocrisie, dans leur lâcheté, dans leur sensualité. « Enfin, ma chère, il disait des choses !... » Un jour qu'il se disposait à trancher dans le vif (c'était, je crois, à propos du mariage tel qu'on le conçoit et le pratique dans les classes élégantes), il entendit, sous sa chaire, ces paroles chuchotées par une de ses délicieuses auditrices : « Je vais être obligée de faire sortir Marguerite. » L'orateur s'arrêta, et dit simplement : « C'est ça, faites sortir Marguerite. » Ce moine a toute ma sympathie.

Mais ces accidents sont rares. Même quand sa foi est profonde et son zèle pur, l'homme de Dieu subit la futilité de son auditoire. Parlant à des personnes qui viennent à l'église dans les mêmes dispositions qu'elles vont au théâtre, il conforme sa parole à ces dispositions. Il ne songe plus qu'à bien chanter son air. Sa préoccupation finit par être celle d'un acteur sur les planches. L'espèce de curiosité qu'il sent chez les poupées qui l'écoutent lui fait, à lui, une âme cabotine. Il montre sa tête sous le meilleur angle et cherche des effets de draperie, pour la plus grande gloire de Dieu. Il s'en tient au développement fleuri de ces vérités générales qui n'étonnent ni qui n'offensent personne, mais qui n'éclairent personne non plus et qui ne pénètrent point dans les cœurs. Un sermon n'est plus pour lui qu'un morceau d'éloquence, et la parole de Dieu un genre littéraire. Il a la faiblesse de vouloir plaire à ces poupées, sachant bien qu'il ne leur plaira qu'à la condition de ne rien leur dire, de ne point troubler la sérénité vide de leur âme d'oiseau. O dérision du Sermon sur la montagne ! L'homélie sacrée devient ainsi on ne sait quelle parade menteuse, où l'Evangile est également absent de la parole de l'orateur et de l'attention des écoutants, et où l'ensemble même du spectacle, — auditoire riche et content de soi, étalant sa vanité dans des places inaccessibles aux pauvres, ténor avantageux filant sa cavatine sacrée, — est un inconscient défi à l'esprit essentiel de l'Evangile. Pensez-vous qu'une seule mondaine ait été jamais « convertie », au sens vrai du mot, pour avoir entendu un Carême à la mode ? Si j'étais moine et prédicateur, je fuirais comme la peste ces auditoires-là : il n'y a rien à en tirer. C'est aux pauvres gens qu'il faut aller. Ils sont, je crois, plus évangélisables ; et dans tous les cas, le prédicateur, avec eux, peut mieux dire toute la vérité et risque moins d'être corrompu et diminué par son public. Il n'est pas exposé à jouer le rôle déplorable de moine aimé des belles oisives et à prendre à son insu des allures ou à se laisser imposer des attitudes qui démentent plaisamment sa vocation sainte. Ah ! qu'un moine devrait même éviter de paraître un beau garçon !

Tel qu'il est, le Père Vignal est, d'ailleurs, digne de respect. Il me rappelle un peu, mais seulement un peu, le moine théâtral dont il m'est arrivé de tracer la silhouette dans un petit conte pieux : « Le Père Montarcy était un de ces cœurs généreux et de ces esprits superficiels comme on en voit beaucoup dans l'Ordre de Saint-Dominique. Il avait toutes les belles illusions de Lacordaire, et il y joignait des prétentions scientifiques ; il était de ces moines qui ont lu Darwin et qui vont suivre des cours de physiologie à la Sorbonne. Sa parole était enflée et vague, avec de beaux élans. Il marchait dans son rêve, isolé du réel, l'âme et le corps drapés de blanc, et sachant se draper ; très chaste, mais sentant son pouvoir sur les femmes, en jouissant malgré lui, et se prêtant à leurs adorations. »

Je dois dire tout de suite que le Père Vignal s'y prête avec beaucoup de discrétion : il n'a que le tort de ne pas fermer plus impitoyablement, après ses sermons, la porte de la sacristie. Encore n'est-ce pas sa faute s'il y trouve la jolie Rose Morgan, qui a eu l'esprit de l'y devancer en graissant la patte molle du sacristain.

Rose Morgan est une cocotte « de grande marque » qui a du vague à l'âme. Elle est accompagnée d'un ami, un romancier psychologue pour grandes et petites dames, les unes et les autres ayant au fond les mêmes exigences intellectuelles. Rose est fort troublée depuis que son protecteur en titre, le comte de Véran, a été trouvé assassiné dans son hôtel à la suite d'un souper galant. C'est ce trouble qui a conduit la pécheresse au sermon du Père Vignal. Et, l'ayant entendu, elle a voulu le voir de près. Elle balbutie quelques sots compliments ; le religieux répond froidement par quelques bonnes paroles. Il lui demande si elle a la foi. « Je l'avais, dit-elle, quand j'ai fait ma première communion. » Il lui insinue que, pour la retrouver, il ne serait pas mal de changer de vie. « On ne m'avait jamais parlé ainsi », murmure-t-elle en faisant des yeux blancs.

Puis c'est l'envahissement de la sacristie par deux ou trois perruches mondaines : un assaut de niaiseries que le Père soutient avec une gravité un peu ironique. Puis il reçoit la visite du capitaine Moronis, un ami d'enfance. Moronis lui confie qu'il doit épouser, après les délais légaux, la comtesse de Véran, la veuve du gentilhomme assassiné après souper. Ce Véran était un mari brutal, joueur et libertin. Sa mort mystérieuse n'a fait de peine à personne. Mais il est surprenant que, au bout de six mois, on n'ait pas encore mis la main sur le meurtrier...

Tout à coup un joli tourbillon de crêpes noirs, sous un mignon chapeau noir à liseré blanc, se précipite dans la sacristie. C'est une dame éplorée qui supplie le Père Vignal de l'entendre en confession. Le Père, tout d'abord, s'en défend : il se méfie des pénitentes échauffées et trop belles. Mais elle insiste, elle déclare, en levant ses bras au ciel, qu'il y va du salut de son âme, et le Père se résigne à l'écouter.

Et je n'ai que du bien à dire de ce premier acte. Le froufrou des jupes trop richement chiffonnées autour de l'austère robe blanche ; l'excitation affairée et sans but, — mais non sans raison secrète, la coquetterie très particulière des belles dévotes fascinée par ce froc et, en contraste, l'attitude glaciale et un peu dédaigneuse du prédicateur trop aimé et trop beau, — tout cela est indiqué avec justesse et assez pittoresquement mis en scène. Et la survenue de la jolie veuve qui veut à toute force se confesser et en qui nous n'avons pas trop de peine à reconnaître la comtesse de Véran, — sans escompter l'effet des surprises qui nous attendent, nous en laisse entrevoir assez pour nous faire dire : « Tiens ! tiens ! tiens ! »

Le second acte nous transporte dans le hall de l'hôtel de Véran. D'honorables clubmen, dont un romancier et un notaire, et quelques cocottes, parmi lesquelles Rose Morgan, s'asseyent autour d'une table somptueusement servie. C'est exactement la reconstitution du souper qui a précédé le meurtre du comte. Un juge d'instruction passablement fantaisiste a pensé que cette reconstitution préciserait les souvenirs des témoins. Ce magistrat, de plus d'imagination que de sagacité (il a commencé par faire arrêter un innocent maître d'hôtel), interroge les convives. Une « bonne camarade », Gisèle, raconte que Rose avait eu, ce jour-là, une querelle avec son amant, qui, lui ayant promis cinquante mille francs pour sa fête, refusait de les lui donner. Or, dès le lendemain, Rose portait ces cinquante mille francs chez son homme d'affaires. Sur cet indice, et sur quelques autres tout aussi peu probants, le juge fait arrêter Rose. Auparavant, il a questionné la comtesse de Véran. La comtesse, qui depuis longtemps vivait à la campagne, séparée de son vilain mari, est venue à Paris cette nuit-là même, ayant quelque affaire à traiter avec le comte ; mais ayant appris, à son arrivée, qu'il soupait dans l'hôtel même avec des filles, elle s'est retirée dans son appartement et n'a su la catastrophe qu'à son réveil. Cette coïncidence du voyage de la femme trahie avec le meurtre de son indigne époux ne frappe pas un instant le juge d'ins-

.truction. Ce magistrat plein d'assurance est, à la fois, extrêmement ingénieux et étrangement stupide. Et je ne dis point qu'il n'y en ait de tels.

Donc, il envoie la pauvre Rose coucher au Dépôt.

Troisième acte. La salle de la Cour d'assises ; les trois juges derrière leur comptoir ; la tringle où s'appuient les témoins ; Rose entre deux gardes ; le procureur général et l'avocat sur leurs bancs respectifs ; le troupeau des jurés au fond ; parmi le public, nous retrouvons les pieuses mondaines du premier acte et les soupeuses du second ; elles nous tournent le dos, comme au Théâtre-Libre ; mais leurs nuques et leurs profils perdus ne sont point désagréables à voir.

Très amusante, devant la barre, la silhouette de cette grande bringue de Gisèle moulée dans une robe écossaise. Elle retire, pour prêter serment, un gant interminable, et dépose de l'air d'une grue qui débute dans une Revue de fin d'année.

Rose Morgan court grand risque d'être condamnée, malgré l'insuffisance des charges relevées contre elle. Mais tout à coup, juste au moment où le président va donner la parole au procureur général, le Père Vignal demande à être entendu. On l'introduit. Il refuse de prêter le serment, car il n'a pas le droit de dire « toute la vérité ». Mais il affirme sur son honneur de prêtre que Rose est innocente. Quant au coupable, il le connaît, mais le secret de la confession lui interdit de le dénoncer.

Sur quoi, Rose s'évanouit de joie entre les deux municipaux.

En vain le président du jury, un franc-maçon qui n'aime pas les frocards, se permet quelques objections saugrenues, auxquelles le moine répond avec une dignité onctueuse : Rose a maintenant de fortes chances d'être acquittée.

Tels sont les trois premiers actes. Ils sont d'un aménagement assez habile ; et, ce qui fait bien augurer de la vocation dramatique de l'auteur, tout y est en action et en mouvements de scène. Mais il est clair que les deux premiers actes sont de pure exposition, que le troisième forme le nœud de la pièce, et que nous allons donc assister maintenant au drame lui-même, aux conflits de sentiments qu'une situation si violente doit soulever dans les âmes du Père Vignal, de Rose et de la comtesse, et à des rencontres tragiques entre ces trois personnages.

Eh bien, pas du tout. Pendant que le jury délibère, Rose attend son arrêt dans le cabinet du président de la Cour d'assises. La comtesse de Véran, tardivement poussée par le remords, vient l'y trouver : « C'est moi, dit-elle, qui ai tué mon mari. Le misérable, au sortir de vos bras, voulait m'insulter de ses caresses. J'étais folle... J'ai tiré dessus... Je me suis tue pour ne pas compromettre mon fils. Mais soyez tranquille, je vais me dénoncer. » Rose, suffoquée, commence par dire à la comtesse de dures vérités ; puis, soudainement : « Bah ! qu'est-ce que ça fait ? Depuis que j'ai entendu le Père Vignal, j'ai compris que je devais expier ma vie passée. La voilà, l'expiation. » Là-dessus elle apprend qu'elle est acquittée. « Puisqu'elle est acquittée, dit le Père Vignal à la comtesse, à quoi servirait de vous dénoncer ? Adieu, Madame, je rentre au cloître ; je prierai pour vous deux. » Et gai ! gai ! gai !... Tout est pour le mieux. Au Gymnase, voyez-vous, il faut que les choses finissent bien.

Mais ce n'est pas un dénouement, c'est un étranglement du sujet.

Qu'attendions-nous donc ? Ceci, je suppose. — Rose Morgan devait absolument être condamnée, ne fût-ce qu'à un *minimun* de peine, douze ou quinze ans de réclusion. Il était facile d'expliquer cette condamnation par la défiance du jury à qui, sur quelque fausse apparence, les sentiments du Père Vignal pour Rose Morgan eussent semblé suspects, — et par cette considération, qu'il est vraiment trop commode à un prêtre de faire acquitter un accusé à qui il s'intéresse, tout en se retranchant derrière le secret professionnel pour taire le nom du coupable.

Voilà donc Rose condamnée. La pauvre créature ne se révolte qu'à peine. Pourquoi ? Parce qu'elle aime le Père, — oh ! de l'amour le plus pur et le plus timide, d'un amour qu'elle ne saurait définir elle-même, mais qui est plus fort que la mort, — et parce qu'il lui suffit de savoir qu'elle est innocente à ses yeux. Ces sentiments confus, elle les lui exprime avec humilité, avec ingénuité, mais aussi avec une singulière ardeur, avec une exaltation dont le saint homme est imperceptiblement troublé (première grande scène). — Et sans doute il n'hésite point sur son devoir, qui est de taire le secret de la confession, quoi qu'il arrive, même en laissant condamner une innocente ; et, quoi qu'en aient dit quelques critiques, il ne saurait y avoir là, pour un prêtre, la matière d'un cas de conscience ; mais tout de suite, il s'en va dire son fait à la comtesse, et, sans vouloir l'entendre, avant même de savoir si les remords de la malheureuse n'ont pas devancé ses menaçantes admonestations, il lui reproche violemment sa lâcheté, lui remontre la vanité et la misère des prétextes qui l'ont arrêtée, l'accable à la fois de sa malédiction de prêtre et de son mépris d'homme. Et l'on sent que sa dureté pour la comtesse est faite, en partie, de la pitié que lui a inspirée la bonne courtisane et peut-être encore d'un autre sentiment que lui-même ne soupçonne point (deuxième grande scène). — Cependant, Rose Morgan est tombée malade. Elle est à l'infirmerie du Dépôt, presque mourante. C'est là que la comtesse, écrasée de remords, vient lui confesser son crime, et implorer son pardon. « Et maintenant, dit la coupable, je vais me dénoncer aux juges. » Mais Rose : « A quoi bon, Madame ? Si Dieu veut que je guérisse, que ferai-je de ma liberté ? Retourner à mon ancienne vie ? Elle me fait maintenant horreur. Et quant à celui que j'aime, et à travers qui j'aime Dieu, je ne puis pas le lui dire, et je n'y songe point. Au reste, rien de la mauvaise femme que j'ai été ne subsiste dans l'adoration pieuse qu'il m'inspire. Hélas ! je ne pourrais pas même le revoir, Tout ce qui m'est permis, c'est d'être telle qu'il veut que je sois ; c'est d'expier par le sacrifice une vie dont il m'a fait connaître la honte ; c'est de lui prouver que je n'étais point tout à fait indigne qu'il s'abaissât vers moi. Me purifier, à cause de lui, par la souffrance, ce sera ma manière, à moi, de l'aimer. Vous voyez bien, Madame, qu'il faut laisser les choses comme elles sont. Je vous pardonne de tout mon cœur. Vous avez été, en somme, l'instrument de mon salut. Je vous dois bien quelque chose en récompense. Il n'importe guère qu'une fille comme moi soit un peu plus déshonorée devant les hommes ; mais il ne faut pas que votre fils, un innocent, ait par vous une tache sur son nom. Une de mes joies sera de penser que vous me devez un peu de votre bonheur et de votre honneur... Adieu, Madame... » (troisième grande scène). — Et la bonne courtisane entre en agonie, et le Père Vignal lui donne, — presque tendrement, — l'absolution. Après quoi, soulagé et comme délivré, — car il commençait à se sentir mal à l'aise dans cette histoire de femmes, — il retourne à son couvent.

... Je vois, en effet, par le *Figaro* de ce matin (dimanche), où M. Ernest Daudet se rend lui-même si largement justice, que telle était à peu près la première version du drame. Je ne sais ce que valait l'exécution. Je crois cependant que, si les traditions, fâcheuses ici, du théâtre de Madame eussent autorisé tant de tristesse et de larmes et cette mort dans un lit de prison, le drame de M. Daudet eût pu être une variation fort touchante, — et assez originale, — sur le thème de la « courtisane amoureuse ». Mais je vois bien que, si je m'entêtais à louer après lui le texte inédit de sa pièce, je serais, dans cette lutte de bienveillance, vaincu par l'auteur.

BRIEUX

Odéon : *Monsieur de Réboval,* comédie en quatre actes, de M. Brieux.

19 Septembre 1892.

Je vais vous raconter la pièce de M. Brieux comme je l'ai comprise. Elle n'est certes pas insignifiante.

M. de Réboval, sénateur, est un honnête homme et un homme considérable. Sa droiture est célèbre : ses ennemis politiques eux-mêmes la reconnaissent. Il a pour spécialité de défendre les bases de l'ordre social. Il les défend avec conviction. Récemment il a parlé avec éloquence contre le divorce. Ses idées ne sont pas originales ; sa parole non plus : mais ses idées sont nobles, et ses discours ont de la majesté. Son caractère est au-dessus de tout soupçon. Il a fait son devoir pendant la guerre. Il fut ensuite un magistrat consciencieux et intègre. Bref, il a une fort belle vie publique.

Voici sa vie privée :

A vingt-cinq ans, c'était un bon jeune homme, très sérieux, membre de la conférence Molé. Mais on peut être grave et sensible. Il aima sincèrement la demoiselle de compagnie de sa mère, Mlle Pauline Loindet, et la séduisit. Pauline, en dépit de sa faute, était une personne bien élevée et qui avait des vertus. Quand le jeune Réboval s'aperçut qu'elle était enceinte, il comprit que son devoir était de l'épouser et eut l'intention bien arrêtée de faire son devoir.

Par malheur, Réboval n'était pas seulement un amant scrupuleux : c'était aussi un fils excellent et d'une soumission exemplaire. Sa mère, vers cette époque, voulut le marier à une jeune fille de son monde. Il n'avait jamais désobéi à sa mère : il se laissa marier. Peut-être aurait-il pu, tout en s'abstenant d'épouser Pauline, par égard pour sa mère, s'abstenir d'épouser l'autre, par égard pour Pauline. Mais il était très préoccupé d'intérêts sociaux. Sa gourme jetée, il sentait, à la réflexion, qu'un jeune homme dans sa position se devait à lui-même, devait à sa famille et à la société, de faire un mariage décent et normal, un mariage qui servît son « avenir », qui fût en harmonie avec le rôle public, considérable et utile, auquel il était évidemment destiné ; et il se dit que ce devoir-là primait l'autre.

Un hypocrite alors ? Non, mais un pharisien, ce qui est tout autre chose. Il est des pharisiens naïfs, il en est de vertueux, il en est même d'austères. Réboval se trompait seulement sur la hiérarchie des devoirs. Il établissait cette hiérarchie selon les convenances et aussi, sans peut-être s'en rendre compte ou du moins sans l'avoir prémédité, selon *ses* convenances. De très bonne foi, à une règle littérale préservatrice de l'ordre extérieur des sociétés, et qui ne saurait prévoir les exceptions, il sacrifiait la règle intérieure, humaine et non plus sociale, mais dont, au reste, les prescriptions les plus hardies en apparence se retrouvent finalement plus conformes à l'intérêt général que les préceptes de la loi pharisaïque. Il faut ajouter que Réboval est un être majestueux et emphatique, tout en superficie, dupe des mots, incapable de trouver en lui-même le principe directeur de ses actes...

Au surplus, il a cru concilier ses deux devoirs. Marié, il n'a point abandonné sa maîtresse. Mme de Réboval lui a donné une fille, Béatrice ; Pauline Loindet lui a donné un fils, Paul. Il aime également ces deux enfants. Il partage entre sa maîtresse et sa femme son cœur, son temps et ses revenus. Et sans doute il garde un faible pour Pauline. Il l'a installée à Paris, et les séances du Sénat lui permettent de passer auprès d'elle ses lundis, ses mardis, ses jeudis et ses samedis ; mais il passe avec Mme de Réboval, à son château du Minil, ses mercredis, ses vendredis et ses dimanches, et l'entoure d'attentions et d'égards.

Sauf des nuances presque imperceptibles, — ici plus respecteux et là plus condescendant, — il est le même dans ses deux ménages ; il a, dans l'un et dans l'autre, les mêmes phrases, les mêmes accoudements à la cheminée, la même dignité, la même hauteur d' « aperçus » dans la conversation ; il y raconte les mêmes anecdotes, y fait les mêmes cadeaux et y porte le même veston d'intérieur.

Vous pensez bien qu'il a sauvé les apparences. Il importe à la société (puisqu'il importe à sa considération) que tout cela reste secret. Pour plus de sûreté, il a raconté à Paul, son fils naturel, un conte à dormir debout : que Paul est le fils d'un officier ; que cet officier, qui devait épouser Pauline, est mort quelques jours avant la naissance de Paul en lui confiant, à lui Réboval, le soin de veiller sur la mère et l'enfant.

Ce fils, Réboval l'a élevé sévèrement, et en lui faisant énormément de morale. Et Paul, trop comprimé, a fait des sottises dès qu'il a été grand garçon. Engagé conditionnel, mourant d'ennui dans la garnison lointaine où l'a expédié la prudence de son père, il a joué sur parole et perdu une grosse somme. Réboval a payé, mais il exige que le jeune homme se réengage et parte pour le Gabon. « Dans ce pays inconnu, large champ ouvert aux généreuses initiatives, etc..., vous pourrez, mon jeune ami, racheter votre passé, etc... » Le garçon part, très repentant ; car c'est, au fond, une bonne nature.

Cependant, Mme de Réboval, consumée de chagrin, se meurt lentement. Son mari croyait qu'elle ne savait rien ; mais voilà quinze ans que la malheureuse femme a tout appris. Pourquoi s'est-elle tue ? Tout simplement parce qu'elle a senti qu'il n'y avait rien à faire. Une fois elle a voulu parler : Réboval, — ce grand honnête homme à qui ses adversaires même rendent cette justice qu'il n'a jamais menti, — lui a donné « sa parole d'honneur » qu'il n'avait pas de maîtresse. Elle n'a pas insisté : à quoi bon ? Assurément il n'aurait pas quitté « l'autre ». Sa conscience est d'ailleurs si tranquille ! il est si bien installé, et si vertueusement, dans son double foyer ! Comme il l'a expliqué un jour à sa maîtresse : « Je n'ai rien à me reprocher : j'ai fait deux fois mon devoir. »

Or, un instant après que Réboval a dit adieu à son bâtard, un domestique vient lui annoncer que sa femme est en train de mourir.

Elle meurt. Quelques mois après, Réboval épouse sa maîtresse, sans prendre garde que ce mariage désespère sa fille Béatrice, qui a vingt ans et qui soupçonne déjà bien des choses. Pendant ce temps-là, Paul s'est distingué, comme explorateur, au Gabon ; il est célèbre, et la *Revue des Deux Mondes* publie ses récits de voyage. Il revient au Minil, auprès de sa mère, et de celui qu'il ignore être son père, et de celle qu'il ignore être sa sœur. Réboval est parfaitement heureux ; il a pu réunir enfin ses deux familles et toutes ses affections sous le même toit ; il parle souvent à la nouvelle Mme Réboval, en termes touchants, des vertus de la défunte.

Vous vous demanderez peut-être pourquoi, sa femme morte, il ne s'est pas empressé de reconnaître un bâtard qui lui fait tant d'honneur. — Mais vous n'y songez pas ? Voulez-vous qu'il soit de notoriété publique que le sénateur Réboval avait un ménage irrégulier ? La belle façade de sa majestueuse existence en serait toute gâtée. Puis, quelle figure ferait-il devant sa fille Béatrice ? Il serait, au surplus, obligé d'avouer à Paul que toute sa vie n'a été qu'un long mensonge. Non, non, il y a des attitudes auxquelles un homme comme lui n'a pas le droit de se plier.

Ne semble-t-il pas, tout au moins, que cet homme éminent soit bien sot ou bien étourdi, et qu'il eût dû tout faire au monde pour tenir éloignés l'un de l'autre son bâtard et sa fille ? — Mais on ne saurait penser à tout, et j'ai déjà dit que Réboval était un assez pauvre cerveau. Puis, il est ici victime d'une illusion assez facile à concevoir. Comme Paul et Béatrice étaient toujours réunis dans sa pensée en qualité de frère et de sœur et que, toutes les fois qu'il songeait à eux, il les nommait en lui-même « ses enfants », il n'a pas pris garde que, dans la réalité, Paul était pour Béatrice « un jeune homme », que Béatrice était pour Paul « une jeune fille », et l'idée ne lui est pas venue qu'ils pussent éprouver l'un pour l'autre d'autres sentiments que ceux de frère et de sœur. Et quant à Pauline, telle qu'on nous l'a montrée, elle est trop passive, trop moutonnière et trop gnolle pour en songer plus long là-dessus que son grand homme de sénateur. L'étourderie est un peu forte, mais je la crois possible, et je vous donne l'explication pour ce qu'elle vaut. Notons, d'ailleurs, que Béatrice peut s'éprendre de Paul sans l'avoir vu, sur le seul récit de ses exploits (la *Revue des Deux Mondes* joue ici un joli rôle !) et que, dès lors, trois ou quatre jours de cohabitation avec le brillant explorateur peuvent très bien achever ce que les mauvaises lectures auront commencé. C'est, en effet, ce qui arrive.

Et c'est ici que l'irréprochable Réboval s'aperçoit des inconvénients qu'il y a à « faire deux fois son devoir » et s'avise enfin qu'il suffit peut-être de le faire une bonne fois, ce qui, du reste, est généralement plus difficile.

Donc, Paul et Béatrice flambent soudainement d'un amour incestueux sans le savoir. Ils vont vite en besogne. La scène de la déclaration, immédiatement suivie d'un engagement réciproque (c'est encore heureux qu'ils n'aillent pas tout de suite jusqu'au baiser, lequel, ici, ne pourrait déjà plus être tout à fait fraternel), est franche, vraie et toute charmante.

Là-dessus Réboval dit à sa fille : « Il est temps de songer à t'établir. J'ai en vue un mari pour toi. » Elle répond : « C'est inutile, j'ai fait mon choix ; vous l'approuverez sûrement. J'aime Paul, nous

nous aimons, et nous nous sommes promis l'un à l'autre. » Vous jugez de l'effondrement ! Réboval, foudroyé, balbutie avec terreur de mauvaises objections, que Béatrice réfute avec tranquillité. Le père, de plus en plus épouvanté, réplique violemment ; la jeune fille s'obstine ; le chagrin de voir jadis sa mère si malheureuse, puis si vite remplacée, a mûri Béatrice avant l'âge : elle dit ses griefs, elle tient tête à son père, elle lui déclare qu'elle ne se laissera pas sacrifier et qu'elle épousera, coûte que coûte, celui qu'elle aime. « Mais tu ne peux pas l'épouser, répète Réboval... tu ne peux pas !... » Il dit cela d'un tel ton que sa fille le regarde dans les yeux et devine tout d'un coup la vérité. La scène est vigoureusement conduite, et dramatique au plus haut point.

Quand Paul reparaît, tout feu, tout flamme, Béatrice lui annonce que leur mariage est devenu impossible. Le pauvre garçon croit d'abord qu'on l'a calomnié auprès d'elle, exige des raisons. Et, comme Béatrice ne peut pas lui en donner, et qu'elle lui affirme toutefois qu'elle lui garde son cœur, il la saisit dans ses bras, furieux, désespéré et toujours plus amoureux, en criant : « Pourquoi ? pourquoi ? » tant que Béatrice laisse échapper en s'arrachant de son étreinte et en détournant les yeux : « Parce que tu es mon frère. » Sur quoi elle s'enfuit. Et il paraît ici certain que M. Brieux ne manque ni de franchise ni d'énergie, et qu'il fait très crânement et très simplement les « scènes à faire ».

Pas de dénouement possible, direz-vous ; et ceci est une impasse. — Soit ; mais à défaut de dénouement, M. Brieux nous donne une conclusion, et c'est, si vous voulez, dans l'âme de Réboval que le drame se dénoue. Après une scène un peu longue où Paul torture inutilement sa brebis de mère pour lui faire avouer ce qu'il sait maintenant, il annonce qu'il va repartir pour l'Afrique. Béatrice, de son côté, quittera la maison et entrera dans un couvent (nous espérons que ce ne sera pas pour toujours). Et, alors, abandonné de ses enfants, obligé de rougir devant eux, sachant d'ailleurs qu'ils souffrent cruellement par lui, c'est comme si un voile se déchirait aux yeux de Réboval. En voyant les fruits tragiques de sa trop habile vertu, le mannequin rondouillard qu'honorait l'Assemblée du Luxembourg se mue en un pauvre être souffrant et saignant. Pour la première fois de sa vie, il descend vraiment en lui-même, et, par-dessous sa conscience fabriquée de sénateur, de conservateur, d'homme des classes dirigeantes et de galant homme, il découvre, si je puis dire, sa conscience d'homme. Il conçoit ce que sa « moralité » a eu de convenu et de purement formel, qu'il y a des devoirs qui s'excluent, qu'il fallait ou ne pas séduire Pauline, ou ne pas épouser l'autre, et que la vertu n'est pas une cote mal taillée, et que sans doute il n'a pas été un méchant homme, mais qu'il a été un honnête homme de place publique et, comme il le dit, « un demi-honnête homme ». Et il accepte toutes les conséquences de sa découverte ; il se confesse avec humilité devant ses deux enfants ; il les supplie de lui pardonner le mal qu'il leur a fait : le sénateur disert aux beaux favoris devient presque un personnage de Tolstoï. Et Béatrice, vaincue, se jette en pleurant dans les bras de son père, et nous pensons que Paul en fera autant après le baisser du rideau. Et tous trois vivront comme ils pourront ; le temps arrange bien des choses ; Paul et Béatrice seront guéris dans quelques mois, et Réboval continuera à défendre dans les Assemblées, mais en sachant un peu mieux de quoi il est question, les bases de l'ordre social.

J'ai surtout cherché à dégager, dans cette analyse, la pensée de M. Brieux. Je crois même avoir ajouté, çà et là, sur certaines bizarreries de conduite de M. de Réboval, des explications que l'auteur aurait peut-être mieux fait de nous donner au courant de la pièce. Quant à la pièce elle-même, elle est pleine des plus rares qualités, et il s'y trouve quatre ou cinq scènes, soit de comédie, soit de drame, vraiment excellentes ; mais elle n'est pas harmonieuse.

Les deux premiers actes annoncent une étude, presque purement comique, sur un cas assez curieux de pharisaïsme bourgeois. Ce qu'il y a d'inconscience morale dans la parfaite identité des sentiments dont l'honnête Réboval fait montre dans ses deux ménages, en sorte qu'on peut croire qu'il les confond et qu'il ne sait pas bien lui-même à certains moments quel est le légitime et quel est l'autre, tant il se fait à lui-même l'effet d'être, ici et là, également respectable et en plein dans son devoir, tout cela est fort plaisamment traité. Mais les deux derniers actes forment un drame d'une rare noirceur, et que nous ne sentons venir qu'avec une sorte de pénible appréhension.

Il est toujours très dur, ce drame de l'amour incestueux, et il n'est guère possible qu'il ne nous remplisse pas d'un profond malaise. L'interdiction du mariage entre le frère et la sœur n'est sans doute qu'une convention humaine et, si je puis dire, « d'utilité publique » ; mais son antiquité est telle, du moins dans nos races, qu'elle offre aujourd'hui le caractère vénérable et sacré d'une loi de nature. Et, dès lors, l'image d'une violation imminente de cette loi, l'idée de relations charnelles entre des personnes que cette loi veut insexuées l'une pour l'autre, nous gêne à la façon d'une représentation sacrilège. Le tragique en est excessif ; le trouble qui en résulte pour nous n'est plus purement une impression d'art... Tandis que Paul, Béatrice et leur père échangent ces propos violents, coupés de silences, et dont ils rougissent, demandez-vous quelles sont les images concrètes que tous trois portent nécessairement, à ce moment là, sous leurs fronts ; et vous comprendrez... Mais, si je ne me trompe, je me suis déjà expliqué sur des cas analogues. Je vous ai toujours dit que *Œdipe-Roi*, notamment, était trop fort pour moi.

En outre, si, certains faits admis, l'enchaînement est rigoureux entre la comédie des deux premiers actes de *Monsieur de Réboval* et le drame des deux derniers, et si le châtiment de l'infortuné sénateur paraît sortir logiquement de sa faute, on ne saurait nier que ce châtiment ne soit étrangement dispro-portionné. D'aucuns trouveraient que Réboval est déjà d'une bien jolie honnêteté. Son inconscience morale n'est que partielle, et plaisante plutôt qu'o-dieuse. Il semble d'ailleurs que sa maîtresse l'ait absous, ait parfaitement admis son mariage... Et le voilà écrasé par la plus effroyable aventure ! et l'auteur a l'air de trouver que c'est juste — et qu'au surplus c'était inévitable. — Juste ? Mais alors qu'eût donc mérité Réboval, selon M. Brieux, s'il avait lâché Pauline ? Ou plutôt la conclusion pratique de la pièce ne semble-t-elle pas être celle-ci : « Si vous avez séduit une jeune fille et que vous en épousiez une autre, ayez bien soin de vous débarrasser de la première. » — Inévitable ? Pas le moins du monde. Si le châtiment de Réboval sort de sa faute même, c'est par suite de circonstances impudemment excep-tionnelles et ourdies par M. Brieux avec le plus perfide artifice. Allons ! l'auteur a frappé trop fort sur ce pauvre homme. Il y avait d'autres moyens, plus doux, de lui mettre le nez dans son pharisaïsme.

Mais l'idée de la pièce reste belle. Déjà, dans *Ménages d'artistes* et dans *Blanchette*, M. Brieux avait fait preuve d'un sentiment moral très franc, très candide, un peu austère. Cette profonde honnêteté s'accompagne de beaucoup de talent. Et, si j'ai parlé si longtemps de *Monsieur de Réboval*, c'est que, avec tous ses défauts, l'ouvrage est, en effet, plein de suc.

LÉON GANDILLOT

Cluny : *La Tournée Ernestin*, vaudeville à grand spectacle, en quatre actes et cinq tableaux, de M. Léon Gandillot.

24 Octobre 1892.

M. Léon Gandillot, aimé de Sarcey, est assurément, avec Georges Courteline, l'individu le plus gai de sa génération. Il a la tête de Tibère jeune ; mais il n'a pas la cruauté de ce prince. Ce n'est pas qu'il ne sache, à l'occasion, pratiquer, tout comme un autre, l'observation « implacable » et semer ses dialogues de mots « amers », les plus faciles à trouver de tous. Il reste que le fond de son affaire, c'est bien la gaieté ; et je ne lui en fais pas un petit mérite ; car la gaieté est en train de devenir une chose infiniment plus rare et plus précieuse que l'« amertume » et même que la « profondeur ».

Dans *la Tournée Ernestin*, M. Léon Gandillot s'est simplement abandonné à son imagination joyeuse. Je ne crois même pas qu'il se soit autrement appliqué à être spirituel. Sarcey, à la fin de son dernier feuilleton, annonçait que la pièce était pleine de mots. Sarcey me paraît avoir été aveuglé par l'amour. De mots, je n'en ai remarqué que très peu, et je ne m'en plains pas. Dans cette benoîte farce, ce sont les choses mêmes qui sont hilarantes. Elles pouvaient ne pas l'être. Cette aventure d'un comédien porté par une révolution à la présidence d'une République sud-américaine, ces cabots réduits par la fâcheuse dèche à s'enrôler dans l'armée du Salut ou à se déguiser en nègres... ce sont là des inventions qui, prises en elles-mêmes, n'apparaissent point comme des chefs-d'œuvre de l'esprit humain ; et nous avons vu cent fois au théâtre des bouffonneries analogues qui ont fait long feu. Pourquoi celles-là nous ont-elles rempli, pendant deux heures, d'une félicité innocente ? Mystère Elles nous ont fait rire : et c'est à cela que nous avons reconnu qu'elles étaient gaies. Je ne recule pas devant cette tautologie. Quoi qu'on fasse, la définition de cette gaieté-là sera toujours assez semblable à celle de l'opium dans *le Malade imaginaire*. Le « bouffon » est quelque chose d'aussi impossible à réduire en formules et d'aussi aléatoire dans ses effets que le « sublime », et l'on n'en saurait donc donner que des définitions empiriques. Ça réussit ou ça rate ; on ne sait cela qu'après. Cette fois, ça a réussi.

Si donc l'analyse sommaire de *la Tournée Ernestin*

vous laisse froid et si vous vous étonnez des transports naïfs où elle a jeté les spectateurs de la première, ne vous hâtez pas de prendre ces honnêtes gens en pitié, et ne les traitez point d'idiots : car, ce qui les a mis en joie, c'est un pur je ne sais quoi que je ne puis vous rendre, mais que vous subirez peut-être vous aussi, si vous avez la curiosité d'y aller voir, et si vous avez soin d'y porter un esprit simple et sans défense.

Et, maintenant, voici les faits.

Nous assistons d'abord à la soirée de contrat de Gaston et de Lucette, deux jeunes gens de bonne et confortable bourgeoisie. On entend, à cette soirée, l'illustre chanteur Ernestin et la célèbre divette Nelly Rosier. Sur quoi, — double coup de foudre, — Gaston tombe éperdument amoureux de Nelly, ce pendant que le cœur de Lucette devient la proie d'Ernestin. Il faut dire que ces jeunes gens se mariaient sans s'aimer et presque sans se connaître. C'est ce qu'ils se confessent l'un à l'autre dans une scène charmante de franchise. « Vous n'êtes pas mon type », dit Lucette. « Ni vous le mien, dit Gaston, et, si nous nous marions, nous allons bien nous ennuyer ensemble. » Que faire donc ? C'est bien simple. Puisque Ernestin et Nelly partent pour une tournée en Amérique, Gaston et Lucette les suivront. Et Gaston essayera de toucher Nelly, et Lucette d'enflammer Ernestin.

Ils s'échappent, laissant un mot à leurs familles :

« Mes chers parents, je n'aime pas Mlle Lucette, et c'est pourquoi je pars avec elle. » — « Mes chers parents, je ne peux pas souffrir M. Gaston : c'est pour ça que je me sauve avec lui. »

Nous les retrouvons à Bordeaux, sur le quai d'embarquement. Nous y voyons défiler toute la troupe Ernestin-Nelly : le ténorino aux longs cheveux de chanvre, toujours enroué et toujours suçotant des boules de gomme ; Saint-Adolphe, ex-premier rôle de la Porte-Saint-Martin et qui applique à toutes les circonstances de sa vie des phrases de son ancien répertoire ; puis le troupeau des « mentons bleus » négligeables et des « grues » sans importance ; l'impresario Breschmoll, maquignon plein de rondeur, canaille cordiale ; le régisseur, fané comme une vieille pomme, le teint blêmi d'avoir trop vécu à l'ombre, avec quelque chose des allures d'un *leno* de la comédie antique ; enfin, les deux étoiles, qui naturellement arrivent en retard : Ernestin avec son secrétaire, Nelly avec sa femme de chambre ; Ernestin plus bouffi, Nelly plus rageuse ; tous deux se disputant avec âpreté la meilleure cabine du steamer...

C'est toujours la troupe du *Roman comique*, encore reconnaissable... comment dirai-je ?... à l'atmosphère d'illusion où se meuvent les personnages ; c'est bien le monde des « bons cabots », aux vanités énormes, mais relativement inoffensives, car, plus que d'autres, elles se repaissent de fumées ; monde amusant à hanter, par son affectation sincère de camaraderie, de franchise, de bon garçonnisme un peu débraillé et de fraternité dans l'art ; attrayant au fond, en dépit de ses misères et de ses ridicules, comme toutes les bohèmes, comme toutes les associations formées en marge de la société régulière ; monde où la méchanceté vraie est peut-être, en somme, plus rare qu'ailleurs, parce que les gens y sont généralement dupes de leurs propres mensonges, lesquels ont, presque toujours, des apparences au moins de générosité théâtrale ; où chacun enfin paraît forcément meilleur qu'il n'est, puisque, par les habitudes de son métier, il n'est jamais tout à fait lui-même, et ne sait plus bien ce qu'il est en réalité...

Surviennent alors Gaston et Lucette. Ils supplient Breschmoll de les engager. « Que savez-vous faire ? » demande Breschmoll. « Je chante la romance », dit Lucette. « J'imite Baron, dit Gaston. D'ailleurs, nous ne serons pas exigeants. Mademoiselle est une jeune fille du meilleur monde ; je suis un fils de famille, et j'ai emporté la forte somme. » Là-dessus, Breschmoll les engage, l'un et l'autre, « à six cents francs par mois ». Entendez que c'est eux qui les payeront. Et, en outre, le régisseur soignera les amendes.

Le deuxième acte nous transporte dans l'Amérique du Sud, à Santa-Baccara, où la troupe obtient un immense succès. Mais les affaires de cœur de Gaston et de Lucette avancent peu. — Des admirateurs de couleurs variées, rastas flamboyants de bijoux, nègres gommeux, et jusqu'à un Peau-Rouge en veston avec une chevelure de vieille femme maigrement éparse sur le dos, encombrent la loge de Nelly. Abricotarès, le ministre des beaux-arts de la République de Santa-Baccára, poursuit la divette d'un amour tropical. La coquine, surveillée de près par un « protecteur » qui l'a suivie, charge Gaston de la débarrasser, un soir, du vieux monsieur, lui promet ses faveurs en récompense et se moque de lui quand il les réclame ; car elle ignore que Gaston, lui aussi, « a le sac ». — Pendant ce temps-là, Lucette roule autour d'Ernestin des yeux de carpe. Lui, ne daigne s'en apercevoir. Une fois seulement, entendant Lucette fredonner un petit couplet qu'on lui a confié, il consent à lui donner une leçon et répète devant elle, avec une affreuse habileté et les hideux « effets » d'un cabot qui « a des planches », les paroles qu'elle chantait avec une grâce naturelle. Et, comme la fillette s'émerveille : « N'est-ce pas, dit-il avec simplicité, que ça ne se ressemble plus?... Mais rassurez-vous : je vais faire ajouter le couplet à mon rôle. »

Entre temps, Gaston et Lucette se confient leurs chagrins et leurs déceptions, se donnent mutuellement des conseils, commencent à se mieux connaître et deviennent peu à peu très bons amis avec, déjà, une pointe de tendresse.

Mais la troupe, attendue dans une autre ville, va être obligée de quitter Santa-Baccara. C'est ce que l'ardent Abricotarès ne saurait souffrir. Pour retenir Nelly Rosier, il organise une révolution. Par ses

soins, le parti militaire s'unit pour la première fois
au parti civil, et des représentants des deux partis
viennent offrir à Ernestin la présidence de la République. Ernestin accepte sans trop de surprise et
avec beaucoup d'aménité. Son « acquis » de comédien le sert étonnamment dans ces circonstances
solennelles. Il dit ce qu'il faut dire, fait les gestes
qu'il faut faire, concilie la simplicité et la dignité et
soulève les foules rien que par la façon dont il embrasse les petites filles qui lui apportent des bouquets. Il promet que sa présidence sera gaie. « Que
la fête commence ! » s'écrie-t-il. Et un quadrille
échevelé inaugure la République aimable — pendant que Breschmoll file « en sauvant la caisse ».

Hélas ! la présidence d'Ernestin ne dure qu'un
jour. Vingt-quatre heures après la révolution qui lui
a livré Nelly, Abricotarès organise une autre révolution qui élimine Ernestin. Nous retrouvons la troupe,
débandée et miséreuse, dans je ne sais quelle ville
des Etats-Unis. Les uns, comme j'ai dit, se sont enrôlés dans l'armée du Salut et distribuent aux passants des brochures « contre l'abus du tabac et des
femmes », tout en chantant de lamentables cantiques où les fumeurs et les débauchés sont menacés
des plus terribles châtiments :

> Tu perdras tes ch'veux,
> Tu perdras tes yeux ;
> Enfin on n'sait pas
> Tout c'que tu perdras.

> Tu perdras tes dents,
> Ta femm', tes enfants ;
> Enfin tu perdras
> Tout c'que tu voudras.

Les autres finissent par tomber sur un cabaretier qui est consul de Belgique et qui représente le consul de France absent. « Je suis, dit Ernestin, un ancien Président de la République de Santa-Baccara. — Tiens ! moi aussi », dit le bon Belge. Il leur conseille de se déguiser en *minstrels*, qui sont, comme vous savez, des nègres danseurs et musiciens Cela leur réussit assez ; car, dès la première représentation qu'ils donnent en pleine rue, un impresario, charmé, s'approche d'eux et leur propose un engagement. Ce *manager* n'est autre que le subtil Breschmoll. La « reconnaissance » est un peu houleuse ; puis tout s'arrange. Breschmoll les rapatriera ; Gaston et Lucette, qui maintenant s'adorent, se marieront. Ils ont fait cette découverte surprenante, que Nelly n'était qu'une coquette sans désintéressement et Ernestin un sot vaniteux.

Vous voyez que cette bouffonnerie a un fond de raison par où les bons esprits peuvent être rassurés ; que les folies où s'abandonne la verve aisée et drue de M. Gandillot gardent toujours une signification très claire, et qu'elles ne sont enfin que le développement capricieux de deux ou trois bonnes grosses vérités : à savoir que les comédiens, — qui n'en sont pas moins d'excellentes gens, — ont volontiers la vanité naïve, voyante, énorme (au lieu que la nôtre a souvent quelque chose de caché et de recuit); qu'il est de la dernière imprudence d'aimer un comédien ou une comédienne et aussi qu'il est excellent de se connaître avant de s'épouser. Cela fait un bon canevas, et de tout repos, aux arabesques du filleul de Sarcey. Nous n'aimons bien que les farces sensées, ô Boileau !

GASTON SALANDRI

Théatre-Libre : *Le Grappin*, comédie en trois actes, de M. Gaston Salandri.

7 Novembre 1892.

Le Théâtre-Libre a rouvert ses portes. Et le défilé va recommencer des filles ignobles et cordiales, des Alphonses pleins de franchise et de rondeur, des bourgeois flasques, des bourgeoises acariâtres, des jeunes demoiselles hystériques, des « petits féroces » et des vieux garçons libidineux opprimés par leur servante. Et le plus triste, c'est que ça ne nous ennuiera pas.

Le public d'Antoine a commencé par goûter les pièces de chez Antoine, parce qu'elles l'étonnaient. Il les goûte maintenant parce qu'elles ne l'étonnent plus, parce qu'il en connaît la formule et en prévoit le développement. Bref, le voilà qui aime le néo-vaudeville par la même passivité d'esprit qui le faisait se plaire au vaudeville ancien. Le bourgeois a contracté l'habitude de se voir conspué tous les mois sur les planches des Menus-Plaisirs, et cette habitude a déjà engendré un besoin.

Il faut être juste. De cette poursuite du vrai que le théâtre recommence tous les vingt-cinq ans (c'est toujours, depuis bientôt trois siècles, au nom de la vérité que les révolutions dramatiques se sont accomplies), le Théâtre-Libre n'est pas sans avoir rapporté quelque chose. S'il est évident que l'art de la scène ne saurait se passer de conventions, il est toutefois certain que le désir — ou l'illusion — de les secouer est le meilleur ferment de progrès, et que c'est encore en recherchant la vérité absolue qu'on a chance d'atteindre à plus de vérité relative. Un souci plus exact de la mise en scène et, dans le dialogue, un tour, un accent, une résonnance plus approchants de la vie réelle, voilà, après tout, des gains dont nous sommes en partie redevables au Théâtre-Libre. Le parti pris pessimiste de plusieurs des auteurs de chez Antoine était égal au parti pris optimiste des mélodramaturges et des vaudevillistes d'antan : soit. Et pourtant le progrès me semble incontestable, en dépit, quelquefois, de beaucoup d'insincérité et de fumisterie. C'est peut-être bien que le monde est ainsi fait, qu'on risque moins de s'éloigner de la réalité moyenne en s'attachant au laid qu'en recherchant l'agréable.

Mon bon maître Sarcey se plaint que ces pièces ne soient, pour la plupart, que des « tranches de vie », que rien n'y soit préparé, que les personnages ne nous y soient pas présentés et expliqués d'avance, et qu'ainsi ils nous apparaissent comme des ombres à la fois brutales et fuyantes, incapables de fixer sérieusement notre attention et d'exciter notre intérêt. Je ne suis pas entièrement de son avis. L'appareil d'explications qu'il réclame ne me paraît nécessaire que pour certains personnages exceptionnels et pour certaines situations hors du commun. Mais vraiment nous n'avons aucune peine à reconstituer de nous-mêmes le passé des bourgeois, des filles et des jolis jeunes gens que, neuf fois sur dix, le Théâtre-Libre met aux prises. Nous les comprenons aisément à mesure qu'ils agissent. Ce sont types aussi connus et souvent presque aussi généraux que ceux de l'ancienne comédie italienne. Il faut bien admettre que, dans une littérature aussi vieille et aussi copieuse que la nôtre, beaucoup de choses ont mille fois été dites, qu'il est inutile de redire, beaucoup de figures mille fois décrites, qu'il est superflu de définir de nouveau, et que l' « exposition » des trois quarts des comédies possibles a déjà mille fois été faite. Je crois qu'il y a une quantité de « situations » dont le point de départ et les acteurs peuvent être indiqués par des sortes de signes abréviatifs et presque mnémotechniques. Je ne tiens nullement à ce qu'on me dise « tout », quand une partie de ce tout est banale comme les rues. Et enfin, puisqu'une tendance de Sarcey est de mesurer le mérite des œuvres au plaisir qu'elles lui donnent, je ne crains pas d'affirmer que ces « tranches », ces scènes à la queue-leu-leu que relie une idée, non une intrigue, me procurent souvent un divertissement plus vif que nombre de vaudevilles à quiproquos d'habileté moyenne.

Et je n'ai parlé jusqu'ici que des néo-vaudevilles et des scies d'atelier en trois actes. Mais il arrive aussi, par-ci par-là, que le Théâtre-Libre nous fasse connaître des pièces originales et fortes, singulièrement intéressantes dans leur imperfection même. Nous lui devons *le Maître, les Résignés, l'Envers d'une sainte.* Il nous a également révélé quelques-unes des œuvres les plus singulières des théâtres étrangers : *la Puissance des ténèbres, les Revenants, le Canard sauvage.* Et il nous promet *Mademoiselle Julie.* Conclusion : disons un peu de mal du Théâtre-Libre, et pensons-en quelque bien. Il y aura toujours, dans chacune des petites fêtes où il nous convie, des minutes que nous ne regretterons pas.

Je me hâte de dire que ce qu'il y a d'un peu défiant dans quelques-unes des réflexions qui précèdent ne s'applique point à M. Gaston Salandri, qui, si je ne m'abuse, a déjà fait paraître, dans la *Prose* et dans *la Rançon*, un esprit sérieux et probe, d'une morosité loyale, presque candide.

Sa dernière comédie, *le Grappin*, c'est, en somme, *le Mariage d'Olympe* transposé dans un « milieu » plus bas. Oui, c'est bien *le Mariage d'Olympe*, à cela près que c'est exactement le contraire. Car ce qu'Emile Augier nous montre, chez la courtisane mariée, c'est la « nostalgie de la boue » ; et ce que M. Salandri nous dépeint chez la traînée en puissance d'époux, c'est la manie de la considération, l'acharnement à garder la « position » conquise. Mais les effets du second sentiment ne sont ni moins plausibles ni moins tragiques que ceux du premier. Que la gourgandine se décourage, ou qu'elle se cramponne, c'est tout un ; car c'est dans les deux cas le passé qui retombe affreusement sur le présent, et la morale est la même... L'idée du *Grappin* présente donc un très sérieux intérêt. Et si, le long des deux premiers actes et dans le commencement du troisième, M. Salandri donne, çà et là, dans une brutalité et une vulgarité de détails qui sentent un peu trop, à mon gré, le néo-poncif (si j'ose m'exprimer ainsi) créé par le Théâtre-Libre, la grande scène finale est d'une rare vigueur et d'une assez belle originalité.

Donc, Jacques Privat, garçon doux et un peu faible, a épousé sa maîtresse Margot, sachant qu'elle n'était qu'une fille. Il l'a épousée parce qu'il a d'elle un enfant et que la maman Privat, qui aime cet enfant, et qui est pieuse, lui a conseillé ce mariage moitié par scrupule religieux et moitié par tendresse de grand'mère.

Mais Margot a eu beau se « tenir » de son mieux, devenir une bourgeoise « honnête » et rangée, sa nature est restée d'une fille, et cela se sent dans tous ses airs et dans ses moindres propos. Et se fût-elle, par impossible, entièrement transformée, elle a son passé, — plus chargé encore que Jacques ne le soupçonnait. Le passé ne s'efface point, et le présent est fait du passé. Jacques n'a pu introduire sa femme dans la société régulière ; les ménages bourgeois qu'il invite à dîner se dérobent ; et ainsi le couple Privat est ramené à ses fréquentations d'autrefois, vieux garçons noceurs avec leurs amies. D'un geste découragé, Jacques laisse Margot retenir à dîner, pour garnir la table, la nommée Nini, une ancienne « camarade », une fleur de trottoir...

Le passé continue à corrompre le présent. A l'acte suivant, le petit garçon de Jacques est mort, et le pauvre homme ne sent plus que la honte de sa chaîne. Et voilà, par surcroît, que, le voyant pleurer l'enfant, cette roulure de Nini, soit pour le consoler à sa façon, soit par « rosserie » de fille, lui dit qu'il a bien tort de se faire tant de bile, qu'il faut être « philosophe », et que d'ailleurs « le gosse » n'était peut-être pas de lui. Le malheureux, fou de colère, somme Margot de lui confesser la vérité ; il la brutalise, il lui tord les poignets... Margot affirme qu'il est bien le père ; mais il sait qu'elle ne peut répondre autre chose. La vérité, est-ce que Margot elle-même la connaît ? Elle jure qu'elle lui a été fidèle pendant les quinze mois qui ont précédé le mariage : mais il partait le matin pour son bureau et ne rentrait que le soir ; que faisait-elle pendant ce temps-là?... Ah ! le pauvre homme !

Mais, du fond du passé de Margot, une boue plus fétide encore remonte. Auguste, son premier amant et protecteur, type de souteneur et d'escarpe, vient trouver le mari pour lui vendre une photographie de Margot, où elle n'est parée que de ses seuls bas noirs. Il demande mille francs ; Jacques lui jette un louis, et le drôle laisse le portrait en disant : « J'en ai d'autres. » Pouah !... Et justement, un peu auparavant, Jacques a revu une cousine, Delphine Louvet, qu'il a aimée jadis, qu'il n'a pu épouser à cause de sa liaison, et qui s'est laissé marier de son côté. Delphine est veuve maintenant, et elle est charmante ; et tous deux échangent des propos mélancoliques ; et Jacques souffre davantage en comparant ce qu'est sa vie à ce qu'elle eût pu être. C'en est trop! Il secouera sa chaîne, il arrachera le « grappin » de sa peau. Il signifie à Margot qu'il ne peut plus vivre comme ça, qu'il veut divorcer, qu'il lui fera une pension de quatre mille francs. Mais elle, tranquille et le front têtu : « — Pourquoi ? Qu'as-tu à me reprocher? Quand tu m'as épousée, ne savais-tu pas que j'étais une fille? Et, depuis, n'ai-je pas été une honnête femme et une bonne ménagère?... J'ai une « position », je la garde. — Mais j'aurai des maîtresses. — Ça m'est bien égal. — Mais je te ferai la vie si dure... — Qu'importe? — Je te battrai. — Essaye ! — Je m'en irai. — Si tu fais ça, je te tire dessus ! Je suis madame Privat, je mourrai madame Privat ; ça, je te le jure ! » Et, enragé de son impuissance, il s'en va faire une « manille » au café, avec ses amis.

Ce n'est là qu'un raccourci fort insuffisant de cette dernière scène, qui est forte, je l'ai déjà dit. L'idée de la pièce y apparaît avec un relief extraordinaire, justement parce qu'elle y est ramenée et réduite à son essence. Considérons, en effet, les deux adversaires que cette scène met aux prises. Margot a été une fille, et une fille de l'avant-dernière catégorie, c'est entendu ; et ses façons d'être se ressentiront toujours de ces fâcheux commencements, cela est inévitable ; mais elle a vraiment bonne volonté, elle ne se fâche point des observations de Jacques, elle s'efforce sincèrement de devenir une dame ; elle est économe, elle tient bien la maison, elle a l'humeur égale ; elle est devenue une femme strictement « honnête », au sens grossier et précis du mot, et nous l'avons vue, au second acte, repousser très nettement, avec une décision que faisait plus inébranlable l'absence de toute pruderie, le retour offensif d'un ancien amant. Il semble que, moyennant un tout petit peu de résignation, Jacques ne serait pas très malheureux avec elle. Même il est plus sûr d'elle, dans le présent, qu'il ne pourrait l'être d'une jeune femme jadis couvée sous l'aile d'une mère bourgeoise et irréprochable ; et enfin, Margot n'est point laide, et les gestes de sa tendresse ne doivent pas être sans art... Or, malgré tout, Jacques ne peut pas se résigner. C'est donc bien *uniquement* le passé qui crée le drame, et c'est bien, si je puis dire, la situation « en soi » qui enserre et torture ce malheureux homme. — D'autre part, la cocotte Margot tient sans doute ce qui a été le rêve de sa vie : le mariage, une « position »; elle est une bourgeoise et une régulière. Mais que ces avantages sont mêlés et douteux! Elle n'aime pas son mari, et son mari la méprise et la hait. Quelle peut être désormais son existence? Jacques la querellera quand il sera à la maison ; il passera d'ailleurs presque toutes ses journées dehors, et pendant ce temps-là, Margot ne pourra même pas sortir à sa guise, sous peine d'éveiller des soupçons. Sa « considération » de femme mariée, elle sera réduite à en jouir toute seule chez elle, et à en jouir comme d'une pure abstraction. Ce sera un austère plaisir, et qu'elle payera cher. Or elle le préfère à une vie indépendante, assurée par une rente de quatre mille francs. C'est donc bien *uniquement* la superstition et la manie de la considération *en soi* qui détermine Margot. Et le féroce attachement de l'ex-gourgandine à cette superstition-là, c'est bien encore et c'est toujours l'effet et l'œuvre de son passé. — Je sais peu de pièces où triomphe plus exclusivement la logique immanente des choses et je n'en fais pas un petit mérite à l'auteur.

Deux observations seulement. J'eusse aimé que le

drame se passât dans un milieu social moins vil, plus rapproché de nous. Il en serait, je crois, plus intéressant. Il n'était peut-être pas nécessaire de faire de Margot une ancienne « femme en carte ». Je regrette aussi que, çà et là, des phrases « écrites », et gauchement écrites à ce qu'il m'a semblé, viennent se mêler au dialogue simple et franc de M. Gaston Salandri.

FRANÇOIS DE CUREL

Théatre-Libre : *Les Fossiles*, pièce en quatre actes,
de M. François de Curel.

4 Décembre 1892.

C'est une tragédie, et cornélienne, attendu que c'est une tragédie de la volonté, et que la bonne nature et la simple morale y sont l'une et l'autre héroïquement immolées à une orgueilleuse chimère. Comme le jeune Horace sacrifie à la patrie les affections du sang, ou mieux encore, comme Rodelinde sacrifie l'amour maternel au devoir de la vengeance et comme Cléopâtre, plutôt que de descendre du trône, en jonche les degrés des cadavres de ses deux fils, ainsi les personnages des *Fossiles* oublient fastueusement, les uns leurs sentiments naturels, les autres les règles les plus élémentaires de la morale bourgeoise, pour assurer la survivance du vieux nom des Chantemelle, — survivance dont je ne puis dire à quel point nous nous moquons...

Eh bien, non, j'ai tort, nous ne nous en moquons point tant que cela. Ce qui élargit l'intérêt du drame, c'est que le sentiment qui pousse tous les membres de la noble famille aux immolations inhumaines est, dans son essence, un sentiment humain, plébéien presque autant qu'aristocratique. On a vu des paysans et même des épiciers capables d'étranges choses pour l'avantage de se survivre dans un héritier mâle, porteur du nom. Et l'on comprend que ce sentiment s'exaspère jusqu'à la folie quand ce nom est un beau nom, quand non seulement il a duré, mais qu'il a été publiquement connu pendant des siècles, quand il figure dans les manuels de l'histoire de France, et quand ses derniers héritiers se trouvent placés dans les conditions particulières de vie privée et d'existence sociale que l'auteur des *Fossiles* a imaginées pour ses chers Chantemelle.

Ils sont quatre, le duc, la duchesse, Claire, leur fille, et Robert, leur fils. Autrefois, tous les Chantemelle étaient maréchaux ou ministres. Mais, aujourd'hui, rien à faire pour eux. Ils vivent, inutiles, dans leur manoir des Ardennes, et ne vont même jamais à Paris. Les hommes chassent et cultivent leurs terres; les femmes prient et visitent les pauvres par-ci par-là; tous s'ennuient. Et, dans leurs rêveries solitaires et maussades, hostiles à la société moderne, leur nom, c'est-à-dire tout ce qui leur reste des grandeurs de jadis, devient à leurs yeux je ne sais quoi de sacré, de démesuré et de prodigieux. Ce nom, ils s'en forment une idée à quoi rien ne répond plus dans la réalité ; et ils font d'autant plus frénétiquement les gestes de la vie aristocratique qu'ils ne peuvent plus en accomplir les actions. Ils ne sont plus que des ombres vaines, dont la mimique croît en majesté à mesure qu'elles sont plus vaines... Leur « nom », leur fameux nom, ça nous est égal à nous, puisqu'il n'est plus que le signe du passé, le signe absurdement persistant d'une puissance et d'un rôle pour toujours abolis. Mais c'est justement parce qu'il n'est qu'un signe que la superstition qu'il leur inspire est plus intransigeante : pareils à ces dévots dont la piété se fait plus étroite, plus formelle et plus furieuse, par cela même que les symboles dont l'adoration les occupe et les réconforte ont perdu leur sens primitif, et que ces malheureux n'ont plus pour dieux que des fétiches. Ou, si vous voulez, ce qui fait que les Chantemelle se cramponnent à ce « signe » qui est leur nom, c'est qu'ils espèrent quand même que, sous ce signe vide aujourd'hui, les choses signifiées ressusciteront quelque jour, et que, d'être duc de Chantemelle, cela recommencera à avoir un sens. Mais pour cela, il faut que le signe dure, il le faut, coûte que coûte. Et ils sont prêts à tout, en effet, pour ne pas laisser s'évanouir cette fumée.

Hélas ! elle va s'évanouir pourtant... Robert de Chantemelle, le dernier du nom, est phtisique et vient d'être irrévocablement condamné par les médecins. Mais attendez. Tout en causant avec sa mère de

sa fin prochaine, — fort tranquillement, car il est convenu, n'est-ce pas ? que jamais gentilhomme n'a craint la mort, — Robert lui apprend qu'il a été l'amant d'une certaine Hélène Vatrin, qui était l'institutrice de Claire et que la duchesse a récemment renvoyée parce qu'elle la soupçonnait d'être la maîtresse du vieux duc. La duchesse, quoique dévote, accueille avec joie la confidence de Robert, d'abord parce qu'elle se trouve ainsi délivrée d'un soupçon pénible, et aussi parce que la continence n'est pas une vertu de nobles... Robert, continuant sa confession, apprend à sa mère qu'il a un fils d'Hélène, et c'est pourquoi il voudrait revoir sa maîtresse avant de mourir. Non pas, bien entendu, pour l'épouser. « Mon devoir est d'assurer l'avenir de ce petit être ; je vous supplie à genoux de le faire... Mais quant à s'appeler autrement que Vatrin !... »
— « Ah ! je respire ! » dit la duchesse, délivrée d'un gros poids.

Et, un instant après, elle fait part au vieux duc des confidences de Robert. Or, le duc aussi a été l'amant de Mlle Vatrin ; il était persuadé que l'enfant était de lui, et même nous l'avons vu tout à l'heure prendre des mesures pour le faire élever secrètement chez un de ses garde-chasse... Donc, il éclate d'abord en imprécations furibondes : « Chienne !... triple chienne !... Et Robert ! misérable vaurien !... S'il n'était pas à moitié crevé, je le... » Cela, c'est le cri du vieux paillard trompé. Mais tout à coup le duc se tait. Il réfléchit... Nous l'avions déjà entendu marmonner : « Robert se meurt !... Avoir l'autre... si vivant... appelé à de longs jours... et n'en pouvoir faire qu'un Vatrin !... Petite plante vivace... où la transplanter ?... Le sol manque !... manque !... » Eh bien, mais le sol ne manque plus, et le nom de Chantemelle peut encore refleurir... Après quelques brefs détours, le duc signifie à la duchesse qu'il entend que Robert épouse Mlle Vatrin. Et, comme la duchesse se révolte : « Oui, je sais bien, dit-il, cette idée n'est pas agréable... loin de là !... Qu'y faire? Nous souffrirons, vous et moi... moi plus que vous... Je veux un petit-fils, je le trouve, je le prends. » Et il dit à Robert : « Il faut que le nom survive. Epouse Hélène. » Robert répond : « J'y pensais... mais je l'aime... et quand je l'aurai épousée, je veux qu'elle reste ici l'égale de toutes, ou je la suivrai. » Et le duc reprend : « Ta femme sera l'égale de toutes. »

Un rude vieillard, tout de même, et superbement maître de lui ! Ce premier acte a bien de la grandeur. C'est d'une immoralité toute cornélienne.

Cependant, l'idée du mariage de Robert et d'Hélène supplicie Claire de Chantemelle. Cette fière jeune fille est parfaitement pure, mais non point ingénue. Elle ignore que Robert a été l'amant d'Hélène et qu'Hélène lui a donné un fils ; mais elle a découvert la liaison du vieux duc et de Mlle Vatrin et, dès lors, le mariage de son frère avec cette créature lui est deux fois abominable. Donc, elle commence par invectiver son frère, qu'elle croit poussé à cette mésalliance par une passion honteuse, et par dire à son père quelques dures vérités. Mais le vieux duc l'arrête d'un mot : « Robert a un fils. »

Ce mot la retourne instantanément. Et comme le duc, comme la duchesse, comme Robert, elle se sacrifie à sa race. « Sauver le nom... Oui, mon père, je vous comprends... Vous voulez qu'il y ait toujours chez nous quelqu'un pour soutenir les causes légitimes et désespérées. — C'est cela même. » Elle est d'ailleurs convaincue que « toute naissance distinguée entraîne forcément des vertus réelles ». La pure jeune fille conçoit évidemment le corps de la noblesse comme une espèce de haras pour la reproduction d'êtres supérieurs ; et à cette conception elle immole tout : sa pudeur de vierge et le mépris que lui inspire Hélène Vatrin ; et elle se résigne à laisser Robert, indignement abusé, épouser une fille qu'elle sait avoir été la maîtresse de son père.

Et cette rage d'aristocratique sacrifice gagne jusqu'à la plébéienne Hélène Vatrin. Hélène n'est pas une mauvaise fille. Elle a eu la faiblesse de se donner au vieux duc, parce qu'il l'a voulu et qu'il était le maître. Elle ne connaissait pas Robert, qui voyageait alors en Palestine. Robert de retour, elle s'est mise à l'aimer, très sincèrement et très profondément ; et, pendant deux ans, sa vie a été abominable, entre le père et le fils. Parce qu'elle aime Robert et que Robert croit qu'elle n'a appartenu qu'à lui, l'idée de l'épouser, — ce qu'elle ne peut faire que par un odieux mensonge, — lui fait horreur tout d'abord : « En me laissant aimer par lui, je n'avilissais que moi-même. En l'acceptant pour mari, je lui ferais une mortelle injure. » Vainement, le vieux duc lui parle du « nom » qu'il faut sauver. « Eh ! dit-elle, qu'est-ce que ça me fait, à moi, votre noblesse ? ». Mais, quand elle a assisté à la scène où la chaste Claire donne un si audacieux exemple d'orgueilleux renoncement, la pauvre Hélène est vaincue ; elle entrera dans ce complot de mensonge, comme si elle était « née » elle aussi ; et elle a ce beau cri : « Ah ! vous venez de parler de moi comme si j'étais un objet qu'on prend et qu'on jette... Mais dites-vous donc que je suis une créature humaine... Je voudrais vous faire comprendre qu'en épousant Robert, je me montre capable aussi d'un peu d'héroïsme... Vous me méprisez, cela est impossible autrement... Mais voir ce mépris et accepter pourtant de vivre avec vous, sans révolte, humblement, n'est-ce pas une espèce de vertu qui devrait me valoir un peu d'estime ? »

Et cela fait, tout bien compté, cinq sacrifices, et presque tous surprenants.

Moyennant quoi, voilà, semble-t-il, tout arrangé. Robert, marié, est venu, avec sa femme, sa sœur et ses parents, passer l'hiver à Nice. Il va mieux, beaucoup mieux... La hautaine Claire trouve même qu'il va trop bien ; elle craint, dans le secret de son cœur, qu'il ne guérisse ; car, s'il guérissait, les atroces immolations qu'a coûtées son mariage ne se trouveraient donc plus justifiées. Quant à Hélène, elle se tient fort bien ; elle adore son mari et est en train de s'en faire aimer. Ils ont des conversations, — un peu lentes, mais pleines de choses, — où leurs deux natures s'opposent curieusement, et où l'on sent que le roide préjugé aristocratique de Robert s'amollit et fléchit peu à peu au contact de la simple bonté populaire de sa femme... Il n'est plus si sûr qu'avec le sang noble seul se transmettent les aptitudes à l'héroïsme et il se souvient que de tout temps ce sang a subi d'étranges adultérations. Et l'idée qu'il se formait du rôle de la noblesse s'assouplit et s'humanise... « Vous devenez républicain », lui dit Hélène. Il va jusqu'à dire : « S'il est prouvé que le bonheur du monde exige que nous disparaissions, j'espère que mon fils acceptera dignement le sacrifice... J'ai le pressentiment que l'heure est proche. » En somme, il est aimé, il aime ; il pense avec plus de liberté qu'autrefois ; il est beaucoup moins malade ; et il est bien près de se trouver heureux.

Ici, la catastrophe. Les Chantemelle ont naturellement emmené avec eux la nourrice de l'enfant. C'est une « Marie couche-toi là » qui n'a rien à refuser aux domestiques de la maison. La duchesse prie Robert de la mettre à la porte. Or, cette femme est au courant des amours du vieux duc et d'Hélène. Et Claire et Hélène, et le vieux duc, savent qu'elle sait... Evidemment, cette femme, par vengeance, va tout dire à Robert... L'attente est tragique...

Robert rentre, très pâle, car, en effet, la nourrice a parlé... Plus fort peut-être que le duc, que Claire, que tous les Chantemelle à la fois, il dit simplement : « J'ai chassé la nourrice... Maman, puisque vous en connaissez une autre, faites-la prévenir tout de suite... Je partirai ce soir pour les Ardennes... C'est là que je veux mourir... Un voyage, par le froid, m'abrègera peut-être de quelques jours, mais j'aurai donné à tous, dans la mesure où cela m'est permis, un exemple de dévouement aux idées...Enfin... c'est entendu, nous partons, Hélène, Claire et moi... Vous pourrez prolonger votre séjour ici, maman, avec mon père et le petit... Vous le ramènerez à Chantemelle quand l'hiver y sera moins dur. » Alors le vieux duc, sans s'approcher, très « chic » toujours : « Robert, tu es le maître... je ne te verrai plus... Souviens-toi d'une chose : j'ai abdiqué. Tu es le chef de la famille : commande, tous t'obéiront... Adieu !»

Au dernier acte, Robert de Chantemelle est mort. Le corps est exposé dans la grande salle du château ; des religieuses prient, des paysans défilent. Quand ils sont sortis, Claire lit à haute voix, devant Hélène, le duc et la duchesse, le testament de Robert. Dans cet écrit, le mort place sa femme et son enfant sous la sauvegarde de Claire. Suivent quelques dispositions touchant l'éducation de son fils. Il lui explique ce qu'il attend de lui et quelle doit être désormais la fonction des derniers représentants de la noblesse... Et je regrette fort de n'avoir pas le temps de résumer ni d'apprécier cette page solide et belle. Puis, Claire de Chantemelle déclare que, selon la promesse qu'elle a faite à Robert, elle suivra sa belle-sœur dans le petit château solitaire où celle-ci doit se retirer. L'impérieuse Claire ne se mariera point ; elle sera le garde du corps d'Hélène, le gendarme du « nom ». — C'est ainsi qu' « elle expiera le crime touchant d'avoir été trop jalouse des gloires de sa maison ».

Tel est le dénouement. Un instant, j'en attendais un autre, qui eût pu d'ailleurs s'ajouter à celui-là : la mort de l'enfant pour qui tous ces croyants (lesquels, étant de vrais nobles, ne sont pas des chrétiens) ont commis tant de péchés sublimes... Et qu'auriez-vous dit encore si Robert mourait sans avoir pu épouser Hélène ni donner son nom au petit Henri, si le vieux duc constatait alors que la duchesse est le seul obstacle à son propre mariage avec Mlle Vatrin et à la survivance du nom des Chantemelle, et si enfin, ses principes lui interdisant le divorce... Vous m'entendez et vous pensez que c'eût été affreux, et il est vrai que « je m'égare ». Et pourtant, à un moment, on a cette impression très nette que l'idée de supprimer la bonne duchesse, c'est-à-dire de sacrifier, cette fois, un devoir décidément très considérable au devoir qui, pour lui, prime tout, traverse le cerveau du digne gentilhomme...

Mais le drame est beau comme il est, logique, hardi, hautain d'allure. Il est l'œuvre d'une intelligence pénétrante et d'une imagination tournée au grand, et même au très grand. Il est tout à fait digne de l'auteur de *l'Envers d'une sainte*. Il a plus de dramatique extérieur que ce rare ouvrage, et guère moins de « dessous ». Peut-être eût-il fallu, pour que le grand public le comprît et l'acceptât pleinement, nous expliquer, dans un acte ou dans quelques scènes préliminaires, des personnages aussi exceptionnels. Mais cette unique critique, ce n'est point en mon nom que je la fais.

VAUDEVILLE : *L'Invitée,* comédie en trois actes, de M. François de Curel.

30 Janvier 1893

Elle m'a plu infiniment, cette ironique et mélancolique comédie de *l'Invitée.* Quel dommage seulement que le « postulat » moral en soit si dur !

La comtesse Anna de Grécourt aimait passionnément son mari, le bel Hubert. Après quatre ans de mariage, elle a découvert un jour que Hubert entretenait une chanteuse de café-concert. Sur l'heure, dans une crise de rage aveugle, elle s'est sauvée bien loin, « avec le seul désir de cacher son désespoir ». Elle s'est réfugiée dans son pays, à Vienne, en Autriche. Elle laissait derrière elle deux petites filles, trois ans et deux ans, qu'elle adorait, dit-elle. Voilà seize années de cela ; elle s'est refait une vie à Vienne ; et jamais elle n'a revu ni essayé de revoir ses enfants.

J'entends bien. Anna était une personne d'une sensibilité folle, d'un extraordinaire orgueil, et (à cette époque du moins) d'une intelligence peu souple et peu accommodante, éprise d'absolu en toutes choses. C'était une passionnée, une logicienne et une outrancière. « Tout ou rien ! » L'horreur de la trahison a vraiment tué quelque chose en elle, quelque chose qui était presque tout elle-même, l'illusion et la puissance d'aimer. Soit ; mais, enfin, elle avait le cœur droit, et elle a gardé un très haut sentiment du devoir. Comment la maternité a-t-elle pu mourir en elle en même temps que son amour pour son mari ? Elle s'est appliquée à « couper toutes ses fibres aimantes » ; elle a trouvé le calme ; elle est devenue une manière de dilettante, un peu stoïque, pour qui la vie n'est plus qu'un spectacle. Nous le voulons bien. Pourtant elle dit quelque part : « J'ai tué dans mon cœur beaucoup de sentiments très doux, mais en tâchant d'épargner la bonté. » Or, où donc est la bonté, même la bonté stoïque et désenchantée, — je ne parle nullement d'instinct maternel, — dans l'entier abandon qu'elle a fait des deux pauvres petites innocentes à un père évidemment incapable de les bien élever et de les faire heureuses ?

La conduite de Hubert a été bien étrange aussi. Il a cru qu'Anna était partie avec un amant, et elle était trop fière, paraît-il, pour le détromper, d'autant mieux que l'erreur où elle le laissait était déjà pour elle une vengeance : alors lui, pour couper court aux commentaires mondains, a fait passer sa femme pour folle. Comment cela, simplement. Il a raconté à tout le monde et il a fait croire à ses filles qu'elle était enfermée dans une maison de santé, en Autriche. Cependant, il n'est point méchant homme, et il aime ses filles. Comment n'a-t-il pas vu le mal que leur ferait, et de toutes façons, la folie supposée de leur mère ?

Mais quoi ! L'auteur avait besoin de cette situation initiale : une femme, non coupable, séparée de son mari et de ses filles, et qui ne les a pas revus et qui ne sait pas ce qu'ils sont devenus depuis seize ans. Il nous faut bien en passer par où il veut, et nous ne nous défendons que par acquit de conscience, persuadés que nous serons récompensés de notre facilité d'humeur. Mais, tout de même, n'aurait-il pu choisir, pour établir ce point de départ, des moyens un peu plus « humains », et ne point nous présenter d'abord, dans la personne d'Anna de Grécourt, une créature aussi furieusement exceptionnelle ? Nous sommes au théâtre ; et l'on sait qu'en cet endroit, du rapprochement de ce qui sert d'âme à douze cents spectateurs, il se forme une sorte d'âme moyenne, qui devient momentanément l'âme de chacun d'eux, et qu'il ne faut pas effarer ni violenter inutilement. Il semble que M. de Curel la violente, ici, plus qu'il n'était indispensable. Une femme peut cesser d'être amante, devenir philosophe, et néanmoins rester mère. Oh ! je ne dis pas mère de mélodrame. Ne pouvait-on supposer, par exemple, qu'Anna de Grécourt a cherché à ravoir ses filles et qu'elle y a renoncé plutôt que de se soumettre aux conditions humiliantes que lui faisait son mari ?... Je ne sais pas, moi. C'était affaire à l'auteur...

Donc, voici Anna apaisée, désenchantée, triste au fond, portant en elle une amante et une mère mortes jeunes, à qui elle survit comme elle peut, mais très résolue à défendre cette quiétude un peu funèbre qui lui a coûté si cher à acquérir. Tout à coup, elle reçoit la visite d'un vieil ami qui fut autrefois, il y a longtemps, son adorateur : Hector Bagadais. Hector vient lui dire, de la part d'Hubert, qu'il ne tient qu'à elle de revoir ses filles : «... Le temps ferme les blessures... Hubert pense que c'est une bonne œuvre de vous rappeler près de vos enfants... Allez les voir tant qu'il vous plaira... même chez lui... Soyez leur mère... » Anna accueille la proposition avec beaucoup de froideur. Pourquoi compromettrait-elle son repos ? Pourquoi ressusciterait-elle dans le secret de son être ce qui y sommeille et qui, se réveillant, risquerait encore de la faire souffrir ?... Non, elle n'ira pas... Hector lui montre les photographies de Thérèse et d'Alice. « Elles sont gentilles », dit-elle, mais rien ne remue chez la mère, ou presque rien... Cependant, elle ne peut se tenir d'interroger Hector, non sur ses filles (« je ne les connais pas, mes filles... Je leur porte l'intérêt qu'on a pour les enfants d'une amie morte depuis longtemps... »), mais sur son mari. Elle apprend que Hubert a pour maîtresse une veuve de trente-quatre ans, Mme de Raon, qui vit presque avec lui, et qui sert de grande camarade à

Alice et à Thérèse.. Elle plaisante un moment sur cette liaison... puis, subitement, elle accepte l'offre transmise par Hector. A une condition, c'est qu'elle tombera à l'improviste chez son mari, afin qu'il n'ait pas le temps d'éloigner Mme de Raon... Pourquoi se décide-t-elle ? Pour rien ; pour voir. C'est qu'elle est toujours femme, malgré tout ; et c'est qu'on n'est jamais aussi mort à la vie qu'on le croit. « Stupide curiosité !... C'est misérable !... Compromettre ma paix intérieure si chèrement achetée !... Et pourquoi ? Je n'aime plus mon mari, oh ! certes non !... Qu'est-ce alors, cette rage d'aller autour de lui, en quête d'émotions ?... » Elle part cependant pour s'offrir quelques heures de « contemplation philosophique ». Je vous préviens tout de suite qu'elle reviendra moins « philosophe » et pourtant valant mieux. Comment s'opérera cette transformation ? Oh ! lentement, sans heurt, et par quelle jolie série de nuances de sentiments !

Elles sont à plaindre, les petites de Grécourt. Elles se sont élevées toutes seules, c'est-à-dire assez mal. Leurs façons trop libres, la prétendue folie de leur mère, le personnage que joue auprès de leur père Marguerite de Raon, tout cela éloigne d'elles les épouseurs. Elles le savent ; elles ont trop d'expérience pour leur âge et, au fond, elles ne sont pas gaies. Charmantes, d'ailleurs ; Thérèse, plus spirituelle, plus active et plus pratique ; Alice, plus douce, plus fine, plus tendre, — et plus blonde.

Nulle intrusion indiscrète, dans ce petit drame, de la « voix du sang ». Néanmoins les deux sœurs se sentent tout de suite en confiance avec la dame étrangère que leur a amenée leur vieil ami Hector Bagadais. Quant à Mme de Grécourt, elle soutient fort bien son rôle de curieuse, émue à peine. Et quand elle voit entrer, revenant de la pêche, en coutil et en chapeau de paille, tout pareil à quelque petit bourgeois de la banlieue, vieilli, grisonnant et de mine presque grotesque, Hubert, le brillant Hubert, l'homme qu'elle a si follement aimé et par qui elle a tant souffert seize ans auparavant... ah ! elle ne regrette pas son voyage ! Voilà donc ce qui reste de ce qui jadis bouleversa sa vie, de ce qui continuait à la troubler secrètement ! Oh ! l'excellente leçon ! Comme elle le lui dira un peu plus tard : « Il y a bel âge que les vivants me paraissent inoffensifs, mais je gardais la terreur des fantômes... M'en voici délivrée... Grâce à vous, je partirai guérie de la maladie du souvenir, la plus cruelle de toutes. » En attendant, elle le « blague », — en termes distingués et de jolie allure, — mais elle le blague, il n'y a pas d'autre mot. Elle prend sa revanche de son ingénuité passionnée d'autrefois. Et comme elle n'a point voulu que son mari fût averti qu'il n'avait jamais été trompé par elle, elle ahurit le pauvre homme par sa tranquillité et son assurance. («... Je hais le repentir larmoyant... car, entre parenthèses, je suis repentante. Acceptez mes regrets de vous avoir donné jadis de graves sujets de plainte. ») Et cette ironie est coupée de douloureux retours sur elle-même, sur l'impitoyable travail de « desséchement » moral où elle s'est condamnée, comme si l'atmosphère où vivent ses filles commençait de l'amollir à son insu... Puis, lorsqu'elle comprend que son mari ne l'a fait venir que pour se débarrasser de ses filles, dont la présence le gêne, avec quelle grâce cruelle elle joue du pauvre homme, lui arrache l'aveu de ses ennuis et de sa chaîne, le taquine sur l'âge et le caractère de sa maîtresse, l'amène presque à en dire du mal ! Jalousie ? Oh ! non ! à aucun degré. Notre stoïcienne est plus nerveuse qu'elle ne l'avait prévu, voilà tout. Quant à reprendre ses filles, elle n'y songe pas, au moins ! Cela ferait trop de plaisir à Hubert et à sa maîtresse. Et puis, surtout, elle a clos sa vie sentimentale : elle ne veut pas la rouvrir...

Mais les voici qui reviennent, les deux petites sœurs. Bagadais, qui est un brave homme, n'a pu se tenir de leur apprendre que « la dame » était leur mère. Elles disent donc à Mme de Grécourt : « Nous savons qui vous êtes. — Et qui pensez-vous que je sois ? — Maman. — C'est vrai, je suis votre mère... Ne me considérez pas comme un monstre si mon cœur est sec, si mon premier mouvement, quand vous m'appelez maman, est de nier. » Sur ce mot, elle fond en larmes. Mais ne vous y trompez pas ; ce ne sont point larmes de l'Ambigu : Anna pleure justement de ne pouvoir pleurer les larmes de

Mᵐᵉ Marie Laurent... Et les petites sœurs sont émues sans doute : mais surtout elles voient dans le retour de leur mère l'occasion de sortir d'une situation fausse et douloureuse ; et elles le disent franchement : car elles ne sont point « faiseuses d'embarras ».

Or, c'est ici, sans qu'il y paraisse, une étape importante dans l'intime et lente résurrection sentimentale de Mᵐᵉ de Grécourt. Elle qui a abandonné ses filles et qui les a retrouvées avec tant de sang-froid, elle souffre de ne pas les voir plus profondément remuées ; elle dit avec amertume : « Il y a plaisir pour moi, qui professe l'horreur des affections conventionnelles, à vous entendre calculer si paisiblement. » En d'autres termes, elle trouve insuffisant le degré d'amour filial qui correspond exactement à ce qu'elle exprime elle-même de maternité... De là à redevenir mère pour de bon, il n'y a peut-être pas excessivement loin : deux ou trois autres étapes, dont on va nous montrer une ou deux. Le reste s'achèvera après le baisser du rideau.

Son trouble croissant se trahit par un redoublement de persiflage dont cette innocente grue de Marguerite de Raon est d'abord la victime. Cependant, les deux jeunes filles, toujours moitié tendresse et moitié calcul, se raccrochent à leur mère retrouvée, jurent qu'elles la forceront bien soit à rester avec elles, soit à les emmener. Pour cela, les deux pauvres petites osent certaines démarches un peu extraordinaires pour de pures jeunes filles : mais c'est que la situation non plus n'est pas ordinaire et que, si elles sont pures, elles ne sont pas ignorantes, hélas ! Thérèse dit bravement son fait, tout son fait, à M⁽ᵐᵉ⁾ de Raon ; et Alice excuse Thérèse auprès de son père dans une scène singulière, d'une hardiesse qui paraît toute simple, tant elle est vraie. Et le malheureux Hubert, apprenant ce que ses filles ont souffert par lui, mais ne pouvant rompre son vieux lien, s'humilie devant son enfant : «... Tu ne sais pas ce qu'il y a de faiblesse dans les vieilles âmes qui se cramponnent à la vie, au lieu de se préparer noblement à la quitter... N'insiste pas... D'ailleurs, vous êtes dans l'erreur, en supposant que ma femme reprendrait sa place dans la maison... Elle est encore moins disposée à l'accepter que moi à la rendre... Nous sommes à jamais désunis... »

Toutefois, la stratégie des deux sœurs n'aura pas été inutile, et il faut marquer ici, dans la sourde reprise de l'âme d'Anna par le sentiment maternel, une nouvelle étape. Malgré qu'elle en ait, la façon dont ses filles viennent de traiter la vieille maîtresse de son mari a fait à Mme de Grécourt un sensible plaisir. Jalousie ? nous demanderons-nous encore. Eh ! cette fois, qui sait ? Ce qui est sûr, c'est qu'elle se décide soudainement à emmener ses filles. C'est bonté, pitié, sentiment du devoir aussi : ce n'est pas encore tout à fait maternité, mais cela va venir.

Ironie suprême ! Ce qui va presque fondre le cœur d'Anna, c'est ce qu'elle faisait profession de détester le plus au monde : un moyen de drame, ce qu'elle appelait elle-même tout à l'heure un mouvement d'affection « conventionnelle ». Thérèse lui dit, pendant ce dernier entretien : «... Au premier abord, dans notre contentement d'être secourues, nous avons dû vous paraître égoïstes... Mais nous n'en sommes pas restées là... Tenez, Alice et moi, nous étions prêtes à nous sauver de la maison pour vous rejoindre à Vienne et vous supplier, les mains jointes, de nous garder... Est-ce du pur égoïsme ? » Et Anna, radieuse et, pour la première fois, maternelle : « Vous aviez résolu cela ?... Vous aussi, Alice ? » Et Alice répond « oui » avec un peu de honte. Car *ce n'est pas vrai*. Ce moyen sentimental et romanesque, ce ne sont pas ces deux raisonnables petites filles qui s'en sont avisées : c'est leur père qui le leur a suggéré, dans sa rage de se débarrasser d'elles. Mais, quand Anna apprend que l'idée n'était point des deux sœurs et qu'elles l'ont donc trompée sur ce point, sans doute elle sent au cœur une petite morsure («... Si mes petites manquent de confiance... qui sait ?... je serai capable d'en avoir du chagrin ») ; mais déjà il n'est plus temps pour elle de se refermer, quand elle le voudrait, ni de défaire sa maternité recommençante...

Je n'omettrai point de dire qu'une bien jolie veine de comédie circule au travers de ce troisième acte.

Cet excellent Bagadais à cru devoir avertir Hubert que sa femme, autrefois, s'était enfuie toute seule, et que, par conséquent, Hubert n'a jamais été... ce qu'il croyait. Cela ennuie le pauvre homme : «... Quand on a vécu pendant des années, se croyant quelque chose, même quelque chose de pas glorieux, et qu'on découvre subitement le contraire, on est dépaysé... » Et puis, il a une peur terrible qu'Anna ne l'accable de la révélation de son innocence et peut-être ne profite de cela pour rester avec lui, de force. Terreur vaine ! Anna l'a assez vu ; elle ne lui parle de rien, et cela le déconcerte à un tel point que c'est lui enfin qui l'oblige à se confesser innocente. « Ainsi, vous saviez ! dit-elle... Mon Dieu, que Hector est donc bavard !... Vraiment cette histoire de ma vertu semble si peu importante !... » Alors, il a, lui, comme un regret de la laisser partir et, s'il osait... Il sollicite un mot d'affection ; il avoue qu'il n'est pas heureux : «... Marguerite n'est pas l'amie qu'il me faudrait... Vous l'avez vue... Vous me voyez... Cela suffit, je n'ai pas besoin d'en dire plus long. » Mais elle : « Je suis restée honnête et ma satisfaction est médiocre ; vous avez servi vos passions, et votre félicité est mince... Mon pauvre ami, tous les chemins mènent à Rome... Je vous plains, plaignez-moi... Je n'ai pas vécu plus seule dans mon abandon que vous dans vos intimités... Il pleut du ciel des croix qui ne choisissent pas les épaules... »

Singulière pièce ! Si on la jugeait d'après les règles expérimentales du théâtre, elle paraîtrait pleine de défauts. J'ai dit la dureté du « postulat ». Puis, le théâtre, comme on sait, vit d'action, au contraire du roman qui vit de passivité. Or, il n'y a d'agissant, dans *l'Invitée*, que les deux jeunes filles. Les autres « sont agis » bien plus qu'ils n'agissent. Anna passe son temps à se regarder sentir, tout en se moquant. La pièce est très difficile à raconter (je m'en suis aperçu). Il faut un véritable effort pour distinguer où « aboutit » chaque scène en particulier, et il ne serait pas commode d'en tracer le « graphique ». Les deux scènes d'Anna avec son mari, puis avec ses filles, au second acte, semblent se répéter au troisième : les attitudes respectives des personnages sont les mêmes, et il n'y a qu'une nuance nouvelle, assez légère, dans leurs sentiments. Pourtant la pièce est bonne, puisque nous l'avons tant aimée. L'*Invitée* est un éminent exemple de ce que le théâtre peut reconquérir sur le domaine propre du roman. Songez que, si ces empiétements n'étaient jamais essayés, le théâtre ne bougerait pas, n'aurait pas bougé depuis deux siècles. Enfin, il y a dans *l'Invitée* un charme de tristesse, pénétrante et enveloppante à la fois La mélancolie y est, partout, comme à fleur d'ironie. Tristesse salutaire et libératrice, au bout du compte. La malfaisance des passions éclate, là, moins encore que leur vanité. Nous y apprenons ce que c'est que de revoir ses sentiments, ses folies et ses souffrances de vingt ans avec des yeux de quarante ans, et comment une âme qui se croyait morte peut renaître de cette épreuve même, et que de bonté on peut faire encore avec du désenchantement.

LOUIS LEGENDRE

Comédie française : *Jean Darlot*, drame en trois actes, de M. Louis Legendre.

28 Novembre 1892.

Cette Louise Boisset est bien la plus odieuse petite « femme incomprise » qu'on ait jamais vue au théâtre. Je pense que M. Legendre l'a voulu ainsi et qu'il la juge comme moi, quoiqu'il ne le dise pas expressément ; et cela me met à l'aise.

Louise tient, avec sa mère, un modeste cabinet de lecture à Abbeville. Elle est jolie, de beauté délicate. Assez instruite (orthographe, calcul, géographie, histoire, peut-être un peu de dessin), elle complète son éducation en lisant des romans à journée faite. Elle a même commencé le piano. Elle est légèrement supérieure à sa condition, et elle sent son prix. Ah ! qu'elle le sent bien ! Chacun de ses mouvements signifie qu'elle se tient en dehors et au-dessus de l'humble petit monde où elle est obligée de vivre.

Elle a une mélancolie tout à fait distinguée et de paresseuses façons de condescendre à vendre aux clients la *Lanterne* ou le *Petit Parisien*...

Elle a tendresse de cœur pour un petit cousin, André, commis de librairie. Rien de très profond, pourtant, à ce qu'il semble. Elle le préfère parce qu'il a de la lecture et qu'elle le trouve plus élégant que les autres hommes de sa connaissance, voilà tout. Il est fort probable qu'elle ne l'épouserait pas, car il est pauvre ; et puis il est sur le point de partir pour le régiment. Au reste, aucun mot n'a été échangé entre eux, qui les oblige.

Cependant, le cabinet de lecture ne va pas fort. Mme Boisset est une bonne dame indolente qui oublie de réclamer les volumes et qui, du fauteuil où elle est affalée, prie les clients de se servir eux-mêmes et leur dit, d'une voix molle, des choses désagréables quand ils ne sont pas contents... Et voilà comment elle doit deux termes à M. Langlois, son propriétaire. M. Langlois insinue qu'il est bien fâcheux que Mlle Louise ait pour lui si peu d'amitié ; que, chacun y mettant du sien, on aurait pu s'arranger... La molle Mme Boisset fait son devoir de mère de drame populaire et rembarre le vieux polisson. A quoi il réplique qu'il aura le regret de mettre les deux femmes à la porte.

Ici intervient Jean Darlot. C'est un ouvrier mécanicien, honnête, intelligent, « franc comme l'or ». Il aime depuis longtemps Mlle Louise, et il a essayé plusieurs fois des déclarations un peu gauches, que notre dédaigneuse a sèchement repoussées. Quand il apprend la détresse de Mme et Mlle Boisset : « Ah ! ça, dit le brave garçon, vous ne pouviez donc pas vous adresser à moi ? Je suis riche, tel que vous me voyez. Je gagne des journées de huit francs, j'ai un petit bien et des économies... Vous me rendriez si heureux en me traitant en ami ! » Et pendant qu'il est en train, profitant de l'occasion, qui ne se présentera peut-être plus (car il est timide), il demande la main de Mlle Louise. Puis, bonhomme : « Oh ! je ne vous force pas à me répondre tout de suite... Et d'ailleurs, vous savez ? cela n'a aucun rapport avec l'autre affaire... Ah ! mais non ! il ne faut pas embrouiller les comptes ! »

Restée seule avec sa fille, Mme Boisset lui dit : « Tout de même, ça nous tirerait d'affaire, et Darlot ferait un bon mari. » Et Louise, qui quelques instants auparavant a eu des phrases très nobles et dans la générosité desquelles elle se complaisait visiblement : « Ne te désole pas, maman. Je serai forte. Je ferai de la couture ; je profiterai de mon instruction, je donnerai des leçons à des enfants... Va, nous ne serons pas malheureuses, etc... » Louise tombe en pleurant dans les bras de la vieille dame ; ce qui veut dire : « Eh bien, oui, je l'épouserai... Et ce sera un héroïque sacrifice... mais que ne ferais-je pas pour ton bonheur ? »

Et, ma foi ! nous ne la plaignons qu'à moitié. Nous

savons très bien qu'elle n'aurait jamais épousé le petit cousin, attendu qu'il n'a pas le sou. Nous savons aussi, il est vrai, qu'elle n'aimait pas Jean Darlot, mais on ne nous a point dit qu'elle eût d'aversion pour sa personne. Après ce qu'il vient de faire, il semble qu'elle ne dût avoir aucune peine à concevoir pour lui une sincère affection ; et c'est un sentiment qui suffit pour que le mariage ne soit nullement un martyre... Mais non ! Mlle Louise a décidé une fois pour toutes qu'en consentant à devenir la femme de Darlot elle accomplirait un sublime sacrifice, et elle n'en démordra pas.

Et c'est pourquoi, un an après, dans l'appartement modeste, mais clair et proprement meublé, où son mari l'a installée et d'où l'on a une si belle vue sur la campagne, c'est une victime obstinée que nous retrouvons. Une victime bien déplaisante ! Elle n'a même pas le cœur de faire son petit ménage ni de soigner le pot-au-feu. Elle passe ses journées à rêvasser orgueilleusement. Elle est malheureuse, parce qu'elle a résolu de l'être.

Je vous avoue que je n'entre pas dans ses raisons. Et je n'alléguerai point que, tirée de la misère par son mari, le devoir de la reconnaissance doit lui rendre presque légers ses autres devoirs. J'admettrais fort bien qu'elle ne pût aimer Darlot, pas même d'une affection paisiblement conjugale, si ce qui l'empêche de l'aimer nous eût été rendu sensible. J'aurais compris que l'auteur nous montrât la jeune

femme détournée de son mari par une grossièreté
d'esprit, de sentiments et de manières qui offensât
douloureusement sa propre délicatesse physique et
morale. Et l'étude de ces incompatibilités eût pu être
intéressante. Mais il fallait pour cela qu'il y eût
entre les deux époux des différences considérables
d'intelligence et d'éducation. Or c'est ce que nous ne
voyons nullement. Le cœur même (par où Darlot
aurait trop d'avantage) mis à part, il ne saute point
aux yeux que Louise soit si supérieure que cela à son
mari. Il n'est pas vieux, il n'est pas laid. Il a eu, à
l'école primaire, son « certificat d'études », et ensuite il a fréquenté des cours d'adultes : c'est dire
qu'il est, pour le moins, aussi instruit que sa femme.
Il n'est pas bête ; on voit, à plusieurs endroits, qu'il
pense et sent par lui-même, qu'il a ses idées. Son
parler est imagé et ingénieux. Il a de la finesse. Il
commence toujours par dire qu'il est incapable d'exprimer ce qu'il a dans la tête ou dans le cœur, et il
finit toujours par l'exprimer, et fort bien, et presque
trop délicatement. Il est clair, enfin, par tout ce que
nous connaissons de lui, qu'il ne doit apporter aucune indiscrétion ni aucune brutalité dans les témoignages de son amour. C'est un ouvrier dont beaucoup de messieurs pourraient envier l'intelligence et
les façons. Très certainement, c'est lui qui est le
plus « distingué » et surtout le plus original des
deux : il est quelqu'un, au lieu qu'elle me paraît
banale comme un mauvais roman. Et elle ne peut

pas l'aimer, — j'entends l'aimer assez pour accepter franchement son sort et ne point trop souffrir d'être sa femme ! Qu'y a-t-il donc entre eux ? Il y a ceci, qu'il a les mains noires, à cause du métier, et qu'elle a les mains blanches. Il n'y a pas autre chose. Mais si cela suffit pour qu'elle ne puisse supporter sa compagnie, elle n'est donc qu'une dinde vaniteuse et de sentiments étrangement bas. Ou, s'il y a là autre chose encore que vanité et sottise, il vaut mieux ne pas chercher quoi.

Le petit cousin revient là-dessus. Il a obtenu quelques jours de congé avant de partir pour le Soudan. C'est la mère Boisset qui l'amène, avec, on le dirait, une arrière-pensée de maternelle entremetteuse. Car cette bonne dame, que Darlot a sauvée de la faim, n'a rien eu de plus pressé, une fois conclu le mariage qu'elle avait elle-même désiré, que de prendre son gendre en grippe, soit par jalousie, soit pour se conformer aux classiques sentiments des belles-mères françaises. Le jeune homme a une belle culotte rouge, des galons de maréchal des logis (gagnés en moins d'un an), les mains à peu près propres, et son prochain départ pour les pays inconnus rehausse encore son prestige et répand sur son front une tristesse intéressante... Le cordial Darlot a la bonhomie de le laisser seul avec sa femme.. Le jeune homme fait des phrases, reproche à sa cousine sa « trahison », dit qu'il a voulu mourir quand il a su son mariage. Le fait est qu'il n'est pas

mort... Au bout de trois minutes, Louise lui dit :
« André, je t'en prie, va-t'en, je suis une honnête
femme », et, au bout de trois minutes et quart, elle
tombe dans les bras du beau militaire, en criant :
« Je t'adore ! » Et nous voyons enfin clairement ce
qu'il y avait en elle, par-dessous la vanité et la bassesse du jugement : le désir du fruit défendu, le
désir de caresses plus jeunes et plus conformes à ce
que rapportent les romans des ivresses de l'amour,
et, sous la nostalgie des clairs de lune et de tout le
décor romanesque, l'impureté toute crue.

Donc, elle devient instantanément la maîtresse
d'André, et cela dans la chambre même du bon Darlot. Mais, à peine a-t-elle commis ce premier crime,
qu'elle se hâte d'en commettre un second.

Il faut croire que le maréchal des logis n'a pas
donné tout ce qu'il promettait : car, au sortir de son
étreinte, Louise n'en peut plus de remords. Elle
commence par raconter la chose à la mère Boisset,
avec des larmes, des sanglots, des affalements, des
bras ballants par-dessus le dossier des chaises. Il est
clair qu'elle se délecte dans ce rôle et qu'elle se juge
extrêmement émouvante. La bonne dame la console, pas trop scandalisée. Mais cela n'a fait que
mettre Louise en appétit : elle rêve d'une autre
scène plus tragique ; elle déclare : « Je vais tout dire
à mon mari », et c'est ce que j'appelais son second
crime.

Car cette démarche est, proprement, abominable.

Elle n'aime pas son mari, c'est entendu. Elle le récompense de son absolu dévouement par la plus sèche ingratitude, par la plus désobligeante humeur, par la répulsion la moins déguisée, par d'insultants reculs de tout son corps : soit. Elle n'est qu'une gourgandine liseuse de romans et travaillée, au fond, de l'esprit immonde, nous le voulons bien. C'est plus fort qu'elle, et c'est sans le vouloir qu'elle a fait souffrir et déshonoré son mari, nous admettons tout cela. Mais au moins qu'elle le laisse tranquille, quand cela dépend d'elle ; qu'elle n'aille pas le torturer avec préméditation ! Une dévergondée qui aurait bon cœur, qui comprendrait tout à coup son infamie et qui en concevrait un vrai repentir, n'aurait qu'une pensée : ce serait d'épargner à ce pauvre homme le supplice de savoir. Elle songerait : « Tout, pourvu qu'il ne se doute de rien !... Oui, pour cela je ferai tout, non à cause de moi, mais à cause de lui. » Et elle se tairait, et elle ne reverrait plus jamais le petit cousin, et le mari pourrait encore être heureux. Et si elle était, elle, malheureuse ; si elle souffrait du perpétuel mensonge de sa vie, elle supporterait cela comme une expiation. Voilà ce que ferait une catin repentie qui ne serait pas une méchante femme ni un personnage de théâtre.

Quelle raison peut avoir Louise, en effet, d'assassiner son mari de sa confession ? Dira-t-elle que c'est par délicatesse de conscience, parce qu'elle a l'âme trop fière pour soutenir un mensonge quotidien ?

Voilà un scrupule fort inattendu. N'est-elle pas habituée à mentir ? N'a-t-elle pas menti devant le maire et le curé ? N'a-t-elle pas déjà manqué ignominieusement aux règles de la loyauté en épousant Darlot sans l'aimer, même un peu, et surtout sans avoir pris la résolution d'essayer de l'aimer ? Ne recule-t-elle donc devant le mensonge que lorsqu'il devient bienfaisant et expiatoire ?

Passe encore, si elle essayait d'abord de se taire, si elle laissait au souvenir des baisers de l'autre le temps de la poursuivre et de la crucifier dans les bras ignorants de son mari ; s'il apparaissait que son besoin de confession est un besoin d'humiliation, un sentiment évangélique et chrétien, lentement formé et devenu peu à peu insurmontable ; ou bien encore si le beau maréchal des logis revenait à la charge, si l'aveu était pour Louise un suprême refuge contre le mal ; ou, enfin, si la lassitude et le désespoir lui arrachaient cet aveu meurtrier, comme dans *le Supplice d'une femme;* mais point. La première conversation avec le joli sous-officier, la trahison en pleins draps conjugaux, la petite confidence à la mère Boisset, et l'atroce confession au mari, tout cela se passe en une après-dînée. Cette jeune femme est étrangement expéditive. Elle vous prend un amant, s'en dégoûte et vous assassine un mari en un demi-tour d'horloge. En réalité, elle ne songe qu'à s'offrir le luxe d'une série de scènes d'un « dramatique » croissant. Elle veut vivre tout un roman entre deux repas. Cette romanesque personne tient surtout à voir la « tête » que fera Darlot; elle en tremble, d'avance, d'une épouvante délicieuse ; et voilà, je crois bien, le fond de son affaire.

Donc, lorsque Jean Darlot rentre ce soir-là, après avoir travaillé et peiné pour elle, et qu'il lui dit : « Il est temps d'aller nous coucher », madame se dérobe et se rencogne tragiquement. Elle a vu dans les romans qu'il est tout à fait convenable et « distingué » qu'une honnête femme qui a un amant se refuse à son mari... Il l'interroge avec une insistance inquiète... Elle se confesse, les dents serrées, les doigts tordus et en martelant les mots, comme il sied... Le pauvre homme rugit de douleur et de colère. Et puis, comme il l'aime immensément, il est lâche... et, à certains mots qu'il dit, Louise comprend qu'il serait fort capable de lui faire le mauvais tour de la garder et de lui pardonner. C'est ce que la gaillarde ne veut à aucun prix. Les raisons secrètes qui l'ont fait parler se montrent ici clairement : elle ne voulait que se débarrasser de son mari. Elle a de commodes exclamations de roman : « Ne me touche pas !... Ne me touche pas !... Je suis souillée... » ou quelque chose d'approchant. Et, sournoisement, elle gagne la porte pour aller retrouver le pantalon rouge. Alors... les journaux ont raconté que, à la répétition générale, Jean Darlot, fou de rage, empoignait l'aimable créature et la flanquait par la fenêtre (nous sommes, au moins, à un troisième étage). Oh ! qu'il avait raison ! et que cela nous eût soulagés ! Mais, à s'en tenir à la version définitive, on dirait qu'il a, lui aussi, des phrases de roman dans la tête. Il crie, ou à peu près : « Va retrouver ton amant ! Mais je te défie bien d'être heureuse, car, entre vous deux, je mets mon cadavre. » Et c'est lui qui se jette par la fenêtre. Il est bien naïf. Son cadavre ne les gênera guère. Que dis-je ? Elle sera enchantée d'avoir un cadavre dans son passé. Elle aura, en y songeant, des petits frissons dont le pantalon rouge bénéficiera.

Ai-je chargé à plaisir Louise Boisset ? Non, car je ne me suis servi contre elle que de ses actions et de ses paroles et de ce qui est réellement dans la pièce, et je n'ai fait, tout au plus, qu'interpréter logiquement les silences et les entr'actes. Elle nous présente, dans toute sa hideur, le type connu de la petite bourgeoise vaniteuse, sottement romanesque et résolument égoïste et sensuelle. Elle nous rend infiniment indulgents pour cette gentille Emma Bovary, qui avait, elle, l'excuse d'être réellement supérieure à son nigaud de mari ; qui eut quelque générosité parmi ses niaises chimères ; qui essaya d'être pieuse ; qui fut bonne mère pendant plusieurs mois ; qui s'efforçait d'être douce avec Charles et de l'aimer chaque fois qu'elle le trompait, et qui s'empoisonna parce qu'elle avait des dettes et pour cacher la vérité à son mari. Louise n'est qu'une détestable et malfaisante petite bête, « et Mme Bovary indignée repousserait sa main », dirai-je en allongeant un peu un vers fameux de Victor Hugo.

M. Louis Legendre pense comme moi sur Louise, je n'en doute pas... S'il eût un peu plus clairement exprimé, soit par la bouche de quelque autre personnage, soit par le tour même des discours qu'il eût prêtés à Louise, le mépris ou, pour mieux dire, le dédain que mérite une créature de cette espèce ; s'il ne nous avait donné lieu de croire qu'il avait peut-être quelque faiblesse pour elle ; s'il l'avait résolument jetée par la croisée au dénouement ; si, d'autre part, toutes les figures du petit drame eussent été aussi franchement tracées que celles du propriétaire paillard et dur et de l'indolente Mme Boisset telle qu'elle nous est montrée dans le premier acte, qui est tout entier charmant ; si la pièce se fût tenue ensuite dans un réalisme plus franc, et si elle n'eût glissé, — oh ! dans quelques endroits seulement, — à quelque chose qui rappelle peut-être un peu trop la banalité conventionnelle du drame populaire ou du vaudeville sentimental ; et enfin, si son mécanicien n'eût tenu çà et là des propos un peu trop fleuris, la nouvelle œuvre du souple et spirituel poète de *Cynthia* et du très habile et très heureux adaptateur de *Beaucoup de bruit pour rien* m'eût fait plus de plaisir encore qu'elle ne m'en a fait.

PAUL HERVIEU

Vaudeville : *Les Paroles restent,* comédie en trois actes, de M. Paul Hervieu.

21 Novembre 1892.

M. Paul Hervieu, l'auteur subtil et singulier de *Diogène le chien,* de *l'Alpe homicide,* de *l'Inconnu,* de *Flirt* et de *l'Exorcisée,* vient de débuter au théâtre par *Les Paroles restent.* C'est une comédie fine et poignante. Vous y trouverez à la fois de la mièvrerie, du nerf et, si je puis dire, de la « race ». Et elle a ceci de particulier, que c'est une des pièces de ces dernières années où se marque le plus heureusement l'ambition intéressante de traduire sous la forme dramatique un peu des nuances de sentiment et de pensée qui semblaient uniquement réservées au roman d'analyse, d'assouplir les moyens d'expression propres au théâtre et, par là, d'en élargir la matière. Ces entreprises sont toujours hasardeuses, et il est assez rare qu'elles *paraissent* réussir tout d'abord.

Considérez pourtant que, sans elles, la comédie n'aurait point fait un pas depuis Hardy ou Boisrobert, et que, dans l'art du théâtre, ne pas avancer, c'est retarder. J'avoue, au surplus, qu'il y a des auteurs qui retardent avec beaucoup de talent et d'esprit.

Les Paroles restent, ce titre « distingué » — comme toute la pièce — vous en indique l'idée. Les conversations des perruches du monde et de leurs compagnons sont faites exclusivement de « potins », et les trois quarts des potins sont des calomnies ; et telle de ces calomnies peut devenir meurtrière. On les écoute, on les accepte, on y croit ou on fait semblant d'y croire pour ne paraître point nigaud, — et enfin on les répète, non pas toujours par méchanceté, mais pour paraître informé, ou parce qu'il y a toujours, comme dit à peu près La Rochefoucauld, dans le malheur (ou l'indignité) de nos meilleurs amis (et des autres pareillement), quelque chose qui ne nous déplaît pas, ou pour avoir l'occasion de « faire de l'esprit » et d'amuser la galerie. C'est effrayant ce que, dans une seule soirée de causerie mondaine, vous découvrez de femmes qui ont des amants, de jeunes filles compromises, de maris complaisants, d'hommes d'affaires indélicats, et de personnages considérables adonnés à des fantaisies contre nature... Ces révélations se font le plus souvent sans appuyer, se glissent et s'insinuent dans un sourire, dans un bon mot, ou sous les réticences d'une anecdote contée avec détachement. Et ces révélations sont d'autant plus terribles qu'elles refusent les preuves, qu'elles ne donnent aucune prise au contrôle. Et cela, voyez-vous, est abominable quand on y songe. Entendez-moi bien. Je suis persuadé de deux choses. Je suis persuadé d'abord que l'ensemble de ces accusations ne donne point une idée inexacte du monde, lequel n'est pas joli. Mais je crois également que, neuf fois sur dix, il y a erreur sur la personne de l'accusé. Bref, pour n'être pas dupe, il faut croire les hommes capables de tout ; mais, pour n'être point injuste et malfaisant, il ne faut croire le mal d'aucun d'eux en particulier, sinon à bonnes enseignes. Que de vies défigurées, à Paris — et ailleurs — par la malignité ou la légèreté mondaines ! Que de mauvaises légendes indestructibles ! C'est une de celles-là que M. Paul Hervieu nous raconte.

Plusieurs fois, à Andrinople, à une heure avancée de la nuit, le marquis de Nohan a vu le baron Missen sortir mystérieusement de l'hôtel où le consul de France, M. de Vesles, habitait avec sa fille. Il a vu Régine reconduire le baron et lui donner sa main à baiser avant de refermer la porte. Il en a conclu que M{\ii}e de Vesles était la maîtresse de Missen. Il a eu tort : un bon esprit eût jugé que la chose était seulement probable et que, d'ailleurs, il n'est pas de fait qui ne comporte plusieurs explications. Joignez que la présence, dans l'hôtel, du père de Régine eût dû empêcher Nohan de conclure aussi hâtivement. Mais surtout il a eu tort, rentré en France, de faire part, un soir, de sa découverte à sa maîtresse, Mme de Maudre, une mondaine fieffée, une peste. Il lui a chuchoté cela sur l'oreiller, sans y attacher autrement d'importance, pour amuser sa bonne amie, pour avoir l'air d'un monsieur qui sait des choses, et parce qu'il y a des minutes dans la vie qui portent à faire des confidences pour rien, pour le plaisir... Et Nohan n'en est pas moins un « galant homme », n'y ayant point de galant homme qui n'ait quelques petites infamies sur la conscience.

Cependant M. de Vesles est mort. Régine est revenue à Paris, où elle vit chez son cousin, le commandant de Ligueuil. Elle est sans fortune, et, moitié par goût, moitié pour conquérir, s'il se peut, l'indépendance, elle s'est mise à faire de la peinture. Au reste, nullement « artiste » de façons. Régine est une vraie jeune fille, charmante, fière, délicate et pudique. Simple et sans défiance, elle ne s'aperçoit pas, quand elle entre dans un salon, que des femmes chuchotent derrière elle, et elle ne comprend pas pourquoi le vieux marquis de Rosay, qu'elle avait consenti à épouser pour n'être plus à la charge de ses cousins, lui a subitement rendu sa parole.

C'est que le « potin » murmuré à l'oreille de Mme de Maudre a fait son œuvre. Mme de Maudre l'a répété à des amies. Elle a rencontré chez elles d'autant plus de créance que Missen est extrêmement empressé auprès de Régine ; et elle met d'autant plus de zèle à propager l'odieux bruit, qu'elle a été « lâchée » par Nohan, et qu'elle le voit maintenant tourner, lui aussi, autour de Mlle de Vesles.

Car Nohan, ayant mieux connu Régine, s'est mis à l'aimer. Amour douloureux ! Il voudrait s'en défendre ; il persiste à croire la jeune fille coupable et a pris la résolution de l'éviter. Et voilà que Régine, innocemment, lui demande l'explication de sa nouvelle attitude, et que, dans le courant de l'entretien, tandis que, le plus naturellement du monde, elle repasse avec lui leurs souvenirs communs, les discours non préparés de Régine démontrent à Nohan qu'il l'a indignement calomniée. Elle lui conte, en effet, les soucis diplomatiques dont son père a été accablé dans les derniers mois de sa vie ; que Missen lui vint alors en aide ; qu'ils eurent, la nuit, plusieurs conférences secrètes, auxquelles Régine assistait, et que c'est pour cela qu'elle traite aujourd'hui le baron avec tant d'amitié...

Concevez-vous la douleur et le désespoir de Nohan ? Cet invisible réseau de calomnie dont Régine est enveloppée sans le savoir, c'est lui qui en est le premier artisan, et il ne peut rien pour le briser ! Il ne peut faire qu'il n'ait été prononcé, le mot irrévocable. Continuellement, au cercle et dans les salons, ce mot lui est relancé au visage ; et, comme dit le vers de Shakspeare, la coupe qu'il a lui-même empoisonnée est impitoyablement rapportée à ses lèvres.

Il n'a qu'un moyen de réparer le mal qu'il a fait à la charmante fille qu'il adore : c'est de l'épouser. Il s'en avise assez vite. Pourvu, du moins, qu'il soit aimé d'elle! Il l'est, rassurez-vous. Le commencement de leur entretien est exquis ; j'ai rarement entendu aveux d'amour plus délicats, plus pudiques ni plus tendres... Mais le plus difficile reste à dire... Nohan a prévenu Régine qu'il a une confession à lui faire ; elle a répondu, presque gaiement, qu'elle lui pardonnait d'avance, que cela ne pouvait pas être bien grave... Hélas ! pauvre fille et pauvre garçon ! Il va parler enfin, il faut qu'il parle ; il en est tout pâle de détresse... Et nous partageons son angoisse, nous sommes pris, bien pris, ce qui prouve que la « scène à faire » est faite, et très bien faite.

Si les personnages du théâtre — et ceux de la vie réelle — étaient toujours à peu près raisonnables, s'ils disaient ce que le bon sens conseille de dire et s'ils admettaient ce qu'il conseille d'admettre, il y aurait beaucoup moins de drames, ou ils seraient bien plus tôt finis, soit au théâtre, soit dans la vie. Nohan dirait : « C'est vrai, je vous ai odieusement traitée ; mais songez qu'alors je ne vous connaissais pas. Vous n'étiez pour moi qu'une étrangère. Si j'ai eu grand tort d'accueillir des apparences, si je n'avais aucune raison déterminante de vous juger coupable, je n'avais aucune raison non plus de croire, contre lesdites apparences, à cette pureté qui me ravit à présent. Certes, ce fut un crime de calomnier même une étrangère : mais, enfin, c'est bien une étrangère que j'ai calomniée, ce n'est pas *vous*, puisque, à ce moment-là, je puis dire que *vous* n'existiez pas pour moi. Et je n'en suis pas moins responsable du mal que je vous ai fait : mais considérez que j'en souffre affreusement, que je vous offre la seule réparation qui soit en mon pouvoir, que, par bonheur, cette réparation est totale, que ma faute et ses conséquences en seront très réellement abolies, et qu'enfin je vous aime et vous vénère de toute mon âme. » Et Régine, le premier instant de stupeur et de douleur passé, répondrait : « Oui, c'est vrai, ce n'est pas moi que vous avez calomniée, c'est une autre, puisque c'est une jeune fille dont vous ne connaissiez que la silhouette et le nom... Si, en ce moment, vous me racontiez la faute présumée de quelque inconnue, je blâmerais cette confidence comme une mauvaise action, mais sans doute je ne vous retirerais pas mon cœur. Prenez-le donc, et oublions le passé. » Et le drame se terminerait ici, et peut-être que ce serait dommage.

Heureusement, Nohan et Régine sont tout à fait déraisonnables et dénués de sang-froid. La profondeur du repentir de Nohan est telle, et il s'est si bien promis de tout dire et de ne point s'épargner, qu'il semble confesser une faute plus grande encore que celle qu'il a commise. Il perd la tête ; il oublie de dire où, quand et dans quelles circonstances il a calomnié Régine, en sorte qu'elle peut croire que l'abominable calomnie est toute récente. Son zèle à s'accuser le rend plus maladroit qu'il n'est permis, lui fait entièrement oublier les intérêts de son amour. Et quand Régine lui demande à qui il a fait la confidence meurtrière, il a la simplicité de lui répondre que c'est à une femme, et à Mme de Maudre...

Et, d'autre part, Régine était si parfaitement pure, ignorante et confiante que la honteuse révélation lui est comme un viol de sa pudeur, et la bouleverse toute et jusque dans le tréfond de son âme virginale. Ce n'est pas seulement l'indignité de son amoureux, c'est la hideur de la vie qui lui est brutalement dévoilée. C'est plus que de l'indignation, c'est une stupeur presque démente... Elle étouffe ; les mots s'étranglent dans sa gorge. Et peut-être, toutefois, pardonnerait-elle à la pâleur et aux larmes de son amoureux, si elle ne comprenait tout à coup, à son imprudente réponse, que c'est entre les bras d'une autre femme qu'il l'a outragée ainsi... C'est surtout cela qu'elle ne peut supporter... Ne trouvez-vous pas que l'observation de M. Hervieu est, ici, profonde ? C'est comme si l'odieuse révélation, en faisant subitement de la jeune fille une femme, lui avait appris du coup la jalousie charnelle... Une folie la prend ; et Missen entrant alors, elle lui crie : « Monsieur de Nohan me disait que vous étiez mon.. (elle ne peut prononcer le mot) enfin, vous m'entendez. Dites-lui que c'est vrai, Monsieur, que c'est absolument vrai ! » Naturellement les deux hommes, restés seuls, se provoquent. Un duel aura lieu, et qui ne sera pas un duel pour rire.

... Mais il faut pourtant que je vous parle de l'incident des deux millions. Ces deux millions me paraissent l'unique maladresse notable de la pièce de M. Hervieu, car on croit qu'ils vont servir à quelque chose, et ils ne servent à rien, ou à presque rien, et seulement très tard. Voici. Au moment où Nohan vient d'offrir son nom à Régine, un clerc de notaire demande à la voir ; et Nohan apprend, pendant la courte absence de la jeune fille, que le vieux marquis de Rosay, son ancien fiancé, lui a laissé, en mourant, deux millions. Or, Nohan, lui, n'a qu'une modeste aisance. Cette fortune qui échoit à la jeune fille est donc pour lui un désastre. Si Régine allait croire qu'il la savait riche quand il lui a demandé sa main ? Sans doute l'héroïsme de l'aveu qu'il va lui faire semble exclure toute pensée d'intérêt ; mais, si elle croit à son désintéressement, le monde y croira-t-il ?... Quoi qu'il en soit, il paraît bien que l'incident de l'héritage va créer une nouvelle complication dramatique. Or, la complication, à peine indiquée, s'évanouit. Elle n'a servi qu'à obscurcir un instant une scène d'ailleurs admirable. .

Nous retrouvons au dernier acte, dans une maison de campagne des environs de Paris, Nohan très grièvement blessé. La carotide a été atteinte, on ne sait pas encore si Nohan pourra être sauvé. Il est là, dans un fauteuil de jardin, sous des couvertures, un foulard noir au cou, et l'idée du trou qu'il y a sous ce foulard noir n'est qu'à demi plaisante. Il est soigné avec détachement par un bon docteur plein d'esprit, qui ne nous surfait pas la médecine et dont tout le secret est d'« attendre ». Pour Nohan, son parti est pris : il a fait mander Régine, afin de l'épouser *in extremis* : après quoi il mourra, puisqu'il n'est plus aimé d'elle. Régine arrive; il lui fait connaître ses intentions, et ne tarde pas à apprendre qu'elle l'aime toujours. Elle vient de lui en donner une preuve sans réplique : elle a renoncé aux deux millions du vieux marquis... Ils tombent dans les bras l'un de l'autre, et Nohan n'a plus envie de mourir. Au reste, un moment auparavant, le bon docteur a déclaré que Nohan était sauvé, à condition d'éviter toute émotion fâcheuse...

Vous croyez tenir un dénouement heureux ? Vous vous trompez, et vous faites tort à l'auteur. Ce qu'on croyait réparé est bien décidément irréparable. Quand tout semblait arrangé « à la satisfaction générale », la parole mauvaise qu'on croyait abolie ressuscite, car rien ne peut l'effacer, ni les larmes, ni le sang, ni le repentir, ni le pardon. Elle revient, du fond du passé, assassiner les deux amants.

Voici débarquer, avec sa bande de cercleux et de perruches du monde, cette méchante petite bête de Mme de Maudre. Ils sont venus prendre des nouvelles du blessé et, comme ces nouvelles sont bonnes, ils s'en consolent en « potinant » ferme. Qu'est-ce qu'on leur disait donc, que Nohan allait mourir?... Evidemment, ce duel et cette blessure prétendue mortelle, tout cela n'a été inventé que pour rendre intéressant un mariage un peu... osé... C'est égal, ce Nohan montre un merveilleux goût à réparer les... dégâts des autres... Blessé et content... Il est vrai que maintenant la personne est riche, etc. Les deux fiancés, qu'un bosquet dissimule, entendent ces propos... Nohan se lève, fou de colère, marche, les deux poings tendus, sur les aimables « causeurs » en criant : « Lâches ! lâches ! » Mais sa blessure s'est rouverte, et il tombe à leurs pieds, mort. « Est-ce que nous pouvions prévoir ? dit la gracieuse petite Mme de Maudre... On dit des choses... Mais ça n'a aucune importance... On sait bien que les paroles volent. — Non, Madame, les paroles restent, et elles tuent », répond le docteur Dubois du Cher en montrant le cadavre... Et, ma foi, j'ai trouvé ce dénouement très saisissant et très beau.

Irai-je maintenant signaler les menus défauts de la pièce? Reprocherai-je au dialogue de M. Paul Hervieu un peu de tortillage et une subtilité un peu laborieuse? Le traiterai-je de Marivaux cruel ? Ce ne serait pas, d'ailleurs, une bien grosse injure, et je pense qu'il s'en accommoderait. Mais j'attendrai sa seconde comédie pour le taquiner un peu. Je voudrais vous avoir fait entendre en quoi sa première est excellente et rare, et pourquoi elle a pleinement réussi.

FEYDEAU ET DESVALLIÈRES

Nouveautés : *Champignol malgré lui,* vaudeville en trois actes, de MM. Georges Feydeau et Maurice Desvallières.

14 Novembre 1892.

Comme machine d'horlogerie dramatique, le vaudeville de MM. Feydeau et Desvallières n'est sans doute pas d'une aussi surprenante perfection que *les Surprises du divorce* ou même que *la Famille Pont-Biquet*, et le premier acte de *Champignol malgré lui* n'est point sans longueurs, ni le troisième sans faiblesses. Mais le second acte est une des folies les plus irrésistiblement gaies que nous ayons jamais vues au théâtre. Et, en outre, le quiproquo qui le remplit offre cette particularité unique que les développements en sont conduits par des artifices contre lesquels le bon sens le plus rassis n'a presque rien à objecter : car ce n'est autre chose que la discipline militaire appliquée mécaniquement à l'exploitation d'une situation de vaudeville.

Vous ne comprenez pas ? Je vais donc tâcher d'être

plus clair. Mais, pour cela, je suis obligé de vous indiquer au moins le point de départ de *Champignol malgré lui.*

Mme Champignol, femme d'un peintre célèbre, a eu le tort d'accueillir, pendant l'absence de son mari, le jeune gommeux Saint-Florimond ; elle a même consenti à faire en sa compagnie une petite promenade à Fontainebleau. Là, elle est tombée à l'improviste sur des cousins de province qui ont pris Saint-Florimond pour Champignol et qu'elle n'a pas eu le courage de détromper... Je passe sur d'autres incidents qui ont pour effet de champignoliser de plus en plus Saint-Florimond, et j'arrive à l'essentiel. Le vrai Champignol doit faire ses treize jours de territoriale et, comme il n'a pas répondu à l'appel, le faux Champignol est empoigné à sa place par les bons gendarmes, se tait pour ne point compromettre Mme Champignol, et est ainsi expédié sur Clermont (Oise), où le vrai Champignol, que je ne sais quelle aventure a mis en retard, débarque quelques jours après lui.

En sorte qu'il y aura à la caserne de Clermont, à l'insu des autorités militaires, deux Champignol pour un.

C'est ici qu'éclate la beauté de l'invention de MM. Georges Feydeau et Maurice Desvallières.

Partout ailleurs qu'au régiment, ou la confusion serait vite dissipée, ou elle ne se prolongerait que par les vieux artifices auxquels le théâtre nous a accoutumés. Je ne dis point que cela ne nous divertirait pas ; mais nous devrions y apporter quelque complaisance et nous rendre bénévolement les compères de l'auteur de la pièce. Pour que le malentendu pût durer, il nous faudrait admettre (et c'est, d'ailleurs, ce que nous faisons toujours de bonne grâce et sans douleur dès l'instant qu'on nous fait en retour l'aumône d'un peu de gaieté) que chaque personnage évite avec grand soin de dire ce qu'il dirait inévitablement dans la réalité. Or, ces phrases naturelles et périlleuses, qui, à peine émises, dénoueraient tout et termineraient brusquement la pièce, si ni l'un ni l'autre Champignol ne les prononce, ce n'est pas qu'ils n'en aient envie ; mais c'est qu'ils *ne le peuvent point*. A peine les ont-ils commencées, que huit jours de salle de police ou trois jours de prison les leur renfoncent dans la gorge. Ce n'est point le bon plaisir de l'auteur et la complicité du public, c'est la discipline militaire elle-même et la règle de l'obéissance passive qui s'opposent à ce que le malentendu soit éclairci. Ce qui serait ailleurs audacieuse convention est ici vraisemblance suprême. Il est évident que nulle part un quiproquo n'a plus de chances de s'éterniser que là où les intéressés n'ont pas la parole. Le second acte de *Champignol malgré lui* nous fait assister au total épuisement des effets d'un quiproquo initial par le : « Pas d'obs'v'tion » de Ramollot. C'est un beau spectacle.

J'ajoute que *Champignol malgré lui* ne vous plaira

pas seulement par la gaieté propre d'un quiproquo supérieurement développé et avec une sorte de folie méthodique, mais aussi par des commencements de croquis, innocents et plaisants, de la vie et des mœurs militaires... Il y a de bons types de territoriaux enlevés d'un trait juste et vif : le coulissier, le garçon boucher, le prince... Et j'avais tort, tout à l'heure, de nommer Ramollot. Les silhouettes d'officiers n'ont ici rien d'injurieux : ce sont de braves gens, un peu pressés seulement, grognons et péremptoires, et c'est peut-être uniquement parce qu'ils n'ont pas de temps à perdre qu'ils manquent de sagacité. Leur simplicité et leur ronchonnerie naturelle sont, du reste, avec la rigidité de la discipline, d'excellents facteurs d'*embrouillamini ;* et ainsi nous voyons que tout conspire à faire, de la caserne, le meilleur terrain de culture du quiproquo vaudevillesque.

LE CERCLE PIGALLE

Pigalleria fumistana, revue en trois actes, par les membres du Cercle.

C'est à l'entrée d'une ruelle étroite, irrégulière, aux pavés cruels, qui s'ouvre sur le boulevard de Clichy. La salle est toute petite ; les bras des fauteuils de chaque rangée touchent à peu près aux dos de la rangée précédente ; toutefois, on n'y est pas trop mal en s'asseyant un peu de biais. La température est de quarante degrés ; mais on peut aller respirer, pendant les entr'actes, au foyer du public, c'est-à-dire dans la rue. C'est dans la rue que, mercredi dernier, nous avons passé les entr'actes à fumer des cigarettes sous nos parapluies.

Mais ce minuscule théâtre en planches a déjà son passé et ses titres. Le Cercle Pigalle, fondé il y a quarante-trois ans (!), nous donne chaque année la meilleure revue de Paris, j'entends la plus gaie. Sa dernière « pigalleria » n'a pas paru moins heureusement « fumistana » que les précédentes. C'est surtout « l'acte des théâtres » qui nous a franchement amusés...

En sortant, je disais à Sarcey : « Mais il est très amusant, cet acte des théâtres. Il vaut mieux que tous ceux du même genre qu'on nous donne ailleurs. » Le grand-prieur du bon sens me répondit : « C'est que ces jeunes gens sont chez eux. Puis, ils ne sont point des professionnels ; ils ne sont pas gênés par la camaraderie. Leur verve peut donc s'exercer à l'aise ».

J'ai médité ces sages paroles. Si la « camaraderie » gêne les auteurs de revues dans les parodies qu'ils font des œuvres dramatiques de l'année, — en sorte que l' « acte des théâtres », affadi, ressemble presque toujours à une distribution de prix, — elle ne paralyse guère moins les infortunés critiques dans leurs articles du soir ou leurs feuilletons du lundi. Il n'est guère de première représentation où la moitié des critiques ne connaissent personnellement l'auteur de la pièce, et non seulement l'auteur, mais sa femme, ou son frère, ou sa bonne amie... Cela n'empêche pas sans doute de dire la vérité ; mais cela empêche souvent de dire toute la vérité, ou oblige à la dire d'une certaine façon. Enfin, outre l'auteur et quelquefois ses amis ou sa famille, les critiques connaissent aussi la plupart des interprètes ; et de là de nouvelles gênes, moins graves, mais sensibles encore. Le résultat, c'est que, au lendemain d'une première, jamais le public, à moins de savoir très bien lire, ne connaît le fond de la pensée de ceux que ce brave Kean appelle si drôlement « les anges du jugement dernier de la nation ». Celui de ces anges qui souffle le plus loyalement, le plus aveuglément dans sa trompette, vous l'avez deviné, c'est à coup sûr Francisque Sarcey. Celui-là, vous pouvez toujours le croire, ou presque toujours. A peine, dans le cours de longues années, ai-je pu, par-ci, par-là, le surprendre en flagrant délit d'un rien de complaisance (à des titres divers) pour quelque normalien ou pour quelque jeune comédienne. Mais les autres, — nous autres, — nous sommes, s'il faut l'avouer, un peu plus sujets à caution. (Ai-je le droit de dire : « nous autres » ? Evidemment non : mais j'admets d'avance toutes les réclamations.) Enfin, je ne jurerais pas que le souvenir d'agapes communes, les prières et les sourires des mères et des épouses, ou l'amitié, ou simplement un peu de charité naturelle n'aient jamais amolli la sévérité de nos jugements. Joignez que beaucoup d'auteurs dramatiques sont en même temps journalistes, et que le journal où ils écrivent leur doit des égards. Ajoutez que quelques critiques sont en même temps auteurs dramatiques, et qu'un sentiment ou de circonspection inavouée, ou de bienveillante confraternité, ou même de très sincère modestie peut leur faire craindre soit d'être injustes pour des travaux dont ils savent par expérience la difficulté, soit d'affliger des compagnons de lutte, soit de juger trop sévèrement les autres à la veille d'être eux-mêmes jugés par eux.

Je dis tout ; je trahis la corporation ; j'en dis même

plus qu'il n'y en a. Et maintenant, je vais montrer que j'en ai trop dit en effet, qu'en dépit des apparences le mal n'est pas si grand, et que, le fût-il, cela serait encore de bien peu de conséquence.

D'abord, une chose nous sauve. Quand nous vivrions tous comme des ours, quand nous serions tous affranchis de toute influence de camaraderie ou d'amitié, quand nous dirions tous entièrement notre pensée, sans complaisance, et sans atténuation, — jamais, au grand jamais, nous ne serions, sur la même pièce, exactement du même avis ; il y aurait toujours, ou dans nos sévérités, ou dans nos admirations, de très appréciables degrés, sans compter que, de ces admirations ou de ces sévérités, nous donnerions des raisons fort différentes, peut-être contradictoires ; et ainsi, fussions-nous tous de petits Alcestes, le public n'en serait pas mieux renseigné pour ça. Donc, nous ne lui faisons aucun tort.

Mais, en outre, nous sommes beaucoup plus sincères avec lui qu'on ne croit. J'ai fort exagéré, tout à l'heure, la fréquence des effets de la camaraderie. Après tout, la sincérité du critique qui a trop d'amis ne peut être sérieusement mise à l'épreuve qu'à propos de certaines très mauvaises pièces. Mais la plupart des pièces qu'on nous donne sont ou passables ou médiocres (je ne parle pas de celles qui sont bonnes et qui, par là même, affranchissent le critique du souci de déplaire en disant sa pensée). Or, il y a mille façons de louer une œuvre médiocre et d'en

ménager l'auteur sans trahir la vérité. Au lieu de dire :
« C'est plat », on dit : « Je voudrais plus de relief ».
Au lieu de dire : « C'est banal », on dit : « Je souhaiterais quelque chose d'un peu plus rare ». Au lieu de
dire : « C'est ennuyeux », on regrette que ça n'ait
pas un peu plus de mouvement. Au lieu de déclarer
que c'est faux comme un jeton, on déplore que l'observation ne soit pas plus serrée. Et pour exprimer
que ça n'a aucune valeur, on confesse que « c'est consciencieux ». La litote est, pour un critique d'humeur
douce, la plus précieuse des figures de rhétorique.

Il y a des mots bien commodes pour louer les
choses dont on n'a cure : « aimable, agréable, gentil,
joli, estimable, honnête, jeune, généreux, ingénieux, etc. », épithètes vagues, devenues heureusement insignifiantes par l'abus qu'on a fait, en ce
temps-ci, du vocabulaire laudatif. Celles-là, je l'avoue, j'en fais une assez grande consommation.
Mais il en est d'autres, plus précises et plus caractéristiques, que je ne galvaude pas et dont je respecte
autant que possible, en les appliquant, la signification propre. « Spirituel, élégant, fin, distingué... »
appartiennent à cette catégorie. Encore la peur me
vient-elle, à la réflexion, de ne pas être tout à fait
assez ménager de ces mots-là. Ceux dont je suis réellement économe, et que je me fais un devoir de
n'employer jamais à la légère, ce sont des mots tels
que : « pénétrant, original, âpre, vrai, humain, profond, hardi, nerveux, fort, puissant, etc. » Vous

voyez qu'en somme cela fait trois séries d'expressions flatteuses.

Je ne sais pas comment font mes confrères : mais je vous assure que, pour ma part, j'apporte un soin assez scrupuleux au choix de mes adjectifs et que je prends bien garde de ne pas me tromper de série, et particulièrement, de ne point mêler les qualificatifs de la première avec les qualificatifs de la troisième. Ceux-ci sont pour les œuvres que j'admire ou que j'aime, ou que je trouve sérieusement intéressantes par quelques points. Ceux-là sont pour les pièces qui me paraissent négligeables. Quand ces pièces négligeables sont de quelqu'un à qui je veux faire plaisir, il m'arrive d'ajouter, aux mots insignifiants de la première série, quelques mots de la série intermédiaire : « élégant, distingué, etc... » Mais c'est, je crois, la seule faiblesse, — et combien innocente ! — dont j'aie eu à m'accuser quelquefois.

Cette faiblesse, d'ailleurs, je puis presque toujours m'en épargner la honte légère, et nous avons d'autres moyens de paraître louer une œuvre sans nous engager le moins du monde. On se contente alors de la raconter, presque sans commentaire, mais en ami. Car vous n'ignorez pas que la même comédie prend des aspects absolument différents, selon la manière dont elle est analysée. Par le tour particulier de l'exposé qu'on en fait, la meilleure pièce peut devenir doucement ridicule, et la plus mauvaise finit par ne point paraître plus bête qu'une autre ;

et je suppose, remarquez-le bien, l'exposé rigoureusement exact dans les deux cas. On peut aussi s'attacher à ce que l'auteur a voulu faire, plus qu'à ce qu'il a fait, lui tenir compte de ses intentions, achever sa pensée et lui faire honneur de cet achèvement. On peut encore, si sa comédie a trait à quelque particularité de nos mœurs, s'étendre et raisonner là-dessus et laisser le reste, ou, si elle soulève quelque question de casuistique ou d'esthétique théâtrale, s'oublier volontairement à traiter cette question tant bien que mal. C'est un artifice auquel j'ai volontiers recours, soit lorsque, la pièce étant bonne, j'ai cependant trouvé peu de chose à en dire, soit lorsque, la pièce étant médiocre, je sens que ce que j'en dirais chagrinerait inutilement l'auteur. Et il advient aussi que je n'y mette point toute cette préméditation, et que je m'abandonne à ces flâneries uniquement pour mon plaisir.

Tels sont mes petits secrets. Je pense que vous les aviez devinés depuis longtemps. Il ressort de tout cela que, en réalité, je ne vous trompe jamais ; que vous pouvez seulement vous tromper quelquefois sur ma pensée par inattention, mais qu'alors c'est bien votre faute.

En résumé, je m'applique de toutes mes forces à être sincère. Presque toujours je le suis avec simplicité et d'une façon toute directe. De loin en loin, je le suis sous des formes un peu détournées, mais qui ne sauraient abuser même un esprit de perspicacité moyenne. Si je suis parfois indulgent à l'excès, si j'enveloppe et atténue mon sentiment par douceur, courtoisie ou indifférence, il n'est pas difficile de voir en quels endroits. Quand je loue une chose médiocre ou futile, ce n'est jamais du ton, ce n'est jamais avec les mots que j'emploierais pour louer un ouvrage de mérite. A l'expression de la vérité toute crue, je substitue d'ordinaire une louange vague, convenue et sans accent. Or, dédain avoué ou louange dédaigneuse, de là à l'éloge véritable, la distance reste très sensiblement la même. Le plus souvent, d'ailleurs, c'est quelque impression intermédiaire entre ces sentiments extrêmes que j'ai l'occasion de formuler. Je tâche que cette impression soit juste et proportionnée à son objet, afin de n'avoir point trop à rougir en rapprochant les uns des autres mes jugements de l'année, et de ne pas m'exposer à découvrir que plusieurs pièces, dans ces dix mois, m'ont paru être, chacune à son tour, le chef-d'œuvre du siècle, ou que j'ai célébré tel vaudeville adroit avec plus d'effusion qu'une comédie de Musset ou un drame de Shakespeare... car ces choses-là, voyez-vous, arrivent très souvent aux pauvres critiques, quand ils n'y prennent pas garde.

J'ajoute qu'il est deux cas où je force volontairement et délibérément la louange, et cela en toute tranquillité d'âme. — C'est d'abord quand, d'aventure, un maître illustre s'est trompé, quand il nous donne quelque ouvrage qui ne me semble pas tout à fait digne de lui. Je me souviens alors de toutes ses œuvres précédentes et je lui en tiens le plus grand compte dans le jugement que je porte sur l'œuvre manquée. Cela est de toute justice. — C'est aussi lorsque la pièce qui m'est soumise est de quelqu'un à qui je suis sérieusement et tendrement attaché. Je subordonne alors, résolument, le devoir du critique à celui de l'ami, et je crois respecter en ceci la hiérarchie naturelle des devoirs. — Ces cas, je me hâte de le dire, sont d'une extrême rareté. Je ne pense pas avoir été contraint plus de trois ou quatre fois, en six ans et demi, de sacrifier ainsi une part de la vérité, soit au respect des maîtres vivants, soit à l'amitié.

C'est beaucoup vous parler de mes affaires, et je craindrais d'offenser la modestie, si le « moi » dont je vous entretiens n'était un « moi » public, et si je n'avais cru vous devoir ces explications. Je suis un peu agacé d'entendre dire à des personnes superficielles que je ne suis qu'un « aimable sceptique », dont on ne sait jamais quelle est la vraie pensée, et qui aime mieux « exécuter des variations » sur les nouveautés théâtrales que de les juger bonnement. Je les juge toujours, bonnement ou non. Je viens, pour ma justification, de livrer aux inattentifs la clef de mon langage de critique. Vous conviendrez qu'elle n'est pas bien compliquée. Je ne l'ai pas inventée au surplus, et vous pourrez vous en servir aussi pour lire plusieurs de mes confrères en feuilleton.

Maintenant, quand bien même le jugement des critiques dramatiques serait asservi à plus d'influences et exposé à de plus graves altérations que celles que j'ai confessées, il n'y aurait pas encore de quoi s'émouvoir ou se scandaliser. Vous n'allez pas, je suppose, leur demander la vérité absolue : ils seraient bien empêchés de vous la dire. Ce qu'on attend d'eux, c'est un compte rendu de la pièce du jour, et un semblant de jugement, — ou plutôt d'impression : car, de jugement, il ne saurait ici être sérieusement question ; et, dès lors, comment leur reprocherait-on d'adultérer une marchandise qu'ils n'ont ni le temps, ni la prétention, ni peut-être les moyens de fournir ? Au fond, nous ne sommes que des chroniqueurs. Et nos hâtives notations ne peuvent tromper personne, puisque le public est toujours à même d'en contrôler l'exactitude. Les chefs-d'œuvre, quand il s'en rencontre, n'ont pas besoin de ceux qu'on appelle généreusement des critiques dramatiques pour être reconnus chefs-d'œuvre, soit tout de suite, soit dans cent ans. Et ainsi nos devoirs se ramènent à bien peu de chose. Peut-être se réduisent-ils précisément à cette gentille et un peu banale bienveillance que quelques-uns nous reprochent. Sur une cinquantaine de pièces nouvelles, dont nous avons à parler chaque année, il n'y en a guère que deux ou trois qui comptent, qui méritent d'être un peu longuement étudiées et jugées. Et encore, ces deux ou trois, quelle figure

feront-elles trente ans plus tard ? Et dans un siècle ?
Donc, neuf fois sur dix, nous sommes dans le vrai
des choses en traitant avec une indulgence détachée
des divertissements éphémères

MAURICE BOUCHOR

Petit-Théatre : *La Dévotion à saint André,* mystère en un acte, en vers, de M. Maurice Bouchor ; *Le Songe de Khèyam,* caprice en un acte, en vers, du même (1).

7 Mars 1892.

C'est un bien bon évêque que l'évêque Simplice. Il est pieux, candide, humble, charitable. Toutefois, ce bon évêque n'est qu'un homme, et le diable le sait bien. Le diable se présente un jour à lui sous les espèces d'une très belle jeune fille, la princesse Luce, qui vient demander asile au saint homme. Car, à ce qu'elle raconte, le roi son père voulant la contraindre au mariage, elle s'est enfuie pour ne point manquer à son vœu de virginité. Or, pendant qu'elle parle, l'évêque Simplice sent une flamme inconnue parcourir ses vieilles veines. Il va jusqu'à louer les attraits terrestres de la belle inconnue en des termes peu convenables à l'austérité d'un pré-

(1) Ces deux pièces ont paru chez Lecène, Oudin et C¹ᵉ. Le prix broché de chacune d'elles est de un franc.

lat... Et, pour achever de troubler le pauvre homme, la princesse Luce, connaissant qu'il a une dévotion toute spéciale pour saint André, lui raconte comment un vieillard débauché, et qui avait pendant soixante ans violé les lois de la pudeur, obtint à son lit de mort, par l'intercession de l'illustre apôtre, un sursis qui lui permit d'expier ses péchés et de sauver son âme. Sur quoi, Simplice se dit, tout rêveur :

« Si saint André a pu donner à ce vieillard le moyen de racheter toute une vie d'iniquités, il est à croire qu'il ne souffrirait point que je fusse damné, moi, pour un seul péché mortel; et, assurément, il m'accorderait le temps du repentir. »

Et, ayant consenti au péché dans son cœur, il dit à la princesse :

— Voulez-vous pas, aimable Luce, venir avec moi visiter mon jardin ?

Mais saint André, qui est un saint scrupuleux, fait à son serviteur la grâce, — ou, si vous voulez, lui joue le mauvais tour, — de le sauver *avant* la faute. Il entre sous les habits d'un vieux pauvre et demande à manger. Alors, la fausse Luce, s'amusant de lui :

— Tu dîneras avec nous, dit-elle, si tu devines les trois énigmes que je vais te proposer.

— Parlez, dit le pauvre.

— Quel est, parmi les ouvrages de Dieu, celui qui rassemble les plus rares merveilles dans le plus petit espace ?

— C'est le visage humain, répond le mendiant.

— Et quel est l'endroit du monde où la terre est plus haut que le ciel ?

— C'est, dit le mendiant, l'endroit où se tient Notre-Seigneur Jésus-Christ. Car cette chair d'homme qu'il lui plut de revêtir n'est que de la terre : or, il est toujours homme, et ainsi la terre, avec lui, plane au-dessus du ciel.

— Et, répond Luce un peu démontée, quelle est la distance qui sépare le ciel de la terre ?

Alors le mendiant, devenu subitement terrible :

— Tu le sais mieux que personne, ô Lucifer ! Cette distance, tu l'as jadis mesurée dans ta chute !

Sur quoi, Luce-Lucifer s'abîme dans le sol ; l'évêque Simplice remercie son sauveur, et l'apôtre se met gaiement à table. Car, justement, ce jour-là, Simplice avait préparé un fort bon dîner, pour recevoir le seigneur Chrysogone, neveu du gouverneur de la ville.

Le menu nous a été abondamment décrit. M. Maurice Bouchor, qui est un interprète irréprochable de tous les modes du sentiment religieux, est aussi un excellent poète culinaire. Ses peintures gastronomiques ne brillent pas seulement par la couleur : elles ont le sentiment. Les bêtes estimables qui servent à nos festins continuent de vivre dans les descriptions qu'il en fait ; et ces descriptions ont quelque chose de si engageant et de si persuasif qu'elles m'ont expliqué le zèle étrange du traditionnel lapin qu'on voit, sur les enseignes des guinguettes, se précipiter lui-même dans la casserole où l'attendent les petits oignons.

J'ai reniflé l'arome exquis d'une dorade :
Sur un feu doux, parmi le thym et le laurier,
Elle boit du vin blanc sans se faire prier.

Quelle dorade n'envierait un tel sort? Et voyez, dans les vers suivants, la tendresse contenue des périphrases et, si je puis dire, l'onction des litotes : les mots indulgents forment eux-mêmes comme une « liaison » crémeuse où semblent se parachever les mets décrits par le doux poète.

J'ai vu, Messieurs, une oie à la broche, pleurant
Un jus qui ne m'est pas du tout indifférent,
Et qui, mêlé de fine et savoureuse graisse,
En coulant sur mon pain, m'emplirait d'allégresse.
Notre convive aurait grand tort d'être manchot,
D'autant que l'aubergine et le fond d'artichaut,
Que Monseigneur lui-même accueille d'un sourire,
Dans l'huile, en crépitant, daignent se laisser frire.

Il y a là de la reconnaissance pour les bonnes créatures, animaux ou plantes, qui nous donnent leur chair et leur sang rouge ou pâle, et par qui se renouvelle la sève de notre corps. La gourmandise du poète implique un sentiment fraternel pour les vies sacrifiées dont il se réconforte, et aussi, pendant qu'il se réjouit de la couleur, de l'odeur et du goût des aliments, une représentation sympathique des formes animées qu'offraient ces nourritures, — oiseaux, quadrupèdes, légumes et fruits, — alors qu'elles volaient, couraient ou s'épanouissaient sous le libre ciel et qu'elles mangeaient elles-mêmes au lieu d'être mangées. Et cette représentation insinue jusque dans les épais plaisirs de la gueule une songerie bienveillante qui les allège, les épure et les élargit. Et ainsi, par la chaîne remontante des sensations associées dans notre souvenir, un œuf frais ou une salade bien croquante a bientôt fait de ramener devant nos yeux des images de campagne et de vie rustique, une cour de ferme, un potager et un verger au bord de l'eau, et les grands prés coupés de hauts paravents de peupliers... Toute une forêt peut être évoquée par le parfum d'un champignon. Comme un coquillage contient le murmure de la mer, une huître en recèle toute la saveur. L'odeur des marées est tout entière enclose dans la chair des sardines argentées; et, si vous cherchez ce que raconte la bouillabaisse, il n'est pas impossible que vous vous souveniez tout à coup des vers ardents de Silvestre :

Les charnelles senteurs des verdures marines
Suivent, le long des flots, le spectre de Vénus...

Pour peu qu'il ait l'âme noble et l'imagination agile, l'homme qui mange se sent vraiment en communion effective et directe avec l'univers sensible ; et, tandis qu'il mêle un instant à son âme, avant de la restituer à l'universelle circulation, l'âme des bêtes et des végétaux, il comprend que c'est encore la façon la plus substantielle, et à la fois la plus innocente, de jouir de ce monde d'apparences.

Les autres façons sont trop dangereuses, et particulièrement l'amour de la femme. C'est de quoi le sage Khèyam reste finalement persuadé, après une épreuve passagère (*le Songe de Khèyam*).

Ce philosophe s'était juré de n'aimer que deux choses : la bonne Cruche pleine de vin, — et la Rose, la rose exquise et superbe, qui est aussi belle que la femme et qui plaît en effet par une grâce toute féminine, mais que l'on peut admirer d'un esprit détaché, serein, libre de convoitises.

Or, au moment même où Khèyam nous explique ses idées, une voix douce l'appelle. Il se retourne ; il voit une femme richement vêtue et d'une beauté surnaturelle, et, oubliant ses serments, il lui déclare son amour.

Mais l'Apparition :

— Si je t'écoutais, Khèyam, tu ne tarderais pas à me trahir.

— Jamais ! dit le philosophe.

Là-dessus, la merveilleuse figure s'évanouit ; et Khèyam, se retournant, aperçoit une figure toute pareille à la première, si exactement pareille qu'il croit que c'est la même et qu'il continue ses amoureux propos.

— Ah ! dit la seconde Apparition, je suis sûre que tu as dit tout à l'heure les mêmes choses à une autre femme.

Et elle s'évanouit à son tour. Et Khèyam, se retournant de nouveau, revoit la première Apparition.

— Perfide ! dit celle-ci, je l'avais bien prévu, que tu me trahirais.

Et elle s''évapore, et l'autre figure réapparaît :

— Menteur ! je le savais bien que tu avais déjà une maîtresse !

Ainsi les deux Apparitions se font un jeu de mystifier Khèyam. Et je ne vous cacherai point qu'elles symbolisent la naturelle duplicité et les séductions perverses de la femme. Lorsque Khèyam l'a compris, il revient à la Cruche et à la Rose. La cruche vidée avec transport et la rose chastement aimée, voilà désormais, pour lui, le dernier mot de la sagesse. La rose a tout le meilleur de la femme, et elle n'a point ce qui nous rend la femme malfaisante.

C'est pourquoi je t'adore, ô fleur délicieuse...
Désormais je te voue un culte sans péché,
Rose, et je veux mourir avant d'avoir touché
Ta robe aux plis vermeils ou ton svelte corsage.
Tu ne recevras pas un seul baiser du sage ;
Mais, jusqu'au jour béni qui doit marquer sa fin,
Khèyam s'enivrera de ton souffle divin.

Et à la cruche :

O ma belle, voici le précieux instant
Où le Seigneur unit les cruches aux poètes.
Le ciel est comme un bol renversé sur nos têtes
Viens donc et donne-moi tes lèvres.....

TABLE DES MATIÈRES

ARISTOPHANE

GRAND-THÉATRE : *Lysistrate*, comédie en quatre actes, de M. Maurice Donnay, musique de M. Dutacq.   1

RACINE

COMÉDIE FRANÇAISE: *Britannicus*, pour la rentrée de Mme Emilie Lerou.   13

A PROPOS DE SOPHIE ARNOULD.   21

ERNEST RENAN.   27

IBSEN

THÉATRE MODERNE : *La Dame de la mer*, drame en cinq actes, de Henri Ibsen (traduction Ad. Chénevière et H. Johansen).   41

J.-J. WEISS

BIBLIOGRAPHIE DRAMATIQUE : *Autour de la Comédie française*, par J.-J. Weiss.   47

FRANCISQUE SARCEY

BIBLIOGRAPHIE DRAMATIQUE : *Souvenir d'âge mûr*, de M. Francisque Sarcey.   89

LOUIS BOUILHET

ODÉON : *Reprise de la Conjuration d'Amboise*, drame en cinq actes, six tableaux, en vers, de Louis Bouilhet . . . .

ALEXANDRE DUMAS FILS

Comédie française : *Un père prodigue*, comédie en cinq actes, de M. Alexandre Dumas (reprise)... 113

MEILHAC ET HALÉVY

Variétés : *La Petite Marquise*, comédie en trois actes, de MM. Meilhac et Halévy (reprise)...... 127

ALFRED DE MUSSET

Vaudeville : *La paix du foyer*, comédie en trois actes, de M. Auguste Germain. — Odéon : *Fantasio*, comédie en deux actes et huit tableaux, d'Alfred de Musset........... 135

Porte-Saint-Martin : *Le Voyage dans la lune*, féerie en quatre actes et vingt-deux tableaux, de MM. Vanloo, Leterrier et Martier, musique d'Offenbach (reprise)............ 149

Palais-Royal : *Les maris d'une divorcée*, comédie en trois actes, de MM. Hippolyte Raymond et Jules de Gastyne................ 163

HENRY MEILHAC

Variétés : *Brevet supérieur*, comédie en trois actes, de M. Henri Meilhac........... 169

GEORGES FEYDEAU

Palais-Royal : *Monsieur chasse*, comédie en trois actes, de M. Georges Feydeau......... 177

EMILE ZOLA

Matinée du Vaudeville : Reprise de *Thérèse Raquin*, drame en quatre actes, de M. Emile Zola.... 183

Gymnase : *Charles Demailly*, pièce en quatre actes et cinq tableaux, tirée du roman de MM. Edmond et Jules de Goncourt, par MM. Paul Alexis et Oscar Méténier................ 191

HENRI LAVEDAN

VAUDEVILLE : *Le Prince d'Aurec*, comédie en trois actes, de M. Henri Lavedan. 201

ALBERT GUINON

THÉATRE-LIBRE : *Seul*, pièce en deux actes, de M. Albert Guinon 217

PAUL ANTHELM

THÉATRE-LIBRE : *La Fin du vieux temps*, pièce en trois actes, de M. Paul Anthelm. — COMÉDIE FRANÇAISE : *Athalie*. 227

THÉATRE DE LA TOUR-EIFFEL : *Paris en l'air*, revue en deux actes, de MM. Armand de Caillaret et Franck. 241

EMILE POUVILLON

BIBLIOGRAPHIE DRAMATIQUE : *Les Antibel*, drame, par M. Emile Pouvillon. 245

ERNEST DAUDET

GYMNASE : *Un Drame parisien*, pièce en quatre actes, de M. Ernest Daudet. 261

BRIEUX

ODÉON : *Monsieur de Réboval*, comédie en quatre actes, de M. Brieux. 275

LÉON GANDILLOT

CLUNY : *La Tournée Ernestin*, vaudeville à grand spectacle, en quatre actes et cinq tableaux, de M. Léon Gandillot 289

GASTON SALANDRI

THÉATRE-LIBRE : *Le Grappin*, comédie en trois actes, de M. Gaston Salandri. 299

FRANÇOIS DE CUREL

THÉATRE-LIBRE : *Les Fossiles*, pièce en quatre actes, de M. François de Curel.... 309

VAUDEVILLE : *L'Invitée*, comédie en trois actes, de M. François de Curel.... 321

LOUIS LEGENDRE

COMÉDIE FRANÇAISE : *Jean Darlot*, drame en trois actes, de M. Louis Legendre.... 335

PAUL HERVIEU

VAUDEVILLE : *Les paroles restent*, comédie en trois actes, de M. Paul Hervieu.... 347

FEYDEAU ET DESVALLIÈRES

NOUVEAUTÉS : *Champignol malgré lui*, vaudeville en trois actes, de MM. Georges Feydeau et Maurice Desvallières.... 359

LE CERCLE PIGALLE

Pigalleria fumistana, revue en trois actes, par les membres du Cercle.... 363

MAURICE BOUCHOR

PETIT-THÉATRE : *La dévotion à saint André*, mystère en un acte, en vers, de M. Maurice Bouchor ; *Le Songe de Khèyam*, caprice en un acte, en vers, du même.... 373

Paris-Poitiers. — Société Française d'Imprimerie et de Librairie.

www.ingramcontent.com/pod-product-compliance
Lightning Source LLC
Chambersburg PA
CBHW052237220526
45471CB00001B/77